VOLTAIRE

ET SON TEMPS

Paris. — Imprimerie de GUSTAVE GRATIOT, 11, rue de la Monnaie.

VOLTAIRE

ET SON TEMPS

ÉTUDES SUR LE DIX-HUITIÈME SIÈCLE

PAR

L.-F. BUNGENER

TOME DEUXIÈME

PARIS

JOËL CHERBULIEZ, ÉDITEUR

6, PLACE DE L'ORATOIRE

GENÈVE, MÊME MAISON

A LEIPZIG, MICHELSEN ET CH. TWEITMEYER

M. DCCC. LI

CHAPITRE DIX-SEPTIÈME

I

Quand La Motte, au commencement du siècle, s'était mis à prêcher contre les vers, Voltaire les avait énergiquement défendus.

Ce n'était pas qu'il eût beaucoup de raisons à donner. Que répondre à un homme qui ne sent pas de différence entre un vers, même bon, et une ligne de prose, même faible?

Cette différence, Voltaire la sentait profondément, peut-être trop.

Est-ce donc un reproche? Peut-on *trop* sentir les vers? — Oui, si on va jusqu'à les considérer comme étant la poésie elle-même, si on ne la comprend plus en dehors d'eux, si on arrive à l'estimer moins pour elle-même que pour la difficulté vaincue.

La difficulté a ses avantages. Cette lutte contre la mesure et la rime force l'auteur à mieux fouiller sa pensée, à donner au travail, à l'art, plus de temps et de soin.

Mais l'art n'est pas la poésie. Ce fut, au dix-huitième

siècle, une grande erreur que de les confondre. Voltaire, sur ce point, n'était pas mieux dans le vrai que La Motte.

L'erreur datait de loin. La poésie n'avait pas été inaugurée en France, comme dans la Grèce antique ou l'Italie renaissante, par des hommes au cœur ardent, à l'imagination profonde, pour qui elle fût un besoin et une vie. Un Homère, un Dante ne lui avait pas imprimé le sceau de son génie. Elle était arrivée insouciante, légère, jouant avec le vers et lui empruntant volontiers tout son mérite.

En devenant plus régulière et plus grave, elle n'avait pas changé d'esprit; plus elle avait pris d'art, mieux elle s'était contentée d'être et de rester un art. Malherbe lui en avait définitivement imprimé le caractère, et, chose singulière, tout en cherchant sa gloire dans les vers et par les vers, Malherbe ne les aimait pas, ne les estimait même pas. Il leur gardait rancune de la peine qu'ils lui coûtaient; il ne se doutait même pas que la vocation du poëte pût avoir un côté plus relevé. « Si nos vers vivent après nous, disait-il à Racan, toute la gloire que nous en pouvons espérer, c'est qu'on dira de nous que nous avons été deux bons arrangeurs de syllabes. » — « Un bon poëte, ajoutait-il, n'est pas plus utile à l'État qu'un bon joueur de quilles [1]. »

Avec plus de respect pour « l'art des vers » et pour eux-mêmes, ses successeurs du dix-septième siècle étaient restés dans la même voie. Racine eût été fort

[1] *Historiettes* de Tallemant des Réaux.

étonné, Boileau fort scandalisé, quand on serait venu
leur parler de poésie sans leur parler de vers. Ils ne
comprenaient pas, dans ces questions, l'âme sans le
corps. C'était leur matérialisme à eux.

Ce fut, à plus forte raison, une des formes de celui du
dix-huitième siècle [1]. Bons et mauvais, tous les poëtes
du temps confondent versification et poésie, esprit et
corps.

Brossette, le commentateur de Boileau, avait trouvé
dans l'*Ode à la Fortune* une imitation de Lucrèce, et
l'avait signalée à l'auteur. « C'est vrai, répond Rousseau,
et vous l'avez bien remarqué, que j'ai eu en vue le passage *Quò magis in dubiis...*, et je vous avoue, puisque
vous approuvez la manière dont je me suis approprié la
pensée de cet ancien, que je m'en sais meilleur gré que
si j'en étais l'auteur, par la raison que *c'est l'expression
seule qui fait le poëte*, et non la pensée, qui appartient
au philosophe et à l'orateur comme à lui. »

La Motte avait énoncé la même idée. « La poésie,
disait-il dans son *Discours sur l'Ode*, n'avait d'abord
différé du discours libre et ordinaire que par un arran-
gement mesuré des paroles, qui flatta l'oreille à mesure
qu'il se perfectionna. La fiction survint bientôt avec les
figures, j'entends les figures hardies, et telles que l'éloquence n'oserait les employer. *Voilà, je crois, tout ce
qu'il y a d'essentiel à la poésie.* » C'est ainsi qu'il arrive

---

[1] Un critique trop oublié, Batteux, que nous avons déjà eu à
nommer avec éloge, s'éleva le premier contre cette ancienne erreur.

à ne lui trouver d'autre mérite que celui de la difficulté vaincue, et à montrer ensuite que ce mérite est peu de chose, qu'on ferait mieux d'y renoncer.

Voltaire combat la conséquence, mais sans attaquer le principe. Il le consacre, au contraire, car il met la difficulté vaincue au premier rang des raisons à alléguer, selon lui, en faveur de la poésie.

Il ne pouvait tolérer, par exemple, qu'on appelât le *Télémaque* un poëme. Il avait peut-être raison ; mais ce n'est pas assez d'avoir raison : il faut y arriver par le bon chemin. Or, son grand argument, c'était que la prose est trop aisée, trop à la portée de tout le monde. « Qu'est-ce qu'un poëme en prose, disait-il [1], sinon un aveu de son impuissance ? »

Il y a eu, sans nul doute, des gens qui n'écrivaient en prose que faute de savoir écrire en vers, et, comme le disait Gilbert :

> Un vers coûte à polir, et le travail nous pèse ;
> Mais en prose, du moins, on est sot à son aise.....

mais ce n'est pas à dire que les vers soient nécessairement la forme de la poésie, pas plus que le corps humain, quelque admirable qu'il soit, n'est nécessairement l'enveloppe de l'âme humaine. « En ôtant la difficulté, M. de La Motte ôtait le mérite, » a dit encore Voltaire. Si cette raison était la bonne, le mérite croîtrait en proportion des difficultés surmontées, et il nous faudrait dire avec Boileau qu' « un sonnet sans défaut

[1] *Discours aux Welches.*

1.

vaut seul un long poëme, » ce que Voltaire n'admettait certainement pas plus que nous.

II

Mais il avait pour les vers tout l'amour, tout l'enthousiasme qu'un vrai poëte a pour la poésie ; il se jouait d'ailleurs avec un rare bonheur de toutes les difficultés de la versification.

« En lisant Despréaux, lui écrivait d'Alembert[1], on *conclut* et on *sent* que ses vers lui ont coûté ; en lisant Racine, on le *conclut* sans le *sentir*; en vous lisant, on ne le *conclut* ni ne le *sent*. »

Nous *sentons*, quant à nous, que voilà qui est bien d'un géomètre ; mais ces lignes n'expriment pas trop mal ce qu'on éprouve en lisant des vers de Voltaire. « Despréaux, ajoutait d'Alembert, me paraît forger très habilement les siens, ou, si vous voulez, les travailler fort bien au tour ; Racine les jeter parfaitement au moule, et vous les créer. »

Il les *créait*, en effet, quoique bien moins en homme inspiré qui trouve, qu'en habile ouvrier qui arrive du premier coup, ou du second tout au plus, à donner à son œuvre tout le fini qu'elle peut recevoir. Il aimait mieux refaire que retoucher, heureux de se donner à lui-même cette preuve de sa fécondité, plus heureux quand il

[1] Janvier 1770.

avait occasion de la donner en même temps à d'autres.
Il se plaisait à la rendre encore plus saillante en énumé-
rant ces difficultés qui n'en étaient pas pour lui; il y
revient dans peut-être cinquante endroits de ses écrits
ou de sa correspondance. « Il est plus aisé, disait-il [1],
de faire cent vers en toute autre langue que quatre vers
en français. » — « Ignorez-vous, dit-il ailleurs [2], qu'il
est plus aisé de faire dix tomes de prose passable que
dix bons vers dans cette langue embarrassée d'articles,
dépourvue d'inversions, pauvre en termes poétiques,
stérile en tours hardis, asservie à l'éternelle monotonie
de la rime, et manquant pourtant de rimes dans les sujets nobles? »

Autant de mots, autant d'éloges qu'il se donnait indirectement à lui-même, et que l'on a peine à comprendre
qu'il se donnât aussi ouvertement. Il exagérait, d'ailleurs, et beaucoup. Des poëtes moins habiles ont triom-
phé comme lui, et, à quelques égards, mieux que lui,
de ces divers obstacles. La versification est une langue
qui s'apprend, comme toutes les langues, par l'habitude
et l'exercice; si tous n'arrivent pas à la parler avec une
égale élégance, tous peuvent arriver à la parler facilement, à s'apercevoir peu de ses complications et de ses
gênes. Un homme qui n'était rien moins qu'un grand
poëte, mais qui avait fait beaucoup de vers, disait qu'il
ne se rappelait pas avoir jamais corrigé un hiatus, vu
qu'il ne lui en était jamais venu un au bout de la plume.

[1] Dédicace de *Brutus.*
[2] *Discours aux Welches.*

Ainsi en est-il plus ou moins de toutes ces difficultés matérielles qui ont en effet, de loin, quelque chose d'effrayant. Quoi de plus compliqué, au premier abord, que la versification latine? Nous arrivons cependant à faire très rapidement des vers latins, médiocres le plus souvent, mais tout aussi réguliers que ceux de Virgile.

C'est donc peu de chose, en poésie, que la difficulté vaincue; d'autant plus que la gêne même est, à beaucoup d'égards, un préservatif contre les fautes, une source de vrais mérites. Voltaire ne se trompait pas moins dans ce qu'il ajoutait sur la facilité relative de la prose et des vers. Buffon a exagéré dans l'autre sens lorsqu'il croyait louer des vers en les trouvant « beaux comme de la prose; » mais nous dirons que si la prose passable est plus commune que les vers de premier ordre, la bonne est peut-être plus rare que les bons vers.

Passables ou bons, Voltaire les faisait donc avec une facilité merveilleuse, qui allait quelquefois, si nous en croyons Wagnière, son secrétaire, jusqu'à l'improvisation. « Un jour, on jouait chez lui Zaïre, et il était Lusignan. Au moment de la reconnaissance, il fondait si fort en larmes qu'il oublia son rôle, et le souffleur, qui pleurait aussi, ne put lui donner la réplique. Alors il fit sur-le-champ une demi-douzaine de vers neufs et très beaux. Je n'ai pu malheureusement, poursuit Wagnière, les écrire de suite, non plus que ceux qu'il fit en jouant Zopire dans la scène avec Mahomet, ni ceux qu'il ajouta à son rôle de Trissotin, dans les *Femmes savantes*. La même chose est arrivée dans plusieurs autres rôles que je lui ai vu jouer. Je l'ai vu aussi, après une représen-

tation à Tourney, parler assez longtemps en vers à
M. Marmontel, qui, tout étonné, resta muet et ne sut
que lui répondre. Dans la plus grande chaleur d'une
conversation, ou dans le temps qu'il paraissait le plus
occupé à une partie d'échecs, il me faisait demander
pour écrire des vers qu'il venait de composer; et si je
n'arrivais pas sur-le-champ, il courait les écrire lui-
même sur le premier morceau de papier qui lui tombait
sous la main. »

On s'étonne qu'avec cette facilité impétueuse Voltaire
ait si généralement eu, dans ses vers, un défaut qui an-
noncerait plutôt un travail pénible et lent. Amis et ennemis lui ont reproché de n'avoir pas l'instinct de la
période. Ses vers semblent toujours faits deux par deux,
quatre par quatre au plus. Il n'a pas ces enjambements,
ces suspensions dont on a souvent abusé, mais qui, dans
une certaine mesure, sont plus nécessaires en français
que dans aucune autre langue. L'alexandrin s'allonge
sous sa plume avec toutes ses qualités, mais aussi avec
tous ses défauts, correct et raide, harmonieux et monotone. On regrette Racine; on regrette même Boileau,
que son incontestable sécheresse n'empêchait pas d'arriver à une harmonie plus ample. Le versificateur
semble faire pénitence pour les hardiesses du penseur.

III

De là cette hérésie que nous lui voyons professer, en
fait de vers, dans plusieurs de ses écrits, notamment
dans ses commentaires sur Corneille.

« Pour être bons, dit-il[1], les vers doivent avoir l'exactitude de la prose. Pour juger s'ils sont mauvais, mettez-
les en prose, et si cette prose est incorrecte, les vers le
sont aussi. » — « Que le lecteur, dit-il encore[2], applique cette remarque à tous les vers qui lui feront de la
peine ; qu'il tourne ces vers en prose ; qu'il voie si le
sens est clair, s'il est vrai, s'il n'y a rien de trop ni de
trop peu ; et qu'il soit sûr que tout vers qui n'a pas la
netteté et la précision de la prose la plus exacte, ne vaut
rien. »

Qu'y a-t-il de vrai là dedans? Une seule chose : Si
un vers « vous fait de la peine » sans que vous puissiez
bien dire pourquoi, ce procédé vous aidera à en décou-
vrir le vice. Mais vouloir les soumettre tous à cette
épreuve, c'est méconnaître tous les droits, tous les priviléges de la poésie, et s'exposer, pour ne pas manquer
quelques mauvais vers, à en condamner des milliers de

[1] *Polyeucte.* Acte I.
[2] *Sertorius.* Acte I.

bons. Sans parler de ces images hardies qui figurent si bien dans un vers, et qui paraîtraient déplacées ou ridicules dès qu'on leur ôterait ce cadre, que d'expressions, que de tournures dont la prose ne s'accommoderait pas, et qu'il faudrait, tout en les admirant, déclarer inadmissibles ! Que de vers, unanimement reconnus pour beaux et bons, nous donneraient une prose, non-seulement incorrecte, mais barbare, non-seulement peu claire, mais totalement inintelligible ! Voyez ceux-ci :

> Captive, toujours triste, importune à moi-même,
> Pouvez-vous souhaiter qu'Andromaque vous aime?...

Rien de plus poétique et de plus clair. Eh bien, mettez cela en prose. Si vous voulez, comme Voltaire, qu'il n'y ait « rien de trop ni de trop peu, » si vous tournez sans rien ajouter, la phrase ne se comprend plus; si vous ajoutez les mots nécessaires, la clarté reviendra, mais alors, adieu l'élégance. Il y a des tableaux qui restent bons à quelque jour que ce soit; mais il y en a aussi, c'est la plupart, qui veulent un jour particulier. Irez-vous poser en principe qu'avant de se décider à dire qu'un tableau est bon, il faut voir ce qu'il est sous un faux jour ? Nos vers sont pleins, d'ailleurs, de phrases que l'inversion seule nous fait accepter comme françaises. Otez-la, — et il le faut bien en prose, — il vous reste des barbarismes. Souvent aussi l'inversion sépare des mots dont le rapprochement produira, sinon des fautes de langue, du moins des fautes de goût, aussi choquantes et plus choquantes peut-être. Plus le vers est habilement

tissu, plus on lui fait de tort par le plus léger dérange-
ment. Au lieu de :

> Ces noms de roi des rois et de chef de la Grèce
> Chatouillaient de mon cœur l'orgueilleuse faiblesse...

mettez : « Chatouillaient l'orgueilleuse faiblesse de mon
cœur. » Non-seulement l'effet poétique est détruit, mais
vous avez une image prétentieuse, téméraire, peu
agréable.

Aussi Voltaire est-il conduit à émettre un autre principe, plus anti-poétique et plus inexact encore.

« Toute métaphore, dit-il[1], qui ne forme pas une
image vraie et sensible, est mauvaise. C'est une règle
qui ne souffre point d'exception. » Et ailleurs[2] : « On
a déjà dit que toute métaphore, pour être bonne, doit
fournir un tableau à un peintre. »

Cette règle, comme celle dont nous venons de parler,
a du bon. Elle peut nous servir à reconnaître en quoi
pèche une métaphore que nous repoussons déjà par un
jugement spontané de la raison ou du goût; mais, ap-
pliquée à toutes, elle nous en ferait blâmer une foule
que nous admettons, que nous aimons, et qui, par cela
même, sont suffisamment justifiées. Autre chose est de
ne pouvoir fournir un tableau à un peintre, ou de lui en
fournir un monstrueux, un ridicule. Quand une métaphore sera dans ce dernier cas, condamnons-la; quand
elle n'aura d'autre défaut que de ne pouvoir être portée

[1] *Héraclius.* Acte I.
[2] *Nicomède.* Acte III.

sur la toile, elle peut être mauvaise, mais elle peut aussi
être excellente. Racine est plein de ces dernières.

> Il me semble déjà que ces murs, que ces voûtes
> Vont prendre la parole [1].
> Venez dans tous les cœurs faire parler vos yeux.... [2].
> Quel débris parle ici de votre résistance ?.... [3].

Voilà ce qu'il nous faudrait rejeter, car on ne peindra
jamais des murs qui prennent la parole, des yeux qui
parlent dans des cœurs. Même dans le cas où le tableau
serait possible, mais ridicule, la métaphore peut encore
être bonne. Boileau n'a-t-il pas dit, par exemple, *une
langue sans fard?* Peindre un homme avec du fard sur
la langue, c'est à la fois faisable et parfaitement absurde,
et il n'y a cependant là, en vers, qu'une figure très
simple et très heureuse. Corneille en a beaucoup de ce
genre, et sans cesse Voltaire, avec sa règle, s'en égaye
ou s'en indigne.

IV

Mais où l'avait-il prise, cette règle, ainsi que l'autre?
Car nous ne pouvons admettre qu'il les ait professées dans
le seul but de faire du tort à Corneille, ou de se faire

[1] *Phèdre.*
[2] *Andromaque.*
[3] *Iphigénie.*

valoir, lui, parce que sa poésie plus exacte aurait moins
à souffrir de cette épreuve. Quelque désir qu'il eût de
rabaisser un poëte qu'il n'aimait pas, il n'était pas
homme à y travailler en démolissant sciemment la
poésie.

Il fallait donc qu'elle fût pour lui autre chose que ce que
nous entendons par là ; il fallait que l'idée qu'il s'en faisait et l'esprit dans lequel il la cultivait lui-même fussent d'accord, plus ou moins, avec les règles qu'il prétendait lui donner.

Ce n'était là, par conséquent, qu'un nouveau trait de
l'invasion des idées philosophiques dans ce qui aurait
dû rester en dehors de leur influence. Nous ne voulons
pas dire, on le comprend, qu'il y ait des choses auxquelles
la philosophie n'a rien à voir. La philosophie, en soi,
c'est l'intelligence, c'est le cœur, c'est le goût, c'est tout,
et, dans ce sens, Corneille, Boileau, Racine, étaient des
philosophes aussi bien que Voltaire. Nul n'a le droit de
récuser le jugement de la philosophie ; mais la philosophie a un devoir préliminaire à remplir : c'est de bien
voir, dans chaque cas, sur quelles lois il convient qu'elle
juge. Voilà ce qu'elle ne savait pas faire alors. Nous
avons dit ce qui résultait de là dans les travaux historiques ; nous venons d'arriver à ce qui en résultait pour
la poésie. On lui refusait le droit d'avoir sa raison, ses
lois, sa philosophie à elle. Il fallait qu'elle s'abaissât
sous ce vaste niveau qu'on promenait sur le passé,
qu'on étendait jusque sur l'avenir. Voltaire, dans le
feu de la représentation, pouvait pleurer aux beaux vers,
fussent-ils de ce Corneille dont il disait tant de mal ;

mais demandez-lui à lui-même — vous le pouvez en lisant sa correspondance — comment il les faisait. Vous
le voyez calculer, discuter, rire. Ces beaux morceaux
que vous savez par cœur, que vous seriez si heureux
d'admirer, non comme beaux seulement, mais comme
partis d'une âme émue, vous découvrez qu'ils n'ont pas été
faits autrement que ses poésies légères, pas autrement
que ses pamphlets. Lors de son *OEdipe*, dit-on, il avait
paru sur la scène portant la queue de la robe du grand
prêtre. Est-ce un conte ? Cela se peut ; mais ce serait,
en tous cas, une assez bonne image de ce qu'il a fait
toute sa vie. « Hier j'étais philosophe ; aujourd'hui je suis
Polichinelle... » disait-il à madame Suard, en lui montrant
une farce qu'il était en train d'écrire. Mais le philosophe
de la veille était toujours un peu le Polichinelle du lendemain. Quoi qu'il écrive, il en rit par derrière. Il compose
une tragédie comme il en ferait, simple peintre, les
décors, ou comme, simple machiniste, il les arrangerait
dans un entr'acte. D'émotion et d'inspiration sérieuse,
il n'en a pas. Comment en aurait-il dans une situation
fictive, lui qui, dans les choses réelles, ramène tout à ce
qu'il y a de plus froid dans la raison ? Voyez-le, par
exemple, attaquer l'ancien usage d'enterrer les morts
dans les églises. Il n'a pas l'air de soupçonner qu'un
sentiment pieux ait pu en être l'origine. Evidemment
vous l'étonneriez beaucoup, vous le feriez prodigieusement rire en lui disant qu'il y avait là quelque chose de
poétique et de touchant. C'est malsain, c'est absurde ;
il ne sortira pas de là [1]. Il se promet bien, lui, d'être

[1] Ce fut l'archevêque de Toulouse, M. de Brienne, qui se ren-

enterré dans sa chapelle de Ferney ; mais ce n'est pas pour être plus près de Dieu : il ne veut que faire enrager les prêtres. « Oui, je bâtis une église ; annoncez cette nouvelle consolante aux enfants d'Israël. Que tous les saints s'en réjouissent. Les méchants diront sans doute que je bâtis cette église dans ma paroisse pour faire jeter à bas celle qui me cachait un beau paysage et pour avoir une grande avenue ; mais je laisse dire les impies, et je fais mon salut [1]. » Qu'une mère en deuil le consulte sur l'épitaphe de son fils ; écoutez de quel ton il va répondre : « Comme monsieur votre fils, madame, n'avait servi ni sous César ni sous Auguste, il ne faut pas d'épitaphe latine... Il est d'ailleurs de l'honneur de la langue française qu'on l'emploie dans les monuments... Je suis fâché, madame, de vous parler d'une chose qui renouvelle vos douleurs... Sans une occupation qui me tiendra ici une année entière, je viendrais pleurer avec vous. On ne m'a rien mandé de l'œil malade de madame de Pompadour... Adieu, madame, conservez vos yeux. Ni vous ni moi ne portons encore de lunettes [2]. »

Voilà celui qui avait excellé à peindre l'amour maternel. Quel pendant à *Mérope !*

dit le premier, sur ce point, aux réclamations de Voltaire. Il défendit, en 1775, les inhumations dans les églises, et le parlement de Toulouse rendit un arrêt conforme. On ne manqua pas de dire que ce corps cherchait à se réhabiliter du supplice de Calas, et il n'est pas impossible que ce désir n'eût en effet influé sur sa décision.

[1] Lettre à Thiriot. Août 1760.

[2] Lettre à la comtesse de Lutzelbourg.

Prenez-le maintenant, si vous voulez, non dans quelque opuscule raisonneur ou dans une lettre familière, mais dans le plus élevé de tous les genres, l'ode. Là encore, que de peine à se soutenir dans les régions où l'élève parfois un commencement d'enthousiasme ! Le plus souvent, il ne paraît même pas se soucier d'y rester, et, à la moindre occasion de descendre, le voilà descendu. Au lieu de sentir, il juge ; au lieu de peindre, il disserte ; heureux encore quand une strophe grave et noble ne s'aiguise pas tout à coup en épigramme ou en injure, comme un coup de sifflet au milieu d'une symphonie.

V

Mais une question dans laquelle il a souvent eu raison d'en appeler au froid bon sens, c'était celle de l'amour dans le drame.

D'où avait pu venir, au dix-septième siècle, tandis que l'imitation grecque arrivait à dominer le théâtre, ce perpétuel emploi d'un ressort dont les Grecs n'avaient pas usé ?

Il y avait là, d'abord, l'influence de la littérature et de l'esprit du temps. De toutes les passions, on ne savait, on ne voulait étudier que l'amour. De là ces interminables romans où se puisait la matière de toutes les conversations ; de là aussi, pour le drame, l'obligation d'en avoir le ton et la couleur.

2.

D'autre part, c'était l'imitation grecque elle-même qui conduisait, sur ce point, à s'écarter des Grecs. Avec cette excessive simplicité d'action qu'on mettait à la base du système, il fallait bien trouver de quoi remplir le vide qui en résultait. Otez d'un drame grec ce qui n'est pas de nature à figurer sur une scène moderne, et voyez à quoi vous le réduisez. « On se trompe fort, disait Voltaire avec beaucoup de raison, dans une de ses préfaces, lorsqu'on pense que tous ces sujets, traités autrefois avec succès par Sophocle et par Euripide, l'*OEdipe*, le *Philoctète*, l'*Electre*, l'*Iphigénie en Tauride*, sont des sujets heureux et aisés à manier... Ce sont des sujets d'une ou de deux scènes, tout au plus. » Disons, si l'on veut, d'un ou de deux actes, mais c'est certainement tout.

Il en sera nécessairement de même, à peu d'exceptions près, de tout sujet traité à la manière des Grecs. Vous aurez quelques scènes; vous n'aurez jamais les cinq actes que l'usage exigeait depuis Horace [1], et avant lui. Pourquoi cinq? dira-t-on. N'est-ce pas affaire de convention, d'arbitraire? Sans doute; mais l'arbitraire est souvent une forme de la raison. On voulait qu'une œuvre comme le drame ne fût jamais sans une certaine ampleur. Les Grecs l'allongeaient par des chœurs, par des conversations souvent en redites, mais qu'animait la pompe du spectacle, par une déclamation lente et chantée. Partis des mêmes principes, mais privés de ces diverses ressources, nos classiques n'avaient, pour allon-

---

[1]   *Neve minor neu sit quinto productior actu*
       Fabula...

ger, que les intrigues d'amour. Voltaire fut très fier la première fois qu'il s'en passa; mais aussi sa *Mort de César*, malgré la fécondité du sujet, n'a que trois actes et, en quelque sorte, qu'une seule situation. Longepierre, qui se piquait de savoir se passer d'amour, ne s'en passait que grâce à des longueurs désespérantes. Quand le théâtre anglais se soumit aux lois françaises, il subit la même nécessité. Le Cortez de Dryden est un galant chevalier, épris d'une des filles de l'Inca; le Caton d'Addison n'est pas amoureux lui-même, mais la pièce est remplie des amours de sa fille avec un roi africain. « La coutume d'introduire de l'amour à tort et à travers dans les ouvrages dramatiques passa de Paris à Londres, dit Voltaire [1], vers l'an 1660, avec nos rubans et nos perruques. » Oui, *avec*; mais non pas, en réalité, comme une mode. On aurait pu se passer de rubans et de perruques; mais on ne pouvait pas, le système français étant adopté au théâtre, se passer de ce qui pouvait seul en rendre l'application possible.

En cela donc, comme en bien d'autres questions, Voltaire n'a raison que jusqu'à moitié chemin. Il ne fallait pas se borner à relever ce que l'emploi des intrigues amoureuses avait de ridicule dans un certain nombre de sujets : il fallait chercher le mal à sa source, et cette source était dans la constitution même du théâtre; il fallait demander l'élargissement du cadre, afin que de plus grands tableaux rendissent les miniatures inutiles. « Pour que l'amour soit digne du théâtre

[1] *Lettres philosophiques.*

tragique, disait-il dans la dédicace de *Brutus*, il faut qu'il soit le nœud nécessaire de la pièce, et non qu'il soit amené par force, pour remplir le vide. » Bonne règle; mais à quoi pouvait-elle servir, tant que subsistait la nécessité de la violer?

VI

Il est vrai qu'une fois la nécessité bien constatée, on s'y était abandonné avec une complaisance étrange.

Dans les *Machabées* de La Motte, le plus jeune des frères, Misaël, est amoureux de la favorite d'Antiochus.

Dans l'*Annibal* de Marivaux, savez-vous ce que le héros carthaginois est venu faire à la cour de Prusias? Il est venu briguer la main de la fille de ce prince; et son rival, ce qui ne pouvait manquer, c'est Flamininus, l'ambassadeur des Romains.

Dans le *Jugurtha* de Lagrange, c'est une rivalité d'amour qui arme le roi contre ses frères.

Dans le *Spartacus* de Saurin, l'esclave révolté est amoureux de la fille de Crassus, et même payé de retour. Il est vrai que l'auteur a eu soin de faire de lui le fils d'un roitelet d'Asie.

Dans le *Philoctète* de Châteaubrun, le héros grec n'est pas seul à Lemnos. Il a sa fille avec lui, et elle n'est là, cela va sans dire, que pour être aimée de Pyrrhus.

La forme était souvent plus étrange encore que le fond,

et malheureusement Corneille en avait donné l'exemple. Au milieu des inspirations les plus mâles, il jette à tout instant ce que le langage conventionnel de l'amour avait de plus mou, de plus fade, de plus niais, dirions-nous, si nous ne parlions de Corneille. On a dit qu'il n'avait fait que céder, malgré lui, aux exigences du public de son temps. Est-ce bien sûr? Il paraît plutôt se complaire dans ce triste jargon. Aucune de ses tragédies, pas même *Polyeucte*, n'est exempte de ces morceaux où l'on dirait qu'il a plutôt voulu parodier d'autres pièces que se conformer au ton reçu. Dans *Pompée*, César ne veut que déposer ses lauriers aux pieds de Cléopâtre. « Maître de Rome et du monde, dit-il,

> « C'est ce glorieux titre, à présent effectif,
> Que je viens ennoblir par celui de captif... »

Dans *OEdipe*, au milieu de cette population que la peste décime :

> « Quelque ravage affreux qu'étale ici la peste,
> L'absence aux vrais amants est encor plus funeste... »

dit Thésée. — Et Corneille a peut-être deux cents endroits de ce genre.

Racine en a peu, presque point, au moins dans ses principales pièces. Il subissait la même nécessité ; mais une élégante réserve, un goût plus pur, lui en faisaient dissimuler l'embarras. Ce n'est plus cette grosse galanterie de roman ; ce ne sont pas davantage ces finesses alambiquées que l'hôtel de Rambouillet avait l'art d'y

mêler. L'amour, dans Racine, est toujours ou furieux,
ou délicat. C'est Phèdre, c'est Hermione, ou bien c'est
Iphigénie s'écriant, quand on lui défend de revoir
Achille :

« Dieux plus doux, vous n'aviez demandé que ma vie !... »

Quand il fait soupirer un Mithridate, un Néron, s'il
sort de la vraisemblance historique, il reste vrai par les
détails. Nous avons beau nous dire que ce n'est pas ainsi
qu'on parle ; nous ajoutons tout bas que c'est ainsi que
nous voudrions parler.

Crébillon le *Terrible* était retombé en plein dans les
fadeurs de Corneille. Aux exemples que nous citions
d'amours déplacés et ridicules, nous aurions pu ajouter
son Catilina, amoureux de la fille de Cicéron, et son
Idoménée, rival du fils qu'il a promis d'immoler. Il a
mis de l'amour, et quel amour ! jusque dans *Electre,* où
l'amour filial et fraternel lui défendait si manifestement
d'en mettre un autre. La fille d'Agamemnon aime Itys,
fils d'Egisthe, et Oreste aime Iphianasse, sœur d'Itys.
L'auteur, dans sa préface, tâchait de s'en justifier.
« Une princesse dans un état aussi cruel que celui où se
trouve Electre, dira-t-on, être amoureuse ! Oui, amoureuse. Quels cœurs sont inaccessibles à l'amour ? Quelles
situations peuvent nous mettre à l'abri d'une passion si
involontaire ? Plus on est malheureux, plus on a le cœur
aisé à attendrir. » Il a raison ; mais ce n'est pas ainsi
que la question devait être posée. Il ne s'agit pas de
savoir si Electre a pu être amoureuse, ce qui est possible

en effet, mais si l'art, si la vérité théâtrale bien entendue permettaient de la représenter telle.

Maître du théâtre après Racine, Crébillon avait achevé de donner force de loi à un usage qu'on aurait pu croire ébranlé par la manière dont Racine s'y était soumis. Voltaire avait d'abord écrit son *OEdipe* sans amour; mais les comédiens le refusèrent. « Ce jeune homme mériterait, disait Dufresne, qu'en punition de son orgueil on jouât sa pièce avec cette grande vilaine scène traduite de Sophocle. » Il maintint la *grande vilaine scène* [1], et ne s'en trouva pas mal; mais il fallut imaginer une intrigue amoureuse pour se la faire pardonner. La *Mort de César*, écrite en 1735, ne put être jouée qu'en 1743, lorsque le succès de *Mérope* eut rassuré les comédiens, et, malgré *Mérope*, elle tomba. Il fallut tout le crédit de Lekain pour qu'on se décidât, vingt ans après, à la reprendre, et ce fut encore sans succès.

[1] La première du quatrième acte.

CHAPITRE DIX-HUITIÈME

l'art en est un dans l'ensemble. — Le génie seul en aperçoit d'avance la portée. — Voltaire n'a pas tiré parti de ceux qui s'accomplissaient au théâtre. — Le public ne l'y encourageait pas.

———

I

Un mot, puisque nous y sommes conduits, de l'influence que les comédiens exerçaient sur le théâtre, et, indirectement, sur les idées du temps.

C'était une singulière existence que celle des comédiens. L'Eglise, qui les condamnait, n'osait demander à l'Etat de ne pas les encourager; l'Etat, qui les encourageait, n'osait demander à l'Eglise de ne pas les condamner[1]. Parias, ils étaient reçus jusque dans le palais du souverain; couverts de lauriers, cousus d'or, ils restaient parias. Cet homme à qui l'archevêque de Paris a refusé la sépulture, c'est celui que Louis XIV a si longtemps admiré et presque aimé; c'est Molière. Cette femme dont les restes sont également repoussés du champ commun, c'est celle que toute la France admirait prêtant de nouvelles beautés à Racine même; c'est

---

[1] On raya du tableau des avocats, en 1761, un nommé Huerne de La Motte qui avait écrit un mémoire contre l'excommunication des comédiens. L'ouvrage fut brûlé par arrêt du parlement.

Adrienne Lecouvreur. « Lorsque les Italiens et les Anglais, écrivait Voltaire à cette occasion [1], apprennent que l'on excommunie des personnes gagées par le roi, que l'on condamne comme impie un spectacle représenté dans les couvents, qu'on déshonore des jeux où de grands princes ont été acteurs, qu'on déclare œuvres du démon des pièces revues par les magistrats les plus sévères et représentées devant une reine vertueuse, que voulez-vous qu'ils pensent de notre nation, et comment peuvent-ils concevoir ou que nos lois autorisent un art déclaré si infâme, ou qu'on ose marquer de tant d'infamie un art autorisé par les lois, récompensé par les souverains, cultivé par les plus grands hommes ? » En 1765, mademoiselle Clairon ayant été emprisonnée pour refus de jouer : « C'est une contradiction trop absurde, écrivait-il encore, d'être au For-l'Evêque si on ne joue pas, et d'être excommunié si on joue. » Par une autre bizarrerie, les acteurs italiens n'étant pas excommuniés dans leur pays, ceux de la Comédie-Italienne, à Paris, ne l'étaient pas non plus, lors même qu'ils étaient Français. Enfin, ce qui n'était pas bizarre, mais monstrueux, c'est qu'une femme pouvait se soustraire à l'autorité de son mari, une fille à celle de son père, en se faisant inscrire parmi les filles d'Opéra. Ce fut un des premiers abus que Louis XVI réforma.

Quoique les pièces jouées dans les couvents de femmes et dans les colléges des jésuites fussent en général fort innocentes, l'observation de Voltaire à ce sujet n'en

[1] *Lettres philosophiques.*

était pas moins juste. Il y avait absurdité à condamner une chose dont on inspirait le goût aux jeunes gens, et à noter d'infamie ceux qui faisaient par métier ce qu'on enseignait à faire par plaisir.

Ce n'était d'ailleurs pas seulement dans les pensionnats religieux qu'on tolérait les récréations dramatiques. Des prêtres, des évêques y assistaient sans scrupule dans les nombreux petits théâtres de la noblesse et de la haute finance ; leur dignité y recevait même quelquefois plus d'un accroc.

En 1769, l'évêque d'Orléans, M. de Jarente, se trouve chez la comtesse d'Amblimont. Deux jeunes abbés l'accostent. Ministre de la feuille, habitué à éconduire dix fois plus de solliciteurs qu'il n'a à donner de bénéfices, il les rebute d'abord ; mais ils se disent parents du duc de Choiseul, et le duc, qui se trouvait là, les nomme en effet ses cousins. M. de Jarente, alors, leur promet de ne pas les oublier. Un moment après, la toile se lève, et l'évêque ébahi reconnaît ses deux abbés.... dans deux actrices. Tout Paris sut la chose. On en fit une farce intitulée *le Ballet des abbés,* qui se joua sur tous les théâtres particuliers. — Et M. de Jarente, à Orléans, refusait comme un autre le mariage et la sépulture aux comédiens.

II

Maintes fois le gouvernement avait tâché de mettre un terme à ces contradictions. Une déclaration de Louis

XIII, du 16 avril 1641, portait : « Voulons que l'exercice des comédiens, qui peut divertir innocemment nos peuples, c'est-à-dire les détourner de diverses occupations mauvaises, ne puisse leur être imputé à blâme, ni préjudiciable à leur réputation dans le commerce public. » En 1688, le comédien Floridor, né noble, avait été maintenu, par arrêt du conseil du roi, en possession de la noblesse.

L'Église, après tant d'anathèmes, ne pouvait pas revenir en arrière ; mais le clergé se prêtait quelquefois à certains biais. Ainsi, quand un acteur de la Comédie Française voulait se marier, il déclarait renoncer au théâtre ; puis, le mariage béni, il recevait du premier gentilhomme de la chambre, surintendant des théâtres royaux, l'ordre de remonter sur la scène. Mais en 1768, Molé faisant la déclaration d'usage, voilà que l'archevêque veut prendre l'affaire au sérieux, et demande que le premier gentilhomme s'engage par écrit à ne pas rappeler l'acteur. Là dessus, longs débats, et enfin l'archevêque apprend que le mariage s'est fait. Il se trouva qu'on lui avait fait signer, parmi d'autres papiers, l'autorisation de marier le grand comédien. Il suspendit le prêtre qui avait béni le mariage, et qui n'avait eu que le tort de croire à la signature escroquée.

Les comédiens, de leur côté, saisissaient volontiers les occasions de mettre le clergé dans l'embarras, soit en sollicitant des grâces dont ils se souciaient au fond très peu, soit en faisant de temps en temps des manifestations pieuses qui contrastaient bizarrement avec leur position d'excommuniés.

A la mort de Crébillon, par exemple, ils lui font faire
un service solennel dans une église restée hors de la
juridiction de l'archevêque, celle de Saint-Jean-de-
Latran, qui appartenait à l'Ordre de Malte. Tentures,
dais, catafalque, rien n'y manque. Des centaines d'invitations ont été envoyées; toute la littérature, tout le
monde élégant est là. L'Académie a envoyé une députation. Tous les théâtres de Paris, des plus grands aux plus
humbles, sont au complet. « On est allé à l'offrande,
dit le journal de Bachaumont, avec la plus grande ré-
gularité. Les actrices étaient sans rouge. Mademoiselle
Clairon, en long manteau, menait le deuil. Arlequin y
a figuré aussi. » Sur ce, grande colère à l'archevêché,
d'autant plus que *la Gazette de France,* le journal presque officiel, « a exalté, continue Bachaumont, le zèle et
la piété des comédiens du roi. » M. de Beaumont se
plaint à l'Ordre de Malte, et l'Ordre, pour lui plaire,
censure le curé. Alors, ce sont les comédiens qui se
fâchent, et peu s'en faut que mademoiselle Clairon n'entraîne les principaux à se retirer en masse. Deux ans
après [1], à la mort de Rameau, l'Opéra lui fait faire
aussi un magnifique service à l'église des Pères de
l'Oratoire; seulement, les invitations se font au nom de
sa veuve, et le clergé ferme les yeux.

En 1766, il fut grandement question de relever, au
moins civilement, la condition des comédiens. « Il y a
de grands projets, écrivait Grimm, pour favoriser la
Comédie Française. On prétend qu'elle sera érigée en

____
[1] 1764.

Académie Royale Dramatique, par lettres patentes
enregistrées au parlement. Par cette forme, on n'espère
pas lever l'excommunication, mais l'état de membre
de cette académie aura du moins ses droits civils; et
comme, en vertu de leur institution, les comédiens font
partie de la chambre du roi, on dit qu'on accordera
aux acteurs le titre de valets de chambre du roi, et aux
actrices celui de femmes de chambre de la reine. » Ces
titres, les comédiens prétendaient les avoir déjà, en
vertu de lettres patentes de Louis XIII. Le ministre de
la maison du roi, M. de Saint-Florentin, porta l'affaire
au conseil; mais le roi, qui était pour le *statu quo* en
toutes choses, coupa court en disant qu'on ne lui en
parlât plus.

Rien ne fut donc changé à la position des comédiens,
et 1789 les y trouva. Ils eurent alors les droits civils;
mais le clergé a plus d'une fois renouvelé la prétention
de leur refuser la sépulture.

Grande susceptibilité, du reste, à l'endroit de leur
honneur, ou de ce qu'ils appelaient de ce nom. Le gouvernement était quelquefois obligé de les servir contre
ses propres amis. En 1765, la Clairon va se plaindre
aux gentilshommes de la chambre, menaçant de se
retirer si on ne punit Fréron, qui l'a insultée, dit-elle,
dans son journal. Sur ce, ordre du roi de mettre Fréron
au For-l'Évêque. Mais Fréron est malade; ses amis
demandent sa grâce. On répond qu'il faut que l'actrice
la demande, et l'actrice est inexorable. La reine même
intervient; l'actrice réitère sa menace. « Mademoiselle,
lui disait le duc de Choiseul, nous sommes, vous et moi,

sur le théâtre, à cela près que vous choisissez vos rôles et que vous savez d'être applaudie, tandis que je ne choisis pas les miens et que je suis sûr d'être sifflé. Je reste, cependant, et, si vous m'en croyez, vous resterez. » Mais Fréron était déjà enfermé, et il le fut huit jours. Elle aussi, peu après, pour une affaire qu'il serait trop long de raconter, elle alla passer quelques jours sous les mêmes verroux; mais « son logement, dit Bachaumont, est magnifiquement meublé. C'est une prodigieuse affluence de carrosses. Elle donne des soupers divins et nombreux; en un mot, elle y tient l'état le plus grand. » Elle avait dit, en entrant, que le roi pouvait tout sur sa personne, mais rien sur son honneur; à quoi un exempt de police avait répliqué, disait-on : « Où il n'y a rien, le roi perd ses droits. » Tout le monde était, au fond, de l'avis de cet exempt; mais elle n'en restait pas moins la reine et la déesse du jour. Dix ans après, en l'honneur de mademoiselle Raucoux, fameuse par ses dissipations et par le nombre des amants qu'elle avait ruinés, les dames les plus honnêtes portaient des bonnets *à la Raucoux,* figurant un panier percé.

III

Mais revenons.

L'inspiration, chez un auteur dramatique, ne peut pas être indépendante de la manière dont il sait que son œuvre sera rendue. Même sans y songer, il proportionnera ses conceptions au matériel dont il dispose.

Voltaire a donc raison d'attribuer à la mesquinerie du matériel théâtral une influence assez grande sur les théories dramatiques du siècle précédent. « Ce qui empêchait encore, dit-il [1], que l'action ne fût vraiment tragique, c'était la construction du théâtre et la mesquinerie du spectacle. Nos théâtres étaient, en comparaison de ceux des Grecs et des Romains, ce que sont nos halles, notre place de Grève, nos petites fontaines de village, en comparaison des aqueducs et des fontaines d'Agrippa, du *Forum Trajani,* du Colisée et du Capitole.... Des bateleurs louaient un jeu de paume pour représenter *Cinna* sur des tréteaux.... Que pouvait-on faire sur une vingtaine de planches chargées de spectateurs ? »

Figurez-vous-les, ces vingt planches, éclairées par une vingtaine de chandelles [2], couvertes, à droite et à gauche, d'un double, d'un triple rang de siéges où trônent les dandys du jour, causant, riant, se pavanant, faisant tout haut leurs remarques. A peine ont-ils laissé, au milieu, un petit espace.... Et c'est ce petit espace qui va être, bon gré, mal gré, ou un palais ou un temple, ou les plaines de quelque empire lointain ; c'est au milieu de ce cercle remuant que l'imagination des specta-

---

[1] *Des divers changements arrivés à l'art tragique.*

[2] Le mot *chandelles* survécut à ce triste éclairage, et même assez avant dans le dix-huitième siècle. A la cour, il resta jusqu'à la révolution. Quand le roi voulait de la lumière, c'était article d'étiquette qu'il ne dît pas « des bougies, » mais « des chandelles. »

teurs devra se représenter ou Polyeucte seul dans sa prison, ou des amants en tête à tête, ou des conjurés complotant dans le plus profond secret. Puis, quelque habitués que les acteurs y pussent être, on comprend ce que leur jeu devait perdre à cette insupportable gêne de se sentir observés de si près, de heurter si ouvertement toutes les vraisemblances. Les jours de foule, on ne leur laissait pas même un passage; le cercle devait s'ouvrir à chaque sortie, à chaque entrée. Mithridate, apporté mourant, avait été entendu disant tout bas : « Pardon, messieurs ! » Et l'ombre de Ninus [1] faisait toujours un peu rire depuis la naïveté de ce soldat, en faction dans les coulisses, qui avait crié : « Place à l'ombre ! » Cet état de choses dura jusqu'en 1759. La scène avait plus de vingt planches, et la chandelle avait fait place au quinquet; mais nulle part les vieux usages n'étaient plus tenaces, plus sacrés. Regnard les avait déjà peints, dans son *Distrait* [2], ces petits-maîtres qui s'étalaient sur la scène, riant, raillant, et devenant quelquefois les seuls objets de l'attention des spectateurs; mais il fallait, pour les chasser, quelqu'un d'autrement puissant que Regnard et que Molière même : il fallait Voltaire, et Voltaire aidé de toutes les autres révolutions en train de s'accomplir.

C'était donc dans des jeux de paume, dans des granges, que la tragédie française avait déployé ses premières pompes. La mesquinerie du local se compensait

[1] *Sémiramis.* Acte III.
[2] 1697.

par la ridicule magnificence des costumes. Ce n'était pas assez d'habiller en marquis français tous les héros de l'antiquité romaine ou grecque ; on entassait, dans ce travestissement déjà étrange, tous les raffinements du mauvais goût. Un roi, s'appelât-il Nicomède ou Attila, avait invariablement des gants blancs à franges d'or, des galons sur toutes les coutures, des diamants de verre à son épée ; un guerrier avait le *tonnelet*, espèce de panier qui s'attachait au-dessous de la ceinture, et que recouvrait un court jupon. Les allures, les gestes, répondaient à ces mascarades. « Dans *Cinna*, dit Voltaire[1], on voyait arriver Auguste avec la démarche d'un matamore, coiffé d'une perruque carrée qui descendait par devant jusqu'à la ceinture. Cette perruque était farcie de feuilles de laurier et surmontée d'un large chapeau avec deux rangs de plumes rouges. Il se plaçait sur un énorme fauteuil à deux gradins, et Maxime et Cinna étaient sur deux petits tabourets. »

Les femmes avaient non moins invariablement la haute coiffure à poudre, le grand panier, la robe à queue. Un jour que l'on donnait *Horace*, la Duclos, qui jouait Camille, s'élança, après les imprécations, pour sortir ; mais elle se prit dans sa queue, et la voilà par terre. Horace, qui courait après elle pour la tuer, la relève, la soutient, la conduit jusqu'à la coulisse, et là, reprenant son rôle, se remet à la poursuivre en criant :

« Va dedans les enfers joindre ton Curiace ! »

Un homme que plusieurs de nos contemporains ont

[1] Remarques sur *Cinna*. Acte II.

connu, Andrieux, avait vu de grands restes de ces bizarreries. « J'ai vu dans ma jeunesse, dit-il[1], Jocaste et Agrippine en grand panier, en corps de robe busqué, la tête coiffée d'un chignon et de boucles droites derrière les oreilles, le tout pommadé et poudré à blanc. J'ai vu, dans la tragédie de *Zuma*, un jeune sauvage enjuponné, le tonnelet à la ceinture, une massue à la main, et les cheveux poudrés, épars sur ses épaules. J'ai vu Ulysse et Théramène, venant faire le récit qui termine *Iphigénie* et *Phèdre*, secouer et faire tomber la poudre dont leurs cheveux étaient garnis. »

Essayait-on de rendre le costume un peu plus vrai, on l'enjolivait encore selon les traditions de l'ancien goût. C'est ce qui eut lieu, par exemple, lors du *Catilina* de Crébillon. Pour assurer le succès de la pièce, madame de Pompadour avait imaginé de faire donner aux comédiens des costumes neufs et magnifiques. « La dépense n'a pas été médiocre, écrivait Collé dans son *Journal*. Le sénat lui seul était de dix-huit personnes. Les toges étaient de toile d'argent et les vestes de toile d'or ; le tout enrichi de diamants faux. » Des toges de toile d'argent, et des diamants à ces toges ! Mais c'étaient des toges, enfin, et cela seul était un grand progrès.

[1] Préface des mémoires de mademoiselle Clairon.

IV,

Cependant la déclamation était restée à peu près ce que l'avaient faite les plumes et la perruque d'Auguste. Voltaire, qui avait prêché pour la vérité du costume, ne sentit que plus tard l'importance du naturel dans le ton. Il récitait lui-même avec l'ampleur des comédiens de Corneille. Il se plaisait à prolonger les sons de sa grosse voix, et on aurait toujours dit — nous l'avons entendu raconter par un témoin — qu'il voulait faire peur à des enfants.

Molière s'était moqué[1] des comédiens ampoulés de l'hôtel de Bourgogne. Baron, formé par lui, disait qu'on ne doit pas *déclamer*, mais *réciter*; mais comme il se piquait en même temps d'une extraordinaire dignité de maintien et de paroles, qu'il gardait dans le monde et jusque dans les actions les plus vulgaires, il déclamait, lui aussi, bien plus qu'il ne récitait.

L'enflure avait cependant diminué, mais le chant était toujours plus sensible, tellement que les intonations pouvaient être indiquées par des notes. Racine, qui passe pour avoir donné à la Champmeslé d'excellentes leçons de naturel, lui notait les vers. Un musicien de la Comédie-Française s'amusait à noter, pendant la représentation, les tirades de mademoiselle Clairon, et il

[1] Dans l'*Impromptu de Versailles.*

montrait, à la louange de la célèbre actrice, qu'il avait noté jusqu'à quatre fois le même morceau d'*Alzire*, à quatre représentations, sans qu'une seule note différât. C'était une preuve, en effet, des profondes études auxquelles elle avait dû se livrer pour arriver à une pareille exactitude; mais ce mérite était lui-même la preuve d'un grand défaut.

Marmontel eut beaucoup de part, s'il faut l'en croire, à l'heureuse révolution qui était encore à accomplir. S'il faut l'en croire, disons-nous, car les Mémoires de mademoiselle Clairon ne s'accordent pas, sur ce point, avec les siens. Tout en le remerciant des éloges qu'il lui avait prodigués dans l'*Encyclopédie*[1], elle ne dit pas qu'il eût contribué à les lui faire mériter.

Il avait donc compris, dit-il, que la réforme du ton et des allures devait être précédée de la réforme du costume, et il ne cessait d'en parler à mademoiselle Clairon. Pleine de goût elle-même et déjà convaincue au fond, elle résista longtemps. Les traditions sont plus impérieuses que les lois. Elle n'osait secouer l'ancien joug; elle ne savait d'ailleurs si son talent, formé sous l'ancienne méthode, pourrait ne pas perdre à en changer. « Mais je la vis tout à coup, ajoute-t-il[2], revenir à mon sentiment. Elle venait jouer Roxane au théâtre de Versailles. J'allai la voir à sa toilette, et, pour la première fois, je la trouvai habillée en sultane, sans panier, les bras demi-nus, et dans la vérité du costume oriental. Je

[1] Article *Déclamation.*
[2] *Mémoires.* Livre V.

II. 4

lui en fis mon compliment. « Vous allez, me dit-elle, être content de moi. Je viens de Bordeaux ; j'y ai fait l'essai de cette déclamation simple que vous m'avez tant demandée. Elle y a eu le plus grand succès. Je vais en essayer encore ici. Si elle y réussit, adieu l'ancienne déclamation. » L'événement passa son attente et la mienne. Ce ne fut plus l'actrice, ce fut Roxane elle-même que l'on crut voir et entendre. On se demandait : Où sommes-nous ? On n'avait rien entendu de pareil. Je la revis après le spectacle ; je voulus lui parler de ce succès. Eh ! ne voyez-vous pas, me dit-elle, qu'il me ruine ? La vérité de la déclamation tient à celle du vêtement. Ma garderobe est dès ce moment réformée ; j'y perds pour dix mille écus d'habits. Vous me verrez dans huit jours jouer Électre au naturel, comme je viens de jouer Roxane. — C'était l'*Électre* de Crébillon. Au lieu du panier ridicule et de l'ample robe de deuil qu'on lui avait vus dans ce rôle, elle y parut en simple habit d'esclave. Elle y fut admirable. Quelque temps après, elle fut plus sublime encore dans l'*Electre* de Voltaire. Ce rôle, que Voltaire lui avait fait déclamer avec une lamentation continuelle et monotone, acquit, parlé plus naturellement, une beauté inconnue à lui-même, puisqu'en le lui entendant jouer sur son théâtre de Ferney, il s'écria, baigné de larmes : « Ce n'est pas moi qui ai fait cela ; c'est elle ! »

V

Que conclure de là ? car ce n'est pas une simple anecdote que nous avons voulu raconter.

C'est une preuve, après bien d'autres, que, dans la littérature et dans l'art, tout se tient. La vérité ne peut s'insinuer dans un coin de leur empire qu'elle ne tende à l'envahir tout entier ; le faux ne peut régner sur un point qu'il ne règne aussi sur d'autres.

Il n'y a donc aucune réforme, aucun progrès, quelque minime qu'il paraisse, qui ne puisse avoir de l'influence sur les développements de tout un siècle ; mais il n'y a que le génie qui en voie d'avance la portée, et qui sache apprécier sainement quels résultats on doit en espérer ou en craindre. En devinant la liaison de la déclamation et du costume, Marmontel avait fait un pas ; mais que cette considération pût conduire à modifier la tragédie elle-même, c'est ce que ni lui, ni Voltaire, ni personne, n'était encore en état d'apercevoir.

Cette révolution , par conséquent, ne dépassa pas les formes. Les acteurs parlèrent plus simplement ; les auteurs gardèrent l'ancien langage et les anciennes règles. La scène fut débarrassée des spectateurs qui l'obstruaient ; mais nous avons déjà vu combien Voltaire, qui avait tant attaqué ces « blanc-poudrés » si ridiculement assis autour de Romains et de Grecs, profita peu de la place qu'ils laissèrent libre. Les personnages purent converser plus au large ; mais le drame, en dépit de ce qu'il en avait dit lui-même, resta « une conversation en vers. » Il n'osa pas le ramener à ce *vrai*, bien autrement important que celui de la déclamation et du costume, — celui de la nature et de l'histoire.

Le public, d'ailleurs, ne l'y encourageait pas. On se montrait rebelle aux innovations les plus innocentes. « Mon *Adélaïde* [1], dit-il, fut sifflée dès le premier acte. Les sifflets redoublèrent au second, quand on vit arriver le duc de Nemours blessé et le bras en écharpe. Ce fut bien pis lorsqu'on entendit, au cinquième, le signal que le duc de Vendôme avait ordonné. » Ce signal, c'était un coup de canon lointain, annonçant la mort du duc de Nemours. Rien là, ce semble, que de très propre à l'effet théâtral. Mais c'était neuf ; on siffla. On demandait bien du neuf, *n'en fût-il plus au monde* ; mais il fallait que ce fût en dedans de l'ancien cercle.

[1] *Adélaïde du Guesclin.* 1734. — Reprise en 1765.

CHAPITRE DIX-NEUVIÈME

I. — Les auteurs dramatiques au dix-huitième siècle. — Ce qu'étaient les succès et les chutes. — Caprices et despotisme du public. — Angoisses. — Joies. — Désespoirs.

II. — Voltaire assez philosophe dans ses chutes.—Etre exposé *aux bêtes.* — Son respect pour les décisions du public. — Travail et retravail. — *Tancrède.* — L'*Orphelin de la Chine.* — *Olympie.*

III. — Négligence orgueilleuse de beaucoup d'auteurs d'aujourd'hui. — Encouragements qu'elle reçoit. — L'argent dans la littérature. — Il y jouait, au dix-huitième siècle, un rôle beaucoup moindre. — Peu de profits à attendre. — Exiguïté du public lisant, et surtout du public achetant. — Cherté des livres. — L'*Encyclopédie.* — Tout le profit était pour les libraires. — Que nos auteurs nous servent au moins pour notre argent.— IV. — Excuses cherchées. — Lenteur excessive de jadis. — Malherbe. — Boileau. — Racine. — *Quousque tandem, Catilina!*— Un succès durait indéfiniment. — V. — Voltaire a-t-il autant travaillé qu'on le croit? — Calcul. — Sa *superficialité*, symbole de celle de son siècle.

4.

I

La position des auteurs dramatiques était, à quelques égards, aussi bizarre que celle des comédiens. Haute et basse à la fois, puissante et faible, dominant l'opinion et soumise à tous ses caprices, elle faisait envie ou elle faisait pitié.

Ces traits sont de tous les temps, dira-t-on. Toujours un auteur sifflé a fait pitié; toujours un auteur applaudi a fait envie.

Oui; mais ni les succès ni les chutes de notre temps ne peuvent donner une idée de ce que c'était alors que réussir ou qu'échouer.

D'abord, comme nous l'avons déjà montré, l'absence d'intérêts plus graves donnait aux affaires du théâtre une importance exagérée, immense. Voyez tous les mémoires du temps. Il y a tel mois, telle année, où l'on ne se douterait pas que la France eût autre chose à faire qu'à voir jouer ou qu'à jouer des pièces de théâtre. On comptait à Paris, vers 1760, près de *cent* théâtres particuliers, et il n'y avait pas de société où, sans avoir un théâtre, on ne jouât souvent la comédie. Le peuple même s'en mêlait, témoin ce cordonnier qui avait à prendre un jour, nous ne savons dans quelle pièce, un poignard sur un autel, et qui, dans le feu de l'action, se trouva armé de son tranchet, qu'un plaisant avait substitué au poignard.

Dans cette fièvre universelle, si les succès avaient un grand retentissement, les chutes étaient terribles. Un homme sifflé était un homme écrasé. Trouver encore un peu de bon dans une pièce tombée, c'était un acte de courage dont l'ami le plus dévoué n'était pas toujours capable, et il n'y avait guère de milieu entre réussir et tomber.

Or, il était impossible de savoir, pas même un jour, pas même une heure à l'avance, quel serait le sort de la pièce. Précautions, protections, rien n'était sûr, et les plus solides espérances avaient souvent été suivies des chutes les plus lourdes. En 1752, les amis de Marmontel comptaient si bien sur le succès de ses *Héraclides*, que le financier La Popelinière lui avait préparé une ovation dans son château. Il s'y rend en effet, mais avec la mort dans l'âme, car la pièce était tombée à plat. La Popelinière, qui l'ignore, n'a pas contremandé sa fête, et l'auteur sifflé est reçu par une troupe de bergères, qui lui présentent une couronne de laurier.

Une pièce pouvait arriver au cinquième acte sans que le public eût prononcé, sans qu'il eût même l'air de se préparer à prononcer, et souvent, en effet, il ne penchait ni pour ni contre. Mais comme l'usage voulait qu'on ne se séparât pas sans que le sort de la pièce fût fixé, il ne fallait, à ce dernier moment, qu'une circonstance quelconque, qu'un vers, qu'un mot, qu'un rien, pour que la multitude se jetât dans un sens ou dans un autre, pour qu'elle sifflât à outrance ou qu'elle applaudît à tout rompre. C'était le suffrage universel qui pré-

ludait, sur les bancs du théâtre, aux caprices plus sérieux dont il nous donne aujourd'hui le spectacle. On
s'enivrait de cette souveraineté d'un soir ; on semblait
craindre que le droit ne fût pas assez constaté si on ne
l'exerçait avec l'imprévu de la tyrannie. L'auteur était
comme un homme que l'on mène, les yeux bandés, vers
l'urne d'où il tirera son arrêt. De là ces angoisses af-
freuses que Piron a admirablement peintes [1], que Marmontel a encore mieux racontées [2]. « Dans ce temps-là,
dit-il, l'auteur d'une pièce nouvelle avait pour lui et
pour ses amis une petite loge grillée aux troisièmes sur
l'avant-scène, dont je puis dire que la banquette était
un vrai fagot d'épines. Je m'y rendis une demi-heure
avant qu'on ne levât la toile, et, jusque-là, je conser-
vai assez de force dans mes angoisses. Mais au bruit que
la toile fit à mon oreille en se levant, mon sang se gela
dans mes veines. On eut beau me faire respirer des liqueurs ; je ne revenais point. Ce ne fut qu'à la fin du
premier monologue, au bruit des applaudissements,
que je fus ranimé. Dès ce moment tout alla bien, et de
mieux en mieux, jusqu'à l'endroit du quatrième acte,
dont on m'avait tant menacé [3]. Mais à l'approche de ce
moment, je fus saisi d'un tremblement si fort, que,
sans exagérer, les dents me claquaient dans la bouche.
Si les grandes révolutions qui se passent dans l'âme et
dans les sens étaient mortelles, je serais mort de celle

[1] *Métromanie.* Acte V. Sc. Ire.
[2] *Mémoires.* Livre III.
[3] Il s'agit de *Denys-le-Tyran*, sa première pièce, 1748.

qui se fit en moi lorsque, à l'heureuse violence que fit
aux spectateurs la sublime Clairon en prononçant les
vers : *Va, ne crains rien...* etc., toute la salle retentit
d'applaudissements redoublés. Jamais d'une frayeur
plus vive on n'a passé à une plus soudaine et plus sensible joie, et, tout le reste du spectacle, ce dernier sentiment me remua le cœur et l'âme avec tant de violence, que ma respiration n'était que des sanglots. »
Mais aussi, tout çe que son imagination avait pu lui
faire entrevoir de plus brillant en cas de réussite, la
réalité le dépassa. « En un jour, ajoute-t-il, presque en
un moment, je me trouvai riche et célèbre. »

De là aussi quelquefois, après un arrêt défavorable,
des désespoirs plus comiques ou plus tragiques que la
pièce qui en était l'occasion. Tantôt, en l'imprimant,
moitié arrogant, moitié humble, l'auteur essayera de
montrer, dans la préface, comme quoi on n'aurait pas
dû siffler ; tantôt il réclamera en plein théâtre, comme
ce M. de Morand qui, pour justifier un rôle de belle-
mère dont les traits ont paru ridiculement outrés, s'é-
lance sur la scène en déclarant qu'il a peint la nature,
que cette belle-mère est la sienne, et que, s'il a péché
en quelque chose, c'est plutôt en adoucissant qu'en
aggravant. On rit ; il s'emporte. On rit de plus belle ;
et le voilà lançant son chapeau dans le parterre, en
criant qu'il offre le combat à qui voudra le ramasser.

II

Voltaire eut rarement occasion de les éprouver, ces angoisses de Marmontel et de tant d'autres. Il était plus sûr du public, qu'il tenait par tant d'autres fils, et, s'il l'apostropha une fois en plein théâtre, ce fut pour s'écrier, mais lorsqu'on applaudissait déjà : « Courage, Athéniens ! C'est du Sophocle !... »

Puis, s'il n'eut pas à essuyer des chutes proprement dites, il prenait assez philosophiquement son parti des demi-chutes qu'un autre homme, aussi habitué à réussir, eût regardées comme des chutes complètes. Jamais — et c'est incontestablement un des beaux côtés de sa vie, — jamais vous ne le voyez de bien mauvaise humeur pour un échec où son amour-propre a seul souffert. Les gens qui, en philosophie, ne goûteront pas ses opinions, il les traitera d'imbéciles ; ceux qui le combattront, il les écrasera de ses sarcasmes ; mais ceux qui s'en tiendront à ne pas faire grand cas de tel ou tel des produits de sa plume, envisagé comme œuvre littéraire, il ne leur en voudra jamais beaucoup. Peut-être dira-t-il, en préparant une pièce nouvelle, qu'il va encore « être exposé aux bêtes ; » mais il les repecte, ces *bêtes*, sinon comme des juges infaillibles, du moins comme des juges qui seront dans leur droit s'ils bâillent à ses tirades, s'ils croient devoir les siffler. Quelquefois même, il se soumet tout de bon. Dans sa correspondance, par exemple, on est surpris, en maint endroit, de le voir si docile ; on est tenté de croire qu'il se moque. Mais non ; il ne se moque pas. Il a accepté le jugement ; il se hâte de corriger, s'il peut, les fautes qui y ont donné lieu. On ne le voit pas faire au public ces leçons arrogantes dont nous avons eu, de nos jours, de si curieux échantillons. Penseur, il ne permettra guère qu'on pense autrement que lui ; auteur dramatique, c'est en toute sincérité qu'il se dit le serviteur du public.

Mais quelle fièvre, quelquefois, que son empressement à le servir ! D'un jour à l'autre, il bouleversait une pièce, et il fallut souvent l'intervention du premier gentilhomme pour forcer les pauvres comédiens à étudier ces vers changés, qui peut-être allaient changer encore. Il avait pris cette habitude à Paris ; il la garda où qu'il fût. Elle devint une véritable manie, et un plaisant put dire, en parlant de l'*Orphelin de la Chine*, qu'il existait trois pièces de ce nom, celle qu'on jouait à Paris, celle qui était en route et qu'on jouerait dans quelques jours, celle que l'auteur était en train de remanier aux Délices, pour l'expédier le lendemain. Il se tourmentait de penser que ce qu'on jouait à Paris, que ce qu'on allait y jouer encore plusieurs jours, n'était pas véritablement sa pièce, telle qu'il venait enfin de l'arranger ; il tremblait qu'au milieu de toutes ces variantes, les acteurs ne prissent plutôt ce qui leur convenait que ce qu'il avait ou croyait avoir définitivement choisi. « Je vous supplie instamment, mademoiselle, de vouloir bien conserver ces deux vers... Je vous demande aussi grâce pour ceux-ci... Je ne peux pas concevoir comment on a pu ôter de votre rôle ce vers... Je vous demande pardon de tous ces détails... [1] » Grand était aussi son tourment quand on imprimait trop tôt, et que la pièce était livrée au public avec des vers qu'il ne voulait pas conserver. « J'essuie plus d'une tribulation. Prault a imprimé *Tancrède*. Non-seulement il ne l'a point imprimé tel que je l'ai fait, mais ni Prault, ni Lekain, ni mademoiselle Clairon, qui en ont tant profité, n'ont daigné m'en faire tenir un exemplaire. La pièce est extrêmement altérée, et d'une manière qui, dit-on, me couvre de honte [2]. » Prault le libraire n'aurait pas demandé mieux que de donner une bonne édition ; mais où la prendre ? A chaque représentation, c'était une pièce différente. Il y a des auteurs qui n'envoient à l'imprimeur qu'un brouillon, et qui refont le travail sur les épreuves. Voltaire faisait pis. Il envoyait le brouillon aux comédiens, et c'était d'après les essais publics qu'il s'occupait de donner à la pièce la forme qu'elle garderait. « J'ai pris sur les maux qui m'accablent, sur le sommeil que je ne connais guère, écrivait-il à d'Argental à l'occasion de ce même *Orphelin* [3], un peu de temps à la hâte pour corriger, pour arrondir ce que j'ai pu. » Et c'est à recommencer sans cesse. Il appelle les cinq actes ses cinq magots. Il se compare à un Chinois, ouvrier en porcelaine, cuisant et recuisant ses figurines, les vernissant, les dorant, croyant toujours avoir fini, et s'y remettant toujours.

[1] Lettre à Mademoiselle Clairon. Octobre 1755.
[2] Lettre à d'Argental. Mars 1761.
[3] Septembre 1755.

Tout cela est bien un peu ridicule ; mais on l'aime pourtant, quelque fiévreux et puéril qu'il puisse être, cet empressement à bien faire, ce zèle à la fois ardent et calme d'un homme qui brûle, au premier vers, d'arriver au dernier pour faire aussitôt jouer la pièce, et qui n'oublie pas, pour cela, les devoirs sérieux de l'art. S'il a tort d'appeler la foule autour d'une œuvre ébauchée, au moins ne lui voit-on épargner ni temps ni peine pour que l'ébauche devienne une œuvre parfaite. « C'est l'œuvre de six jours, » écrira-t-il à un ami en lui envoyant *Olympie*[1]. « L'auteur n'aurait pas dû se reposer le septième, » dit l'ami. « Aussi s'est-il repenti de son ouvrage, » répond-il ; et il le remanie, en effet, de fond en comble. Ainsi, avec toute sa hâte, il ne croit pas manquer de respect envers le public. C'est plutôt un hommage qu'il lui rend, car il l'appelle à participer à son œuvre ; il semble reconnaître qu'il a besoin de lui pour arriver à faire quelque chose dont la postérité soit satisfaite.

III.

Cela n'est pas à imiter, bien s'en faut. Racine était autrement sage et autrement respectueux en gardant ses ouvrages dans son portefeuille et dans son cœur jusqu'à

[1] 1764.

ce qu'il leur eût donné toute la perfection dont il les
sentait susceptibles. Mais, entre la fièvre de Voltaire et
l'impudente hâte de certains auteurs d'aujourd'hui, qui
hésiterait à absoudre plutôt Voltaire? On est peiné de
voir des critiques sérieux accorder si légèrement au génie ces absolutions que la médiocrité s'applique, ces
fâcheux encouragements à la négligence et à l'orgueil.
Nodier pardonnera ces fautes « que le poëte, dit-il, semble jeter de son char à la foule en expiation de son génie. » Sainte-Beuve les comparera volontiers, ces fautes,
« à ces nombreux épis que le moissonneur opulent, au
fort de la chaleur, laisse tomber de quelque gerbe mal
liée, pour que l'indigence ait à glaner derrière lui et à
se consoler encore. » Ainsi, de quoi nous plaindrions-
nous? Ces fautes que nous relevons, ce sont autant d'aumônes que le génie veut bien faire à notre petit amour-
propre. Il n'y aura bientôt plus de raison pour que celui
qui nous en fera le plus, de ces singulières aumônes, ne
soit réputé le plus riche en inspiration, en vrai talent ;
et c'est une conclusion, du reste, à laquelle plus d'un
auteur ne s'est pas fait faute d'arriver pour son propre
compte. « Je suis inégal, irrégulier, incorrect ; je vais
par sauts et par bonds ; les critiques relèvent mes bé-
vues par milliers... Donc, je suis un homme de génie. »

Une ébauche, en peinture, peut avoir beaucoup de
prix ; mais que dirions-nous d'un peintre, quelque re-
nommé qu'il fût, qui ne ferait et ne vendrait plus que
des ébauches ? — Ce que nous trouverions intolérable
chez un peintre, il y a des écrivains et des poëtes qui se
le croient permis ; il y a, ce qui est peut-être encore plus

fâcheux comme indice d'un affaissement général de la critique et du goût, il y a un public pour tolérer, pour encourager ce trafic; et tandis que les ébauches d'un peintre ne se payeraient au moins pas comme des ouvrages achevés, qui ne sait les sommes énormes que valent, au cours du jour, ces embryons de mauvais livres? Tel auteur, jeune encore, s'est déjà fait plus d'argent que n'en gagnaient en dix ans, il y a un siècle, tous les écrivains de Paris; car au milieu des turpitudes dont cette époque abondait, il faut lui rendre au moins cette justice que l'argent ne jouait, dans le monde littéraire, qu'un rôle obscur et à peine aperçu. On se cachait pour toucher le prix d'un livre, comme un maître qui craint d'être payé en présence de ses élèves, comme un prédicateur, qui rougirait de recevoir, en descendant de la chaire, le salaire de son sermon.

Il n'y avait d'ailleurs jamais de grands profits à faire. Malgré le rôle immense que les livres ont joué au dix-huitième siècle, il ne faut pas nous les figurer se vendant, comme aujourd'hui, par dix mille et par cent mille. Le temps n'était pas loin où Barbin disait à Boileau : « Votre *Lutrin* s'enlève. Nous en vendrons au moins cinq cents. » Les gens à bibliothèque étaient presque les seuls qui achetassent; le peuple des lecteurs n'était réellement pas nombreux. « Vous savez, écrivait Voltaire en 1765, ce que j'entends par le public. Ce n'est pas *l'univers*, comme nous autres barbouilleurs de papier l'avons dit quelquefois. Le public, en fait de livres, est composé de quarante ou cinquante personnes si le livre est sérieux, de quatre ou cinq cents lorsqu'il est plaisant, et d'environ onze ou douze cents s'il s'agit d'une pièce de théâtre. » Voltaire était de mauvaise humeur ce jour-là, et il ne faudrait pas prendre ces chiffres à la lettre ; mais nous en avons ailleurs de plus positifs. Pour son *Corneille* annoté, par exemple, malgré le bruit qu'on en faisait et l'appât d'une bonne œuvre, il n'osait pas compter sur plus de deux mille souscripteurs, et il ne les eut même pas. Combien croit-on que l'*Encyclopédie* en eut? Trois mille à peine, et c'est ce que Grimm appelait un succès *prodigieux* [1]. Ce chiffre s'éleva plus tard jusqu'à quatre mille, et tous les amis de l'œuvre le citaient avec un immense orgueil. Les trois mille abonnés du *Spectateur* d'Addison avaient paru le nec plus ultrà de la vogue. Longtemps après, pour donner une idée de l'activité intellectuelle et politique des Anglais : « La seule ville de Londres, disait Voltaire [2], a plus de douze gazettes par semaine. » Une foule de gens, enfin, n'avaient pas même l'idée d'aborder les livres proprement dits, et beaucoup auraient pu répondre, comme l'Hector du *Joueur :*

Je n'ai lu de mes jours que dans des almanachs... »

car les almanachs occupaient une très large place dans la librairie de ce temps. On s'est remis, depuis quelques années, à en publier un grand nombre ; mais on a été

---

[1] *Correspondance.* Septembre 1754.
[2] *Dictionnaire Philosophique.*

longtemps avant d'atteindre le chiffre de *soixante et douze,* qui fut celui de 1764.

Une autre raison pour laquelle les livres se vendaient peu, c'est qu'ils étaient chers ; et ils l'étaient par cela même que le débit en était faible, qu'on ne les imprimait, par conséquent, qu'à un petit nombre d'exemplaires. L'impression était lente et coûteuse. Enfin, pour peu que l'ouvrage fût hardi, l'édition pouvait être arrêtée ou confisquée, et il était naturel que le libraire tâchât de compenser par un assez gros bénéfice les chances de ruine dont il était entouré. L'*Encyclopédie,* par exemple, coûta aux souscripteurs plus d'un louis par volume, et le bénéfice des libraires dépassa deux millions et demi [1]; mais ils s'étaient vus plusieurs fois sur le point de tout perdre.

Dans cet état de choses, la plupart des auteurs étaient heureux de trouver un libraire qui les imprimât à ses frais. Ceux qui auraient pu vendre leurs livres se faisaient souvent un point d'honneur de les livrer pour rien. Voltaire, une fois riche, aurait rougi de gagner de l'argent avec sa plume. Le travail littéraire n'était d'ailleurs pas regardé, en aucun cas, comme étant de nature à être largement payé. A l'*Encyclopédie,* Diderot, pour sa collaboration énorme, pour une responsabilité qui pouvait, chaque jour, lui valoir dix ans de Bastille, Diderot recevait douze cents livres par an.

---

[1] 2,630,393 livres. L'impression en avait coûté 1,158,958. (Extrait d'un mémoire produit, en 1769, dans le procès intenté aux libraires par Luneau de Boisgermain.)

L'exiguité même des profits à attendre facilitait, sans doute, le mépris des considérations d'argent. Nos auteurs sont exposés, sur ce point, à des tentations dont il ne serait pas juste de ne tenir aucun compte dans l'appréciation de leurs écarts. Ne leur demandons pas, puisque cette pudeur est surannée, de se cacher pour recevoir le prix de leurs ouvrages; mais qu'ils aient au moins celle de nous en donner pour notre argent. Nous n'irons même pas chercher si l'ouvrage vaut bien, en soi, ce que le libraire en a donné; mais ce que nous avons le droit de demander, d'exiger, c'est que l'auteur y ait mis le temps nécessaire, qu'il ait fait de son mieux, qu'il ait enfin travaillé, — est-ce donc trop? — comme l'ouvrier qui tient à gagner son salaire.

Le talent est comme la richesse. Nous ne pouvons pas être tous riches; mais tous, riches ou pauvres, nous pouvons et nous devons être honnêtes gens. La probité, chez un auteur, c'est le soin qu'il met à ses œuvres; probité dont le talent et la gloire ne doivent pas plus le dispenser que tous les trésors de la terre ne le dispenseraient de l'autre.

Voilà ce qu'on ne veut pas comprendre. Le succès justifie tout. Dès qu'un livre se vend, l'auteur est lavé du reproche de n'y avoir mis ni temps ni soin. C'est le manufacturier peu scrupuleux, qu'on blâme quand ses produits lui restent, qu'on absout s'ils se vendent; c'est le contrebandier qui ne se croit pas un malhonnête homme, parce qu'au lieu de frauder un individu, il fraude tout le monde.

IV

On a cherché une excuse à ces désordres dans la nécessité de rompre avec l'ancienne école, qui ensevelissait l'inspiration sous le travail. C'est ainsi qu'on en est venu à permettre au poëte et même à lui demander de laisser à ses vers toute la rudesse native, toute l'incorrection d'un premier jet. Du temps de la décadence romaine, il se trouva des gens qui, las d'avoir des cuisiniers trop soigneux, demandaient des poissons vivants et les faisaient cuire dans leur assiette. Nous, c'est la poésie que nous avons voulue, non pas fraîche, mais palpitante ; et tandis qu'il n'y avait autrefois pas de reproche plus redouté que celui d'avoir travaillé vite, — aujourd'hui, c'est en écrivant à la hâte, en le disant bien haut, en déclarant que voilà bien ce qu'on a trouvé de prime abord dans son âme, c'est par là, disons-nous, qu'on se fait le plus d'admirateurs.

Rien de plus favorable, évidemment, à la paresse et au charlatanisme ; rien de plus propre à jeter les jeunes gens dans l'erreur trop commune qui prend la facilité pour le talent, et tout enthousiasme pour celui du génie.

Mais ce n'est pas du présent et de l'avenir, c'est du passé que nous avons à nous occuper ici.

Or, quelque dangereuse que puisse nous paraître la hâte effrontée d'aujourd'hui, la lenteur de jadis ne laisse pas d'étonner ; on est tenté de se demander comment des auteurs de profession, hommes de talent, encouragés d'ailleurs par le succès, pouvaient écrire si peu.

Nous ne remonterons pas jusqu'à Malherbe, qui prétendait qu'après un poëme de cent vers un honnête homme doit se reposer un an. Les *Historiettes* de Tallemant donnent de curieux détails sur les lenteurs du père de notre poésie, ou plutôt de notre versification. Un ami qui venait de perdre sa femme lui demanda des vers sur ce malheur, et, quand ils furent faits, l'ami était remarié.

Le dix-septième et le dix-huitième siècle ont vu beaucoup d'auteurs n'écrire, de toute leur vie, qu'un volume. La plupart, dira-t-on, faisaient bien de s'en tenir là. Sans doute ; mais il y en a aussi que la postérité eût été heureuse d'accueillir avec un plus gros bagage.

Voyez Boileau. On s'est amusé à calculer combien il a fait de vers. De 1660 à 1670, un peu plus de deux mille. De 1670 à 1680, un peu plus de trois mille. De 1680 à 1690, point. De 1690 à 1700, moins de mille. De 1700 à 1705, huit ou neuf cents. Voilà un total de sept mille à répartir sur quarante-cinq ans : c'est environ deux jours et demi pour chaque vers. Dans la période la plus féconde (1670 à 1680) vous n'avez pas un vers par jour ; et quand, après dix ans de silence, il se remet à rimer, voilà près de quatre jours pour chaque vers.

Voyez Racine. Il les faisait un peu moins lentement, et il en a fait davantage ; mais que le nombre en est petit, cependant, pour une carrière aussi longue ! Que

d'années sans en faire! Quel peu d'empressement à
cueillir de nouveaux lauriers! Sans madame de Maintenon, qui lui fit faire *Esther* et *Athalie*, le silence qu'il
avait gardé depuis *Phèdre* se prolongeait, selon toute
apparence, jusqu'à sa mort; et il n'avait pas trente-huit
ans quand il fit jouer *Phèdre!*

Voyez, après lui, Crébillon. Neuf pièces embrassent,
dans sa vie, une période de plus de cinquante ans, dont
vingt-deux s'écoulent entre la septième et la huitième,
qu'il annonçait toujours et qui n'était jamais prête, *Ca-*
tilina. « *Quòusque tandem, Catilina!...* » disaient les
plaisants. Mais il n'en allait pas plus vite, et il avait
près de quatre-vingts ans quand il se décida à la
donner.

Ce peu d'empressement à exploiter la gloire acquise
s'expliquait aussi, en partie, par l'empressement du public à se la rappeler. Si Crébillon s'était vu en danger
d'être oublié, il est à croire qu'il n'eût pas autant pris
ses aises. Une fois en possession d'une certaine renommée, un auteur était sûr de la garder aussi longtemps
qu'il ne la compromettrait pas par quelque œuvre infé-
rieure; il n'avait pas besoin, comme aujourd'hui, de
raviver perpétuellement un souvenir que tant de préoc-
cupations effacent. Nul, maintenant, ne peut se reposer
sur ses lauriers; nul ne pourrait, du moins, sans un
prodigieux effort de philosophique indifférence, rester
volontairement dans l'ombre où a bientôt disparu quiconque ne tient pas ses admirateurs en haleine. Jadis,
avec un seul succès, vous en aviez pour la vie. N'eussiez-vous fait qu'un seul sonnet, vous étiez, jusqu'à la

fin de vos jours et pour tout le monde, l'auteur de ce sonnet, un bel esprit, un poëte. Aujourd'hui, on ne dit plus : « Il a fait ceci ou cela ; » mais on demande : « Que fait-il ? » Et pour peu qu'on se le soit demandé quelque temps inutilement, on ne le demande même plus. Nous ne savons, en France, qu'une exception, M. Xavier de Maistre, devenu et resté célèbre pour trois ou quatre opuscules ; encore est-il probable que sa position sociale n'y a pas peu contribué. Quiconque ne croît pas, diminue. Il faut que l'activité des auteurs se proportionne à l'activité du siècle. Les vieilles palmes se dessèchent dans la main de celui qui n'en cueille pas de nouvelles.

V

Le dix-huitième siècle était déjà, sur ce point, bien éloigné du dix-septième ; mais il l'était peut-être moins qu'on ne pourrait le penser. La fièvre était en dehors plus qu'au fond ; il y avait plus de mouvement que de travail, plus de bruit que d'agitation sérieuse. Le public n'était réellement pas exigeant. On se souvenait volontiers, surtout dans le monde philosophique, — et ce monde était à peu près tout, — des moindres services rendus. Les plus légers titres de gloire se conservaient indéfiniment intacts.

Il y avait, disons-nous, plus de mouvement que de

travail. Sur ce point encore, comme en tout, Voltaire était le type de son siècle.

Ceci peut paraître un paradoxe. Voltaire passe pour avoir énormément travaillé. Soixante ou soixante et dix volumes, suivant les éditions, sont là pour en faire foi, ce semble. Puis, dira-t-on, voyez sa correspondance. Toujours un ouvrage au moins sur le métier, souvent deux, souvent plusieurs. Malade ou en santé, dans sa maison ou dans celle d'autrui, en France et hors de France, jamais vous ne le verrez perdre volontairement un seul instant.

Volontairement, non ; mais les gens qui perdent le plus de temps ne sont pas toujours ceux qui l'avouent ; souvent, d'ailleurs, ils ne s'en aperçoivent pas eux-mêmes. Nous ne demanderons donc pas, bien qu'on l'ait fait, si Voltaire a toujours été sincère dans ce qu'il disait de ses travaux, de la peine et du temps qu'ils lui coû-taient ; nous admettrons qu'il s'est cru un grand et infatigable travailleur. Mais voici un calcul que nous n'avons guère pu ne pas faire.

D'abord, de ces soixante ou soixante et dix volumes, il faut retrancher la correspondance. Elle pétille d'esprit ; elle est supérieure à plusieurs des ouvrages de Voltaire ; mais enfin ce n'est pas un ouvrage, et l'auteur ne l'a jamais envisagée comme telle. Voilà déjà un quart de retranché, et même plus [1].

Un volume renferme ordinairement la vie de l'au-

---

[1] Dix-huit volumes sur soixante-quatre dans l'édition Renouard (1819).

teur ; un ou deux autres, la table générale des matières;
d'autres, comme ceux qui renferment le *Corneille* annoté, ne sont de lui qu'en partie.

Cela posé, si nous considérons :

Que plusieurs de ses écrits historiques ont évidemment été rédigés sans recherches préalables, sans
soin ;

Que d'autres, plus soignés, sont cependant loin d'annoncer des recherches longues et profondes ;

Que les romans, les contes, les pamphlets, qui rem-
plissent plusieurs volumes, coulaient comme d'eux-
mêmes de son intarissable veine ;

Que les poésies légères, son triomphe, ne lui coûtaient
guère plus que de la prose ;

Que plusieurs de ses tragédies ont été faites avec une
rapidité prodigieuse, ce qui permet de penser qu'il n'eut
jamais à chercher beaucoup ses vers, même quand il
voulait faire de son mieux ;

Que ces ouvrages, enfin, sont le produit de plus de
soixante années ;

Si nous considérons, disons-nous, toutes ces choses,
nous sommes forcés de conclure que Voltaire a perdu
beaucoup de temps.

Notons-le donc, non comme un reproche, car il serait
plaisant de condamner un homme pour n'avoir écrit que
quarante ou cinquante volumes, mais comme un fait,
et ce fait a son importance. Plus nous croirons que Voltaire a été de bonne foi en s'imaginant être tout entier
à son œuvre, mieux son erreur nous aidera à fixer un
des caractères de son temps, cette *superficialité* qu'on

apportait en toutes choses, cette bonne foi avec laquelle
on se croyait les serviteurs dévoués de la raison, tandis
qu'au fond on prenait toutes ses aises, on s'abandonnait
à tous ses goûts et à tous ses caprices.

CHAPITRE VINGTIÈME

I

La vie entière de Voltaire confirmerait assez, s'il le fallait, le calcul que nous avons fait sur ses ouvrages. Mais laissons les agitations des deux premiers tiers de sa carrière ; prenons-le aux Délices et à Ferney, dans ce port où il est venu, dit-il, chercher la paix, et où il veut se persuader qu'il l'a trouvée. « Si j'osais, écrit-il à madame du Deffand, je me croirais sage, tant je suis heureux. » Hélas ! le bonheur est si peu dans la nature de l'homme, que lorsqu'il y en a par hasard un qui prétend y être arrivé, c'est presque une preuve, au contraire, qu'il en est loin encore, qu'il a besoin de se faire illusion.

Ce bonheur donc, c'était l'agitation à poste fixe au lieu de l'agitation nomade; c'étaient les soucis du propriétaire s'ajoutant à ceux du rentier, déjà si étrangement mêlés à ceux de l'homme de lettres. « On a de la peine, même aujourd'hui, à s'imaginer que sa cendre soit tranquille, » disait Thomas, quelques mois après la mort de Voltaire.

L'histoire de sa fortune n'est pas sans intérêt au milieu de celle de son siècle. Nous la savons par son secrétaire Longchamp.

Il avait hérité de son père et de son frère environ deux cent mille livres, et il en avait, à sa mort, près de deux cent mille de rente.

Une édition de la *Henriade*, faite à Londres en 1726,

lui avait valu quelque argent, le seul profit un peu considérable qu'il ait jamais retiré de ses ouvrages.

Mais, peu après, nous le voyons s'adresser à d'autres sources. Intéressé, en 1744, dans les fournitures de l'armée d'Italie, sa part de bénéfices monta à six cent mille livres et plus. Intéressé encore, en 1746, dans le commerce de Cadix, il a soin de n'aventurer ses fonds que par portions et sur plusieurs navires. Un seul est pris, et les autres lui apportent des gains énormes. Intéressé, enfin, dans toutes les grandes opérations intérieures, il arrive rapidement à cette splendide indépendance qui était le but de ses efforts, car il ne connut pas l'avidité proprement dite. Il voulait être riche, mais pour pouvoir se passer de protecteurs, dire ce qu'il pensait, fuir, au besoin, avec les moyens d'avoir partout les commodités que l'or assure.

Aussi, jusqu'en 1754, sa fortune était toute en papier; comme Bias, il pouvait dire qu'il portait tout son avoir avec lui. C'était, dit-on, un prodigieux chaos que ce portefeuille, avec ces deux ou trois millions en menus morceaux, contrats, lettres de change, reconnaissances, billets de toute valeur et de toute forme. Mais il aimait, lui, à errer dans cette forêt de chiffons. Il pouvait bien se lamenter un peu des embarras qu'il y rencontrait sans cesse, contestations, procès, petites et grandes pertes; mais de même que ces chevaux trop ardents qui ont besoin d'être fatigués en dehors de leur service ordinaire, il avait besoin de dépenser, en dehors de la littérature, une partie de l'ardeur qu'il n'aurait pu y verser tout entière sans dépasser par trop ce que les gouvernements toléraient. Avec ce qu'il usa de verve rien que dans sa querelle avec le président de Brosses [1], pour quelques arbres coupés, il aurait écrasé vingt ennemis dans vingt satires.

Ce n'était pourtant pas toujours ainsi qu'il envisageait la chose. « Vous me direz, écrit-il un jour à d'Argental, que ce sont mes procès qui m'appauvrissent l'imagination. Au contraire, ils me mettent en colère, et cela excite. » A cette époque, il est vrai [2], ses procès avaient changé de nature. C'était le seigneur de Ferney qui bataillait avec le clergé des environs.

Mais avant ces batailles, que d'ardeur déjà dépensée à s'établir dans ce pays de son choix ! A peine entré aux Délices, dont il n'est même pas propriétaire [3], le voilà qui les bouleverse. « Je me suis fait maçon, charpentier, jardinier, écrit-il à son ami Thiriot [4]; toute ma maison est renversée. Ces Délices sont à présent mon tourment. Nous sommes occupés, madame Denis et moi, à faire bâtir des loges pour nos amis et pour nos poules. Nous faisons faire des carrosses et des brouettes; nous plantons des orangers et des oignons, des tulipes et des carottes. Nous manquons de tout ; il faut fonder Carthage. Mon territoire n'est guère plus grand que celui de ce cuir de bœuf qu'on donna à la fugitive Didon ; mais je ne l'agrandirai pas de même. Ma maison est

[1] 1759.

[2] Juin 1761.

[3] Il avait acheté cette résidence à vie, ne pouvant, comme catholique, posséder sur le territoire genevois.

[4] Mars 1755.

6.

dans le territoire de Genève, et mon pré dans celui de
France. Il est vrai que j'ai à l'autre bout du lac une maison qui est tout à fait en Suisse [1]... Je l'arrange en même
temps que mes Délices. » En effet, il la remuait aussi de
fond en comble.

Ce n'étaient pas seulement deux maisons, mais deux
positions stratégiques, et même trois, qu'il avait voulu
s'assurer. Français dans son pré, car il tenait à ne pas
paraître exilé de France, il devenait Genevois dans sa
maison. Menacé à Genève, où la France était puissante,
il gagnerait Lausanne, territoire bernois, et il dirait n'a-
voir fait qu'une promenade à sa maison de Monrion.

Nous avons déjà fait remarquer ce dernier trait de sa
tactique. Au lieu de chercher, comme les autres, dans
la persécution ou dans les apparences de la persécution,
un complément de renommée et une nouvelle source
d'influence, il voulait paraître au-dessus de la persécution même, et n'avoir pas l'air de supposer qu'un gouvernement pût vouloir s'attaquer à lui. Personne, au
fond, ne s'y trompait; son séjour entre trois États disait
assez ses craintes. Mais il continuait à s'indigner, et
bien haut, dès que l'on paraissait lui en supposer quelqu'une.

Le gouvernement français avait-il tort ou raison de
le tenir dans cette espèce d'exil? « Voltaire avait fait
des imprudences, dit Marmontel [2]; mais on en fit une
bien plus grande, lorsqu'il voulut rentrer dans sa patrie,

[1] Monrion, près de Lausanne.
[2] *Mémoires*. Livre V.

de l'obliger à se tenir dans un pays de liberté. La réponse du roi : *Qu'il reste où il est,* ne fut pas assez réfléchie. Ses attaques n'étaient pas de celles qu'on arrête aux frontières. Versailles, où il aurait été moins hardi qu'en Suisse et à Genève, était l'exil qu'il fallait lui donner. Les prêtres auraient dû lui faire ouvrir cette magnifique prison, la même que le cardinal de Richelieu avait donnée à la haute noblesse. En réclamant son titre de gentilhomme ordinaire de la chambre du roi, il tendait lui-même le bout de chaîne avec lequel on l'aurait attaché si on avait voulu. »

Nous en doutons. Voltaire n'était pas homme à rester longtemps à l'attache, et il aurait bientôt dit ou écrit, même à Versailles, des choses qu'il eût été impossible d'ignorer. Mais, sage ou non à l'avenir, il en avait assez fait pour que son rappel à la cour dût être un acte de faiblesse devant lequel on comprend que Louis XV ait reculé. Ce put être une faute en politique, mais une faute, après tout, honorable. Nous ne reprocherons pas au roi de France de n'avoir pas voulu faire bon visage à qui lui démolissait son trône.

Voltaire resta *où il était.* Malheureusement, il était déjà partout.

II.

Peu s'en fallut qu'il n'eût à la faire peu après, cette prétendue promenade dont il venait de s'assurer les moyens.

Depuis vingt ans et plus il travaillait à ce triste poëme que ses plus dévoués adeptes retrancheraient, s'ils le pouvaient, de la collection de ses œuvres. La *Pucelle* était son délassement, son bonheur. Il y tenait autant et peut-être plus qu'à la *Henriade*; il y revenait sans cesse avec un soin et un amour qui ne font certainement ni son éloge, ni celui du siècle où un tel ouvrage pouvait être impatiemment attendu.

Grande, en effet, était l'impatience; et ses amis se communiquaient avec délices ce qu'il leur en envoyait de temps en temps. Mais, malgré sa défense, on en avait fait des copies, et l'ouvrage avait fini par tomber, presque complet, entre les mains de gens qui n'avaient aucun intérêt à le cacher.

Est-il vrai que ces gens y eussent ajouté des vers, détestables, selon Voltaire, et uniquement destinés à attirer sur lui les rigueurs du gouvernement? Détestables sont, en effet, ceux qu'il cite comme n'étant pas de lui; mais ils ne le sont, en tout cas, guère plus que les siens, et il y a même de ses lettres où il les désavoue avec infiniment moins d'indignation que dans telle ou telle autre. Ses ennemis en ont conclu que le tout était de lui; ses amis ne l'ont jamais nié bien fort. Qu'importent, d'ailleurs, les détails? La conception même du poëme était assez infâme, pour que quelques vers plus ou moins immondes ne pussent changer grand'chose à l'opinion des honnêtes gens.

Mais quelle activité à prévenir, si c'est possible encore, l'orage dont il se sent menacé! Quelle prodigieuse variété de tons, selon les gens auxquels il croit devoir

demander leur assistance ! Aux uns, il leur écrit ce qu'ils
auront à répéter dans le monde, et il leur enseigne à
mentir comme il mentira lui-même ; aux autres, il présente ce malencontreux ouvrage comme une folie de
jeunesse, comme l'œuvre d'une société de jeunes gens,
depuis longtemps dissoute, et dont il a peut-être fait
partie. L'humilité, l'indignation lui servent également.
Un courtier littéraire étant venu lui offrir de racheter,
pour cinquante louis, le manuscrit sur lequel une édition va se faire, il court à Genève, et, par ses cris, il
réussit à faire emprisonner le pauvre homme ; puis, il
adresse aux magistrats un remerciement solennel. Ils
ont vengé l'innocence calomniée ; ils ont donné un noble
exemple aux gouvernements qui pourraient vouloir l'opprimer, lui, l'apôtre de la vertu, pour les infernales in-
ventions de ses ennemis. « Le comble de ces manœuvres infâmes, écrit-il au *Journal encyclopédique*, est
une édition d'un poëme intitulé *la Pucelle d'Orléans*.
L'éditeur a le front d'attribuer cet ouvrage à l'auteur
de la *Henriade*, de *Zaïre*, de *Mérope*, d'*Alzire*, du
Siècle de Louis XIV... On ose mettre sur son compte
le poëme le plus plat, le plus bas et le plus grossier qui
puisse sortir de la presse. La plume se refuse à trans-
crire le tissu des sottes et abominables obscénités de
cet ouvrage de ténèbres. » Enfin, en recevant un des
ouvrages de Rousseau [1], il trouve encore moyen, dans
une lettre à l'auteur, de protester contre ces imputa-
tions qu'il appelle infâmes, et cette lettre, imprimée à

---

[1] Le discours sur l'inégalité des conditions.

la suite de l'*Orphelin de la Chine*, achève d'apaiser un gouvernement trop faible pour oser rester en colère contre le meneur universel.

III

Voilà comme on savait mentir.

En 1764, quand le *Dictionnaire philosophique* commence à se répandre à Paris : « Dès qu'il y aura quelque danger, écrit l'auteur à d'Alembert, je vous demande en grâce de m'avertir, afin que je désavoue l'ouvrage dans tous les papiers publics avec ma candeur et mon innocence ordinaires. » Que les amis fassent de même. « Les Fréron et les Pompignan crient qu'il est de moi, et par conséquent les gens de bien doivent crier qu'il n'en est pas. »

Personne pourtant n'en doutait, ni ne paraissait disposé à en douter. Voltaire savait parfaitement que ses dénégations et celles de ses amis n'en imposeraient à qui que ce fût. En recevant une députation de l'Académie des Inscriptions et Belles-Lettres : « Eh bien ! avait dit le roi au président Hénault, voilà votre ami qui fait des siennes ? » Mais le gouvernement, on le savait, ne demandait pas mieux que d'accepter les désaveux qui le dispensaient de sévir.

Voltaire s'était si bien habitué à crier à la calomnie, que nous le voyons souvent, dans ses lettres intimes,

traiter de calomniateurs ceux qui lui ont attribué telle
ou telle brochure dont il parle, en ce moment même,
comme étant de lui. S'agit-il d'un écrit dont il ne soit
réellement pas l'auteur, il ne se dira pas que cet écrit
ressemble aux siens, et qu'on a pu, de bonne foi, le
croire sorti de sa plume. Il s'indignera tout de bon.
Ceux qui le lui ont attribué sont des infâmes et des
monstres.

Que de cris encore, dans toute la coterie, quand quelqu'un a l'audace de leur reprocher publiquement ce
dont ils se glorifiaient le plus entre eux, leur incrédulité! « Le sieur Fréron s'étant permis, dans une des dernières feuilles de son *Année littéraire* de 1774, de
s'égayer trop indécemment sur le compte du sieur Diderot, de le représenter *même* comme un apôtre de l'incrédulité... » Que dites-vous de ce *même?* Mais poursuivons. « ... Le parti encyclopédique a fait arrêter
plusieurs numéros de l'année dernière, et suspendre la
continuation de l'ouvrage ¹. » Dès 1760, peu s'en était
fallu que d'Alembert n'obtînt la même vengeance, toujours parce que Fréron avait osé l'accuser d'incrédulité. En 1766, lors de l'affreuse affaire du chevalier de
la Barre, quelle fureur contre quiconque osait dire que
les écrits du jour avaient poussé le malheureux jeune
homme à ses folles impiétés! Voyez Rousseau dans les
Lettres de la Montagne, dans la lettre à l'archevêque.
C'est toujours au moment où il est le plus hardi contre
le christianisme, qu'il est le plus indigné contre ceux
qui lui ont reproché de l'attaquer.)

¹ Bachaumont.

Mais, pour en revenir à Voltaire et à ses *monstres*, jamais inquisiteur, tonnant contre les hérétiques, ne s'était mieux donné carrière que le philosophe de Ferney contre quiconque osait toucher à son arche. *Abominable* et *exécrable* se pressent sous sa plume, comme dans les bulles papales. C'est à la potence, aux galères, qu'il parle d'envoyer ses ennemis. « La vie d'un forçat est préférable à celle d'un faiseur de libelles, car l'un peut avoir été condamné injustement aux galères, et l'autre les mérite [1]. » Il n'a pas l'air de se rappeler le moins du monde qu'il a fait des libelles, qu'il en fait encore tous les jours. Le plus satirique des hommes protestait, en toute occasion, qu'il ne savait et qu'il ne voulait pas l'être. « J'ai défendu à mon esprit d'être satirique [2]. » Et ailleurs [3] : « Si je suivais mon goût, je ne parlerais de la satire que pour en inspirer quelque horreur, et pour armer la vertu contre ce genre dangereux d'écrire. La satire est presque toujours injuste, et c'est là son moindre défaut. »

Après ces graves phrases, suivez-le dans les détails de la guerre. C'est plus qu'un satirique ; c'est la satire incarnée. Relisez, pour nous en tenir à un seul trait, cette incroyable lettre : « Vous devriez bien m'envoyer une liste des ennemis et de leurs ridicules ; cela sera un peu long, mais il faut travailler pour le bien de la patrie. Je voudrais un peu de faits. Je voudrais jusqu'aux noms

[1] *Dictionnaire Philosophique.*
[2] Préface d'*Alzire.*
[3] *Les beautés de la poésie et de l'éloquence.*

de baptême, si cela se pouvait ; les noms de saints font toujours un très bon effet en vers. Nous avons ici une espèce de plaisant[1] qui serait très capable de faire une façon de *Secchia Rapita*, et de peindre les ennemis de la raison dans tout l'excès de leur impertinence. Il est important encore de savoir le nom du libraire qui imprime le *Journal de Trévoux*, le *Journal chrétien*, ou tels autres rogatons ; si ce libraire a femme ou fille, ou petit garçon, car il faut de l'amour et de l'intérêt dans le poëme. En un mot, mon plaisant veut rire et faire rire, car on commence à se lasser des injures sérieuses. Mais gardez le secret à mon plaisant. »

On commençait à se lasser, dit-il, des injures sérieuses ; mais il ne se lassait pas, lui, d'en remplir les plus sérieux de ses ouvrages. On ne croirait guère qu'une note du *Siècle de Louis XIV* ait pu renfermer cette phrase : « Quant à l'abbé Sabatier, natif de Castres, qui est venu à Paris faire le métier de calomniateur pour quelque argent, il est difficile d'espérer pour lui le paradis. C'est même un grand effort que de le lui souhaiter. » On s'attendrait encore moins à trouver dans le *Dictionnaire philosophique*, et dans l'article *Beaux-Arts*, des lignes comme celles-ci : « Ceux qui manient le plomb ou le mercure sont sujets à des coliques dangereuses ; ceux qui se servent de plumes et d'encre sont attaqués d'une vermine qu'il faut continuellement secouer : cette vermine est celle de quelques ex-jésuites qui font des libelles. » S'agit-il, toujours

[1] Lui-même.

dans le *Dictionnaire*, de savoir s'il est vrai que la salive de l'homme étourdit et tue le serpent : « Je prie donc les philosophes d'examiner la chose avec attention. On peut, par exemple, quand on verra passer Fréron dans la rue, lui cracher au nez. S'il en meurt, le fait sera constaté, malgré toutes les raisons des incrédules. » S'agit-il de combattre une idée de Maupertuis, qui, dans sa *Cosmologie*, avait dit : « A quoi sert la beauté et la convenance dans la construction du serpent ? Il peut, dit-on, avoir des usages que nous ignorons. Taisons-nous donc au moins ; n'admirons pas un animal que nous ne connaissons que par le mal qu'il nous fait. » — « Taisez-vous donc aussi, répond Voltaire. S'il y en a de venimeux, vous l'avez été vous-même... Vous demandez pourquoi le serpent nuit ? Et vous, pourquoi avez-vous nui tant de fois ? Pourquoi avez-vous été persécuteur ?... Il y a longtemps qu'on demande pourquoi il y a tant de serpents, et tant de méchants hommes pires que les serpents. » — On pouvait se croire revenu aux aménités théologiques du seizième siècle.

IV

Mais nous étions aux Délices avec Voltaire, occupé à s'y installer. Que de traits n'y aurait-il pas à ajouter pour compléter le tableau de sa vie pendant une seule année !

Sa maison est encore entre les mains des maçons,
qu'il brûle d'y établir un théâtre. « J'attends Lekain ces
jours-ci, écrivait-il à Thiriot dans cette même lettre où
il lui parlait de fonder Carthage. Nous le coucherons
dans une galerie, et il déclamera des vers aux enfants de
Calvin. »

Les Genevois n'avaient point de théâtre. Il va donc
leur en offrir un ; il y attirera ces mêmes graves personnages qui n'en veulent point dans leur pays, et qui ont
raison peut-être, mais dont les caractères, affaiblis au
souffle énervant du siècle, ne tiendront pas devant un
pareil appel. Peu de jours après, en effet, il mande à
d'Argental qu'il a fait pleurer, dans *Zaïre*, « tout le
conseil de Genève. » Voilà l'éducation commencée. Il
est aux anges. « Jamais les calvinistes n'ont été si tendres, » ajoute-t-il. Et quand il dit qu'il les a fait pleurer, ce n'est pas seulement l'auteur qui parle, mais l'acteur, car il a joué avec Lekain. Ce qu'il ne ferait pas, à
soixante ans, pour une société de grands seigneurs, il
trouve piquant de le faire pour l'initiation de ces bour-
geois. Aussi, dès le premier jour, les voilà pris. Et le
moyen, après tout, de ne pas l'être ! Ce M. de Voltaire
dont il y a plus de quarante ans que l'on entend parler,
l'auteur de la *Henriade*, l'ami du roi de Prusse, le chef
de la littérature et de la philosophie, celui qui a des grands
seigneurs, des princes, des rois pour courtisans, — il
est là, à leurs portes ; il s'est fait leur concitoyen, il leur
a ouvert sa maison, il leur jouera la comédie. Étonnez-
vous, après cela, qu'il ait pu écrire ensuite[1] : « Je cor-

[1] A d'Argental. Septembre 1760.

romps toute la jeunesse de la pédante ville de Genève.
Les prédicants enragent. Je les écrase. » Il en était venu
à être presque aussi fier de bien jouer ses pièces que de
les avoir faites; il s'en vantait quelquefois avec une
naïveté risible. « Nous jouons aujourd'hui *Mahomet*.
Nota benè que j'arrache l'âme au quatrième acte[1]. » —
« Ma nièce a la voix attendrissante, et, quand nous jouons
ensemble, on n'y tient pas[2]. » Il se tuait à ces représentations. Plusieurs fois il quitta le lit pour jouer, et
pour retourner au lit en quittant la scène.

<h3 style="text-align:center">V.</h3>

Une histoire au moins aussi curieuse que celle de sa
fièvre littéraire et dramatique, ce serait l'histoire de sa
santé, racontée aussi par lui-même. On en ferait aisément
un gros volume, autre modèle inimitable de l'art d'exprimer les mêmes choses en des centaines de manières.

Ses maux, — car il en a eu de très réels, et nous ne
devons pas, parce qu'il se plaignait trop, lui refuser toute
pitié, — ses maux se liaient tous à cette perpétuelle
excitation. Le principe était-il dans l'esprit ou dans le
corps? Voltaire aimait, surtout dans sa cynique vieillesse, à ne parler que de la machine détraquée, et il est
certainement un de ceux qui ont dépensé, comme on l'a

[1] Lettre à Thiriot. Octobre 1760.
[2] Lettre à d'Argental. Octobre 1760.

dit, le plus d'esprit à démontrer qu'ils n'étaient que des bêtes. Faisons-lui plus d'honneur qu'il ne s'en faisait à lui-même, et admettons au moins une égalité d'influence entre les deux moitiés de ce qui fut lui. Il y avait évidemment action et réaction entre les fièvres du corps et la grande fièvre de l'esprit.

De l'esprit, disons-nous. C'est à dessein que nous ne disons pas « de l'âme. » La fièvre de l'âme, c'est celle des inspirations profondes, des méditations qui usent, des amertumes qui rongent. Elle vous tue à vingt ans, celle-là, ou à trente ; l'autre vous accompagne à quatre-vingts. Bien plus : c'est elle qui vous aide à y arriver.

Voltaire en avait le sentiment. Au milieu de ses éternelles doléances, vous ne l'entendez pas se plaindre que le travail ait usé sa santé. Au contraire : il ne se plaint jamais moins que lorsqu'il travaille ; on sent que c'est son remède souverain. Mais n'allez pas lui dire qu'il est mieux : il s'en voudrait de vous l'avoir laissé croire ; il vous en voudrait de l'avoir cru. Aussi prend-il, quand il ne s'oublie pas, toutes les précautions possibles pour qu'on le croie expirant ; il aura, s'il le faut, pour mieux effrayer son monde, les allures d'un revenant. En 1776, la veille de la Saint-François, quelques dames du voisinage arrivent avec des bouquets pour lui souhaiter la bonne fête. Il se fait longtemps attendre, et il paraît enfin, disant d'une voix sépulcrale : « Je suis mort ! » Les pauvres dames furent tellement saisies, que pas une n'osa ouvrir la bouche.

En 1769 : « Vous me demandez des nouvelles du

patron? écrit un des visiteurs de Ferney [1]. Je vous dirai que j'en ai été très bien reçu, que c'est un homme charmant de tout point, mais intraitable sur l'article de la santé. Il devient furieux quand on lui dit qu'il se porte bien. Il se prétend investi de tous les fléaux de la vieillesse; il se dit sourd, aveugle, podagre. Vous en allez juger. Le premier jour que j'arrivai, il me fit ses doléances ordinaires. Je le laissai se plaindre, et, en me promenant avec lui dans le jardin, je baissai insensiblement la voix. Je fus bientôt rassuré sur ses oreilles. Ensuite, sur les compliments que je lui faisais de la beauté de son jardin, il se mit à jurer après son jardinier, qui n'avait, disait-il, aucun soin, et il arrachait de temps en temps de petites herbes très fines, cachées sous ses tulipes. J'en conclus qu'il avait encore les yeux très bons; et, par la facilité avec laquelle il se courbait et se relevait, j'estimai qu'il avait encore les mouvements très souples, les ressorts très liants. »

En 1753 : « Je suis bien malade, écrivait-il à d'Argens; daignez vous en souvenir. Il n'y a que mes ennemis qui disent que je me porte bien. »

En 1754, à d'Argens encore : « Votre lettre ferait mourir de rire les damnés les plus tristes. Je suis malheureusement de ce nombre. Il y a six mois que je ne suis sorti de ma chaudière. »

En 1752, à M. Bagieux : « J'ai apporté à Berlin une vingtaine de dents; il m'en reste à peu près six. J'ai apporté deux yeux; j'en ai presque perdu un. »

[1] *Mémoires secrets* de Bachaumont.

En 1746, à Maupertuis : « Il est vrai que le roi m'a fait présent de la charge de gentilhomme de la chambre, qu'il a augmenté ma pension, qu'il m'accable de bontés; mais je me meurs..... Me voici enfin de l'Académie. J'ennuierai le public d'une longue harangue lundi prochain. Ce sera le chant du cygne. »

En 1748 , lorsqu'il est question de savoir comment on habillera l'ombre de Ninus dans *Sémiramis :* « En fait d'ombre, écrit-il, il faut m'en croire, car j'ai l'honneur de l'être un peu, et je le suis plus que jamais. »

En 1736, dans sa première lettre à Frédéric, il tient à prendre position comme malade et mourant. « En quelque coin du monde que j'achève ma vie... » lui dit-il.

En 1733, il a interrompu son agonie, écrit-il à l'abbé de Sade, pour l'assurer qu'il lui sera attaché « tout le temps de sa courte et chienne de vie. »

En 1724, dans la préface de *Mariamne*, le voilà déjà « accablé par des maladies continuelles. » Le bon public ne s'attendrira-t-il pas aux efforts qu'un mourant a faits pour lui plaire?

Mais on eût dit que le bon public savait qu'il y en avait encore pour quelque cinquante ans. Ni à cette époque, ni plus tard, nous ne voyons personne qui ait l'air sérieusement peiné des souffrances de Voltaire, sérieusement inquiet sur sa conservation. Il est cependant incontestable que sa vie fut plusieurs fois en danger ; mais le moyen de le croire à l'agonie quand il l'avait tant de fois dit sans y être, et surtout quand il le disait si plaisamment ! Puis, il avait lui-même peu de respect pour sa vieillesse; il aimait à rire et à faire rire de tou-

tes les décadences que les ans lui apportaient. On connaît sa fameuse lettre au duc de Richelieu , et les gro-
tesques détails qu'il y donnait sur sa personne. Encore
allait-il quelquefois fort au delà du grotesque, et il y a
telle lettre après laquelle on est moins tenté de rire,
qu'affligé d'un pareil oubli de tout ce que les cheveux
blancs imposent à qui les porte.

Enfin, eût-on cru de loin à ses agonies , l'erreur, de
près, aurait difficilement tenu. « Rien de plus original,
dit Marmontel [1], que l'accueil qu'il nous fit [2]. Il était
dans son lit. Il nous tendit les bras ; il pleura de joie
en m'embrassant ; il embrassa de même le fils de son
ancien ami M. Gaulard. Vous me trouvez mourant ,
nous dit-il. Venez-vous me rendre la vie, ou recevoir
mes derniers soupirs ? Mon camarade fut effrayé de ce
début ; mais moi, qui avais cent fois entendu dire à
Voltaire qu'il se mourait, je fis signe à Gaulard de se
rassurer. » — Et en effet, le voilà qui se lève, qui passe
toute la journée avec eux, qui les étourdit de son babil
sur Paris, sur les encyclopédistes, sur Pompignan, qui
a osé les attaquer dans son discours de réception, Pompignan, sa bête noire du jour, car son médecin lui a ordonné, dit-il, comme exercice, « de courre une heure
ou deux le Pompignan tous les matins. » Il dîne, il
soupe avec eux. Il les régale des chansons de M. de l'É-
cluse, son hôte, jadis acteur à l'Opéra-Comique, maintenant dentiste du roi de Pologne ; et quand on croit qu'il

[1] *Mémoires*. Livre VIII.
[2] En 1760.

n'en peut plus , qu'il soupire après son lit, le voilà qui leur récite encore deux chants nouveaux de sa bien-aimée *Pucelle*, et qui ne peut se résigner à les laisser se coucher.

Voilà le tourbillon au sein duquel il continue à se croire dans la retraite, heureux, dit-il, parce qu'il est sage, sage parce qu'il est heureux. Quelquefois, cependant, il se prend à rire de lui-même, de ses prétentions au bonheur comme de ses prétentions à la sagesse. « Je n'ai eu l'idée du bonheur, écrira-t-il [1], que depuis que je suis chez moi dans la retraite. Mais quelle retraite ! J'ai quelquefois cinquante personnes à table. »

[1] A l'abbé d'Olivet. Mars 1755.

CHAPITRE VINGT-ET-UNIEME

I

Ce fut bien pis quand il eut acheté Ferney, et que, à ses travaux littéraires, à ses fatigues théâtrales, à celles de cette hospitalité princière, il prétendit unir les travaux de l'agriculture.

Avait-il réellement quelque goût pour cette nouvelle carrière? Il est assez difficile d'en juger. Tantôt vous l'entendez s'exprimer sur ce sujet en termes qui paraissent vrais et sentis; tantôt il a moins l'air de goûter ce nouveau bonheur que de se battre les flancs pour en paraître satisfait. Mais ce qui est sûr, c'est qu'il aimait extraordinairement à parler de ses terres, de ses récoltes, de ses bœufs, et qu'en réponse à ce qui lui revenait de plus flatteur sur sa gloire, il se plaisait à dire, comme Dioclétien, que tout cela ne valait pas les légumes de son jardin.

Ce qui est sûr encore, c'est qu'il n'aimait pas la nature, au moins dans le sens que nous donnons aujourd'hui à cet amour. Ce n'est qu'aux bords du lac de Genève, en 1755, qu'elle commence à être quelque chose pour lui. Jusque là, il ne l'a pas vue; il n'en a pas laissé arriver un seul reflet sur ses vers ni sur sa prose. Un voyage, pour lui, c'était une grande route et un certain grand nombre d'auberges. En Allemagne, il n'avait su que se plaindre de la rigueur du climat et du peu de confort des logements. En Angleterre, il était allé chercher des hommes, des livres. Il en trouva, mais il n'eut pas l'idée de chercher autre chose. Nous ne voyons pas, du moins, que cette riche et poétique nature des Iles Britanniques eût laissé aucun souvenir dans sa mémoire, aucune impression dans son cœur. La *Henriade* avait été travaillée en Angleterre, et, après comme avant, on a pu dire qu'il n'y avait pas seulement, dans ce poëme, « de l'herbe pour les chevaux. »

Un sens lui manquait, en quelque sorte, et non-seulement à lui, mais à tous les auteurs de cette époque, car nous allons bientôt examiner si Rousseau faisait exception, et si l'amour de la nature n'était pas plutôt, chez lui, la haine de ce qui n'était pas elle. Un des moins sourds à la grande voix de l'univers, c'était Diderot; il se plaignait naïvement de n'être bien athée qu'à la ville. Comme Voltaire, Montesquieu n'avait guère vu, en Angleterre, que Londres; comme Voltaire, Rousseau le poëte avait pu dire en beaux vers le lever ou le coucher du soleil, mais froidement, et tout au plus comme amplification lyrique. Louis Racine avait cherché dans les phénomènes de l'univers, mais en raisonneur plus qu'en poëte, les preuves de l'existence de Dieu; l'école encyclopédique, qui se souciait peu de les y voir, n'avait garde de se livrer à des contemplations de cette espèce. On avait fait des pastorales; mais ce genre, toujours plus ou moins faux, ne l'avait jamais tant été que dans ce siècle. Buffon, Buffon lui-même, avec toute son éloquence, ne sentait pas, n'aimait pas la nature, ou, s'il l'aimait, c'était comme on aime ce qu'on exploite, comme on s'attache à ce dont on s'est emparé. Buffon excelle à se chercher lui-même dans ses grands tableaux de l'univers. Admirez-les, il le faut ; mais demandez-vous ensuite qui vous y avez admiré, Dieu ou l'auteur, et voyez si ce n'est pas l'auteur, l'auteur seul. Comme il choisit, dans cet immense champ, ce qui convient à sa grandiose plume ! Comme il méprise ce qui ne se prêterait pas aux pompes de son style ! Voyez, dans son *Discours sur la nature des animaux*, comme il se moque des historiens des insectes ! Il lui faut, à lui, le cheval, le lion, le tigre, le colibri au moins, car il pourra s'amuser à lutter avec l'éclat de son plumage et l'agilité de ses allures ; mais le hanneton, mais la fourmi, allons donc ! « Lequel a de l'Être suprême la plus grande idée, dira-t-il, celui qui le voit créer l'univers, ordonner les existences, fonder la nature sur des lois invariables, ou celui qui le cherche et veut le trouver attentif à conduire une république de mouches ? » Lequel des deux, monsieur le comte ? Voyons. Essayez de nous en fabriquer une, de ces mouches dont vous ne voulez pas que la république soit sous l'œil de Dieu. Faites-nous seulement, ô faiseur de phrases, un ver, un polype, un champignon.... Et si vous n'y réussissez pas mieux, comme c'est probable, qu'à nous faire un cheval ou un soleil, avouez qu'il n'y a, pour le père des existences, rien de petit, rien de grand. Il était plus philosophe que vous, La Fontaine, quand il peignait le singe de Jupiter envoyé pour partager un brin d'herbe entre des fourmis.

II

Reconnaissons cependant que ce peu de vrai goût pour la nature ne datait pas de l'invasion des doctrines incrédules.

Le dix-septième siècle avait été, sur ce point, peu supérieur au dix-huitième. La nature était restée en dehors des inspirations de ses philosophes, de ses orateurs, de ses poëtes. Fénelon, qui l'a beaucoup peinte, s'inspirait admirablement de ses anciens peintres, mais peu d'elle-même, et La Fontaine est le seul, à cette époque, qui fasse réellement exception. Il aimait les aventureuses rêveries ; il allait chercher par les bois, tantôt, il est vrai, comme Boileau, des mots, des rimes, mais quelquefois aussi des ravissements à la Virgile, d'où coulaient ensuite, sans effort, ces vers virgiliens que l'on rencontre dans ses fables. Boileau en a bien fait quelques-uns, mais traduits. La nature, pour lui, c'était son jardin d'Auteuil, aux allées bien ratissées, aux melons qui attendent l'arrosoir de maître Antoine, aux fleurs « qui se demandent s'il est fête au village, » grande hardiesse poétique dont l'auteur était tout fier et même un peu tremblant. Racine, infiniment plus poëte, ne puisait pas davantage à cette source. Dira-t-on qu'il n'était pas appelé à y puiser ? Celui qui la connaît et qui l'aime ne peut pas n'y puiser jamais. Racine ne la connut pas ; et s'il s'en est approché une fois, dans une strophe d'*Athalie*, c'est d'assez loin, car l'idée èst banale[1]. Nous avons des lettres de sa jeunesse, où il raconte un voyage à un ami, et, lui aussi, il n'a vu que des routes, des auberges. Ce qu'il a remarqué de plus saillant dans le midi de la France, c'est l'horrible amertume des olives, attendu qu'il s'est avisé d'en cueillir une, et d'y planter une dent ignorante. C'est ainsi que Voltaire, dans ses impressions d'Outre-Rhin, parlait toujours de cette bière forte qu'on lui servait sur les routes, et dont son estomac parisien avait horreur. Racine, dans ces mêmes lettres, est fréquemment amené à dire un mot des pays qu'il traverse, et ce mot est toujours plutôt d'un commis-voyageur que d'un poëte. Même avant l'affaire des olives, il a frémi en apercevant les oliviers, car la seule chose qu'ils aient dite à son imagination et à son cœur, c'est qu'il faudra manger des mets à l'huile. Enfin : « Je ne me saurais empêcher, écrira-t-il, de vous dire un mot des beautés de cette province. » Mais ces *beautés* du Languedoc, ce sont les belles femmes qu'il a vues ou qu'il a cru voir à Uzès. Suivez-le, devenu plus grave, sous les arbres de Port-Royal. Il va y chercher la foi, comme Voltaire ira chercher l'incrédulité à Londres; mais la nature, il n'y pense pas mieux. Un niais du siècle passé, prenant sa *Thébaïde*[2] pour un poëme sur le pays de ce nom, fameux jadis par ses ermites, disait que cet ouvrage lui avait sans doute été inspiré par les bois solitaires de

---

[1]　« Il donne aux fleurs leur aimable peinture ;
　　Il fait naître et mûrir les fruits... »
[2] *La Thébaïde* ou les *Frères ennemis*. 1664.

Port-Royal. Sans tomber dans des erreurs aussi lourdes, on s'est généralement fort abusé, ce nous semble, sur la place que la nature occupait dans les méditations des pieux amis de Racine. Nous les avons un peu faits, nous, enfants de Châteaubriand, à notre image, et nous oublions un peu trop les abricotiers du grand Arnauld. Ce ne doit pas être une raison pour l'estimer moins ; mais enfin, un abricotier n'est pas un chêne, un espalier et un mur blanc ne sont pas le bleu du ciel.

Mais comment se fait-il qu'elle nous choque beaucoup moins chez les hommes du dix-septième siècle que chez ceux de l'âge suivant, cette froideur et cette insensibilité à l'endroit de la nature?

C'est qu'ils étaient assez riches sans elle. Elle aurait pu, sans doute, accroître leur fécondité, enrichir leur palette de quelques couleurs plus vives ; mais il n'y a chez eux, pour cela, ni pâleur, ni insuffisance, ni vide. Qui est-ce qui songerait à remarquer, s'il n'y était conduit, comme nous en ce moment, par de froides recherches historiques, que cette source était à peu près fermée pour Racine, pour Bossuet? Dieu était là, et, là où Dieu est, tout y est. Mais quand Dieu n'y est plus, alors les vides se sentent. Il en est des esprits comme des corps : quand le principe de la vie est atteint, telle infirmité de détail, qui s'apercevait à peine dans l'état de santé, devient à elle seule une maladie.

III

Un jour enfin, plus heureusement inspiré, Voltaire écrit ce morceau si connu où les grandes idées de nature et de liberté se mêlent dans une si mâle harmonie. L'austérité du Nord et les sourires du Midi se sont réunis, à ses yeux, sur les bords de *son* lac. Il a été tout étonné, par quelque belle matinée ou quelque majestueux couchant, de se sentir le cœur un peu gonflé, et, qui sait? l'œil un peu humide. Il a laissé tomber sur le papier ce commencement de larmes; ces quelques vers, où il y a du Virgile et de l'Ossian, sont peut-être les mieux sentis qu'il eût faits de sa vie.

... Que tout plaît, en ces lieux, à mes sens étonnés !
D'un tranquille océan l'eau pure et transparente
Baigne les bords fleuris de ces champs fortunés...

Le voilà, ce théâtre et de neige et de gloire...

Que le chantre flatteur du tyran des Romains,
L'auteur harmonieux des douces *Géorgiques*,
Ne vante plus ces lacs et leurs bords magnifiques,
Ces lacs que la nature a creusés de ses mains
    Dans les campagnes italiques.
Mon lac est le premier. C'est sur ses bords heureux
Qu'habite des humains la déesse éternelle,
L'âme des grands travaux, l'objet des nobles vœux...
La liberté...

Liberté, liberté ! Ton trône est en ces lieux...

Embellis ma retraite où l'amitié t'appelle.
Sur de simples gazons viens t'asseoir avec elle.
Elle fuit comme toi les vanités des cours,
Les cabales du monde et son règne frivole.
O deux divinités, vous êtes mon recours !
L'une élève mon âme et l'autre la console.
Présidez à mes derniers jours.

Ainsi chantait donc un jour Voltaire, car ce mot de *chanter*, si ridiculement faux en tant de cas, ne l'était pas cette fois. Eh bien ! c'est par un immense éclat de rire que Paris accueillera ces beaux vers. Ce ne sera, aux yeux des habiles, qu'une espèce de palinodie, une pièce à joindre aux capucinades que l'auteur s'est quelquefois imposées pour faire le bon apôtre auprès des sots. « L'épître de M. de Voltaire, écrivait Grimm[1], n'a encore trouvé aucun partisan contre la censure générale du public de Paris. On ne saurait, en effet, se dissimuler qu'elle est trop mauvaise pour mériter l'appui de personne. C'est un de ces enfants contrefaits et sans ressource, que son père, s'il eût été Spartiate, aurait condamné à périr dès sa naissance. »

Aussi se le tint-il pour dit. Qui sait, d'ailleurs, s'il avait même attendu l'écho des rires de Paris pour se moquer de son enthousiasme, et s'il n'avait pas secoué bien vite la poussière de ses genoux, courbés un moment devant les merveilles de Dieu ? Il va donc s'en tenir à dire qu'il a, de ses fenêtres, une magnifique vue ; il se gardera bien de laisser tomber sur ses vers un reflet des cimes du Mont-Blanc.

[1] Juillet 1755.

Puisqu'on avait ri de la nature, une seule fois entrevue dans sa majesté véritable, on ne pouvait que la
trouver fort belle dans les *Saisons* de l'athée Saint-
Lambert, si recommandées, d'ailleurs, par Voltaire lui-
même, qui se fâchait quand on s'étonnait de ces éloges.
« Je sais, écrit-il en 1769[1], qu'il y a des âmes aussi
basses que jalouses qui pourront me reprocher de rendre
à M. de Saint-Lambert éloges pour éloges, et de faire
avec lui trafic d'amour-propre. Je leur déclare que je ne
saurais l'en estimer moins, quoiqu'il m'ait loué... Je regarde son ouvrage comme une réparation d'honneur que
le siècle présent fait au grand siècle passé, pour la vogue
donnée pendant quelque temps à tant d'écrits barbares. »
Les *Saisons*, en effet, ne sont pas un écrit barbare ;
elles ne sont qu'insipides, froides, fausses. Mais peu le
sentaient ; peu, surtout, osaient le dire, et ce n'était
même pas sans danger. Pour s'être un peu moqué des
louanges de Voltaire, Clément avait été mis au For-
l'Évêque. Pouvait-on refuser cela à M. le marquis de
Saint-Lambert ?

IV

Mais ce n'était pas seulement dans la poésie que la
nature avait à revêtir les formes d'un art étroit et sec.
Aussi loin que l'homme peut l'atteindre, on la forçait

[1] Lettre à Dupont de Nemours,

de subir un joug analogue. Avec leurs allées toujours droites, leurs bosquets géométriques, leurs arbres impitoyablement taillés en pyramide ou en boule [1], les jardins et les parcs de cette époque étaient en harmonie avec les inspirations des poëtes, comme avec les châteaux invariablement carrés qu'on élevait sur les ruines méprisées des vieux donjons paternels.

Remarquez, sur ce dernier point, que le mépris et l'amour de l'art gothique ont généralement accompagné la froideur ou l'enthousiasme éprouvé pour les beautés de la nature. Ne serait-ce pas un indice, après bien d'autres, que l'art grec est peut-être plus loin d'elle qu'on ne le croit vulgairement? Nous avons vu, en l'étudiant dans le drame, que ses admirateurs ont souvent appelé nature ce qui était convention; et souvent blâmé, comme s'éloignant de la nature, ce qui, en réalité, s'en rapprochait.

Or, jamais l'art et la nature n'avaient été plus étroitement unis que durant les longs siècles du moyen âge. Nous n'irons pas chercher s'il est bien vrai que les piliers ramifiés de nos cathédrales aient été destinés à simuler un intérieur de forêt; nous ne parlons que de cette alliance intime, profonde, inaltérable, qui s'était faite dans les âmes entre l'amour de l'art et l'amour de

[1] Le premier jardin *anglais* qu'on eût vu en France avait été établi par Montesquieu. S'il n'avait pas appris, en Angleterre, à s'inspirer de la nature, il y avait appris au moins à ne pas l'estropier. —Mais la mode ne prit pas vite. Le second jardin de ce genre fut celui du fameux avocat Gerbier, dans sa terre d'Aulnoy, vers 1770.

la nature. Il y a là-dessus un beau morceau de Miche-
let[1], un peu mystique peut-être, mais qui, mieux raisonné, serait moins vrai. « Nos cathédrales normandes,
dit-il, sont singulièrement nombreuses, belles, variées;
leurs filles d'Angleterre sont prodigieusement riches ,
délicates, subtilement ouvragées. Mais le génie mystique
est plus fortement marqué, ce semble, dans les églises
d'Allemagne. Il y avait là une terre bien préparée, un
sol fait exprès pour porter les fleurs de Christ. Nulle
part l'homme et la nature, le frère et la sœur, n'avaient
joué, sous l'œil du Père, d'amour plus pur et plus en-
fantin. L'âme allemande s'est prise avec bonhomie aux
fleurs, aux arbres, aux belles montagnes de Dieu, et elle
en a bâti, dans sa simplicité, des miracles d'art, comme,
à la naissance de l'enfant Jésus, ils arrangent le bel
arbre de Noël, tout chargé de guirlandes, de rubans et
de girandoles , pour la joie des petits enfants. C'est là
que le moyen âge enfanta des âmes d'or, qui ont passé
sans qu'on en sût rien, des âmes candides, puériles à la
fois et profondes, qui ont à peine soupçonné le temps,
qui ne sont pas sorties du sein de l'éternité, laissant
couler le monde devant elles sans distinguer dans ses
flots orageux autre chose que le bleu du ciel. »

Elles n'avaient jamais été plus rares qu'au dix-huitième siècle, ces âmes candides et profondes qui ont vu
l'art dans la nature, la nature dans l'art, et Dieu, le suprême artiste, partout. Cette union mystérieuse, ce
grand fait qu'elles avaient lu au front des astres, qu'elles

---

[1] *Histoire de France.*

avaient écrit au front des temples, qui est-ce qui était
encore capable d'en concevoir même l'énoncé? Les
croyants l'auraient-ils mieux compris que les incrédules? Il leur manquait à tous ce qui fait le vrai sentiment
de l'art, celui de la nature. « Si la nature n'a pas été
sentie, les arts, qui ne font que la transformer, qu'en
rassembler les traits épars pour produire une émotion
unique et profonde, les arts seront sans pouvoir [1]. »

V

Ainsi, tout ce qui portait le sceau de l'art du moyen
âge, on le méprisait grandement. Ce qu'on en pouvait
détruire, on le détruisait avec joie; ce qui bravait le
marteau, on le livrait aux injures du temps et des saisons. Nul regret à ces cathédrales qui s'en allaient pierre
après pierre, haussant de leurs sculptures brisées le sol
des rues et des p'aces d'alentour. En 1745, dans une
espèce d'adresse à l'édilité parisienne, Voltaire ne parle
de rien moins que de mettre à bas Notre-Dame, pour
la remplacer par un temple plus digne, dit-il, de la capitale. N'est-elle pas « d'une architecture barbare? »
En vain, ajoute-t-il, « en vain votre paresse me répondra qu'il faudrait trop d'argent. » Il regrette, avec beaucoup de raison, que quelques-uns des millions engloutis
à Versailles n'aient pas été employés à assainir et à em-

[1] Madame Necker de Saussure.

bellir Paris ; mais le premier des embellissements, selon
lui, ce serait là chute des restes de l'ancien art. « Londres, dit-il ailleurs [1], n'était pas si riche que Paris quand
ses aldermen firent l'église de Saint-Paul, qui est la seconde de l'Europe, et qui semble nous reprocher notre
cathédrale gothique. » Ailleurs encore [2], il voudrait
qu'au lieu de célébrer tant de fêtes dans cet Hôtel de
Ville de Paris, « qui est du plus mauvais goût du monde»,
on le mît une bonne fois à bas, comme Notre-Dame,
pour le reconstruire avec l'argent qu'on ne cesse d'y dépenser. Longtemps après, dans une autre lettre au roi
de Prusse, après avoir dit de Corneille tout le mal qu'il
s'efforçait d'en penser, il ajoutait, comme dernière et
définitive critique : « Ses pièces me paraissent de belles
églises gothiques. »

Ce serait aujourd'hui un grand éloge, car le fait que
nous signalions a reparu : en revenant au culte de la
nature, on est revenu à l'estime et à l'amour de l'art
du moyen âge. Que tout, dans ce retour, ait été également sage et bon, nous ne l'affirmons point, pas plus
que nous n'admirons sans réserve tout ce qui a été fait
en poésie depuis que l'art classique a cédé le pas à l'art
nouveau. Mais ce n'en est pas moins la seule voie dans
laquelle il y ait désormais de vraies beautés à trouver,
et de vraies émotions à ressentir.

[1] *Des embellissements de Paris.* 1749.
[2] Lettre à Frédéric. Août 1739.

CHAPITRE VINGT-DEUXIÈME

VI. — Est-il vrai que la nature nous veuille ignorants et station-
naires? — Nos facultés. — Progrès que nous ne pouvons pas
ne pas faire. — Ce que c'est que l'*état sauvage* de Rousseau. —
Ce qu'il faudrait admettre pour pouvoir se dire son disciple. —
Montesquieu avait déjà presque abordé la même idée.

I

Il y avait donc divorce entre l'art et la nature.

Voyons maintenant quelle influence ce divorce allait
exercer sur les opinions et les succès de celui qui crut y
voir un fait nécessaire, fatal, et se mit tout à coup à
l'exploiter jusqu'en ses dernières conséquences.

Il n'est pas sans intérêt, en effet, de remarquer que
ce fut là le point de départ de Rousseau. Élargissez un
peu le sens des mots *Art* et *Nature*, appelez *art* l'ensemble des progrès humains, *nature* l'ensemble des circonstances dans lesquelles l'homme a été mis sur ce
globe, — et les principes que nous venons de poser vous
aident à expliquer Rousseau, sa vie comme ses livres,
ses bonnes comme ses mauvaises pages, ses paradoxes
comme l'accueil qu'on leur fit.

Peu d'hommes ont été plus incohérents, en apparence, dans leur philosophie et leur conduite, et il n'y
en a eu peut-être aucun dont les opinions successives
forment une chaîne plus compacte, plus solide, plus

une. Tout ce qu'il allait dire en des volumes, vous l'aviez dans les quelques pages de son premier écrit, le discours sur les arts et les sciences.

Admettrons-nous, pour cela, ce genre de fatalisme historique qui veut que tout homme éminent se soit développé suivant des lois positives, nécessaires ? Dirons-nous que Rousseau, arrivant avec son genre d'esprit au milieu du dix-huitième siècle, ne pouvait pas ne pas être ce qu'il a été, ne pas dire ce qu'il a dit ?

Ces assertions, que nous ne pouvons appeler fausses puisqu'il est impossible d'en démontrer la fausseté, sont toujours au moins téméraires, et il vaudrait mieux s'en abstenir. De même que deux lignes peuvent arriver à être prodigieusement éloignées parce que vous leur aurez fait faire, à leur départ, un angle de l'épaisseur d'un cheveu, de même une circonstance minime, imperceptible, peut amener un homme à professer des opinions qui n'eussent jamais été les siennes, à vivre et à mourir pour une cause qu'il eût peut-être combattue avec la même ardeur. Né protestant, qu'eût été Bossuet ? Nous l'estimons assez pour croire qu'il serait monté, sans pâlir, sur un des échafauds que son éloquente intolérance détermina Louis XIV à dresser.

Les suppositions de ce genre, qui ne peuvent non plus être données que pour des suppositions, acquièrent cependant une probabilité d'autant plus forte qu'il s'agit d'un homme plus mobile. Helvétius en avait fait la remarque[1] ; et que citait-il à l'appui ? Précisément l'his-

[1] *De l'homme et de son éducation.* Ch. VIII.

toire de Rousseau, dont il était mieux au courant que
personne. C'était, il est vrai, pour en conclure que le
hasard est le seul roi de ce monde ; mais si la conclusion
est d'un athée, les détails par lesquels il y arrive ne
sont, en ce qui tient à Rousseau, ni moins exacts ni
moins curieux.

Est-il donc vrai que Rousseau, en se décidant à traiter la question proposée par l'académie de Dijon, eut
d'abord la pensée de prendre le parti des sciences et des
arts ? Si cela pouvait être prouvé, — et nous inclinons
fort à penser que cela l'est, — il faudrait biffer bien des
pages, et de fort belles, écrites de nos jours sur le développement caché de son génie, sur les méditations auxquelles il s'était livré avant d'écrire, sur les rancunes
qu'il avait amassées contre la société dans une jeunesse
errante et un âge mûr sans position ; il faudrait conclure encore que les *Confessions* sont loin de nous tracer la filiation véritable de ses idées. Ce ne serait pas là
précisément, il est vrai, une accusation de mauvaise
foi. Rousseau pourrait avoir été sincère en reconstrui-
sant le passé sur le patron de ses impressions postérieu-
res, de même que le peintre, après avoir modifié son
second plan, est conduit à modifier le premier. Le seul
point sur lequel il faudrait décidément en venir à l'accusation de mensonge, c'est le fait même du revirement
en question. Rousseau l'a nié, mais bien des années
après. Marmontel et Morellet, d'autre part, affirment
dans leurs Mémoires que c'était chose sue, admise, incontestée, parmi les amis de Rousseau.

Nous ne tenons pas, quant à nous, à établir qu'il

changea d'opinion parce qu'il espérait faire plus de bruit ; mais nous ne voulons pas non plus qu'on dise qu'il devait nécessairement choisir celle qu'il se mit à défendre. Jusqu'au moment où son imagination échauffée eut pris définitivement possession du sujet ainsi conçu, il est probable, il est même évident, d'après ce que nous savons, par lui-même, sur l'instabilité de ses convictions antérieures, qu'il aurait fallu peu de chose pour le déterminer à soutenir l'autre avis.

II

Mais de quelque manière qu'il ait été conduit à adopter une pareille thèse, on peut se demander encore comment elle arriva à être sa conviction, sa foi, car il n'est pas admissible que tant d'éloquence ait pu jaillir d'un mensonge dont il aurait gardé conscience, et qui serait resté, dans son esprit, à l'état de mensonge.

Notons d'abord ici un phéomène moitié intellectuel, moitié moral, dont il n'a pas été le seul exemple, mais qui ne s'était jamais produit et peut-être ne se produira jamais avec une égale vigueur.

C'était — faut-il dire la faculté ou la manie ? — c'était l'habitude, enfin, de mettre son âme entière au service de chaque idée, de ne pouvoir en énoncer une seule qu'elle ne prît aussitôt, à ses yeux, l'importance et en quelque sorte la sainteté d'un dogme. Plus elle sera paradoxale, plus il se hâtera de l'embrasser de cette espèce de foi qui seule, il le sent bien, pourra le rendre insensible aux objections dont elle sera l'objet. C'est le *Credo quòd absurdum* d'Augustin ; ce qui ne voulait pas dire, il est vrai, « Je crois cela *parce que* c'est absurde, » mais : « Ne pouvant me le démontrer par la raison, je l'embrasse par la foi. »

Tel est donc le rempart que Rousseau commence toujours par élever, dans son esprit, entre ses opinions et les attaques qu'il attend. Quelque fortes que vos objections puissent être, ne dites pas que vous l'allez mettre au pied du mur, car il y est déjà. C'est lui-même qui s'est volontairement placé dans l'impossibilité de reculer. Avec le ton qu'il prend et l'autorité qu'il se donne, il ne peut plus, quoi que vous lui disiez, reconnaître qu'il s'est trompé, car l'aveu de la plus petite erreur serait l'aveu de sa faillibilité en général, et il a parlé comme infaillible. Ce que la duchesse de La Ferté disait naïvement à madame de Staal : « Je ne trouve que moi qui aie toujours raison, » Rousseau nous le répète indirectement à chaque page, à chaque phrase, et ce n'est que grâce à son éloquence qu'on ne sent pas toujours ce qu'il y a là de ridicule. Quand on riait de l'abbé de Saint-Pierre écrivant que « la peinture, la sculpture, la musique, la poésie, la comédie, l'architecture, prouvent le nombre des fainéants et leur goût pour la fainéantise, qui suffit à nourrir et à entretenir d'autres espèces de fainéants [1], » quand on riait, disons-nous, de cette

______
[1] *Annales politiques.*

9.

naïve outrecuidance, il ne faisait que dire platement ce que Rousseau allait dire éloquemment.

Dès la première page de son premier discours : « Après avoir soutenu le parti de la vérité, dit-il, quel que soit mon succès, il est un prix qui ne peut me manquer ; je le troùverai dans le fond de mon cœur. »

Le voilà peint, en trois lignes, mieux qu'on ne le peindrait dans un volume ; et ce volume, d'ailleurs, ne pourrait être que le développement de ces trois lignes.

Écoutez-le. Il a soutenu « le parti de la vérité. » Loin de lui cette modestie banale d'un auteur qui se bornerait à dire : « J'ai parlé selon ma conscience ; j'ai exposé ce qui me paraissait la vérité. » Non. Au premier pas, il affirme ; il arrive du premier coup, lui, philosophe, à ce que les philosophes ont toujours le plus reproché aux théologiens, c'est-à-dire à se croire nécessairement dans le vrai, à repousser d'avance, comme non avenues, les objections de quiconque résistera. Mais le théologien a au moins pour excuse qu'il ne parle pas de son chef, qu'il ne fait qu'énoncer ce qu'il a vu ou cru voir dans les enseignements de Dieu, lesquels ne peuvent être erronés. Rousseau, où a-t-il pris ce qu'il va enseigner dans ce discours, ce qu'il déclare être *la vérité?* Dans des faits historiques, qu'il sait bien être susceptibles de plus d'une interprétation ; dans sa raison qui, hier peut-être, était pour l'avis contraire, et qui, en tout cas, a attendu un concours académique pour se prononcer sur ce sujet. Il dira bien que ce n'est pas sa raison qui va parler, et qu'il n'a fait que prêter sa voix à la nature ; mais ce n'est encore qu'un détour pour se donner de l'autorité et de l'audace, car il est clair que *la nature*, dans la bouche d'un homme, c'est toujours la nature interprétée par la raison de cet homme. Il n'y a donc pas moins d'orgueil à dogmatiser au nom de la nature qu'à dogmatiser au nom de Dieu, ou, plus franchement, à se dire infaillible par soi-même [1].

Voyez encore à quelle hauteur morale il se hâte de l'élever, dès le début, cette question dont il sent bien qu'on l'accusera d'avoir fait un jeu d'esprit. Elle a été posée, évidemment, sur le terrain de l'histoire et de la raison : lui, il en fait une affaire de cœur ; et comme il n'oserait dire ouvertement que, même seul contre tous, il persistera à se croire seul raisonnable, c'est dans son cœur qu'il place la récompense. Là, dit-il, elle ne peut lui manquer.

III

Il y a donc, dans ce premier discours, deux choses à considérer : la thèse, qui n'est que paradoxale ; le pro-

---

[1] Quand Montesquieu disait, dans la préface de l'*Esprit des Lois* : « Je n'ai point tiré mes principes de mes préjugés, mais de la nature des choses... » il se faisait la même illusion que Rousseau. Un penseur absolu est nécessairement porté à vouloir être, en apparence, que l'organe d'une autorité supérieure. Quand ce n'est pas un calcul pour imposer aux hommes, c'est encore un calcul involontaire pour se donner de la confiance en soi-même.

cédé, qui est faux. Avec la même thèse, défendue autrement et laissée sur le terrain du bon sens, ce début
aurait pu ne pas avoir de longues conséquences; avec
un procédé pareil, l'âme et la vie de l'auteur restaient inféodées à sa thèse : il n'avait plus d'autre alter-
native que de désavouer platement ce qu'il avait soutenu éloquemment, ou de poursuivre son chemin sans
s'inquiéter des ruines dont il serait obligé de le joncher.

N'est-ce pas là, au fond, ce qu'il avouait lui-même,
quelques années après, dans sa fameuse lettre à l'archevêque de Paris? « Une misérable question d'académie, m'agitant l'esprit malgré moi, me jeta dans un
métier pour lequel je n'étais point fait. Un succès inat-
tendu m'y montra des attraits qui me séduisirent. Des
foules d'adversaires m'attaquèrent sans m'entendre....
Je me défendis, et, de dispute en dispute, je me sentis
engagé dans la carrière, presque sans y avoir pensé. »

Il y a dans ces lignes plus de révélations qu'il ne
croyait et ne voulait en faire. C'est de dispute en dispute, dit-il, qu'il a été engagé dans la carrière. Mais ce
qu'il dit de la manière dont il est devenu auteur, ne le
dit-il pas, par là même, du développement successif de
ses idées? Chacun de ses pas fut marqué par un paradoxe nouveau, mais qui n'était qu'une forme et un élargissement de son paradoxe primitif. Après le discours
sur les arts et les sciences, le discours sur l'inégalité ;
après le discours sur l'inégalité, le *Contrat social,* où il
arrive aux dernières conséquences, et où la société est
condamnée, non-seulement dans ses abus, mais dans
ses bases, dans son existence même. Voilà où il a été

conduit, non pas par une méditation calme, car elle l'eût
infailliblement amené, au contraire, à amender ses premières assertions, mais, il l'avoue lui-même, de dispute
en dispute et de colère en colère. Ne l'avouât-il pas,
nous le sentirions encore assez. Voyez comme il s'attache, dès son second écrit, à développer précisément
ce qui a le plus choqué dans le premier. Voyez-le, dans
les opuscules intermédiaires [1], ne répondre déjà aux
objections qu'en répétant avec plus de force ce qui les
a particulièrement provoquées. Cette marche sera jusqu'au bout la sienne. Telle idée qu'il n'aura émise qu'en
passant, qu'il pourrait abandonner sans que personne
songeât à l'accuser de se dédire, il suffit qu'on l'ait attaquée pour qu'elle devienne, à ses yeux, importante,
fondamentale, et qu'il se croie obligé d'en tirer toutes les
conséquences dont elle peut être la source. Il se conduit, la plume en main, comme on se conduit trop souvent dans les querelles de bouche, où on se croit obligé
de soutenir tout ce qu'on a avancé, même au hasard, et
où l'on est enfin très étonné, quelquefois très honteux,
du chemin que l'on a fait. Mais il ne peut, lui, se montrer ni étonné ni honteux, car ce serait se renier lui-
même; il le pourrait qu'il ne le voudrait pas, car il met
sa gloire à parler avec d'autant plus d'assurance que
l'idée est plus aventurée, et même plus contraire à ce
qu'il a dit ailleurs. Contradicteur par excellence, il n'est
jamais plus éloquent que lorsqu'il sent qu'il se contredit

[1] Lettre à Raynal, lettre à Grimm, réponse au roi de Pologne,
à M. Bordes, etc.

lui-même. Voilà dans quel esprit, voilà de quelle manière ont été jetées sur le papier plusieurs de ces doctrines auxquelles on a donné tant d'importance, bien que Rousseau lui-même eût commencé par ne leur en donner aucune.

IV

Mais ce qui en fit le succès, ce fut surtout l'absence d'un contre-poids sérieux. Rousseau fut attaqué faiblement et sottement. Ne nous en étonnons pas : la résistance manquait d'un point d'appui.

Que faut-il entendre par là ? — Nous l'avons dit d'avance en signalant la séparation profonde qui existait entre la nature et l'art, entre l'homme de la nature et l'homme de la civilisation. Cette séparation, Rousseau l'avait formulée. De ce qu'elle existait en fait, il avait conclu qu'elle existait nécessairement ; il avait mis l'homme en demeure de choisir entre la corruption, synonyme de civilisation, et la vertu, synonyme de nature. La question était mal posée ; mais il aurait fallu, pour la redresser d'une main ferme, d'autres hommes, d'autres circonstances, un autre siècle. On était mal venu, dans ce chaos, à distinguer entre civilisation et corruption ; on refusait, avec beaucoup de raison, de voir le règne de la vertu dans le grossier âge d'or des sauvages ; mais on était fort embarrassé pour la montrer régnant ailleurs. Les liens sociaux étaient trop généralement relâchés pour que, même en y croyant, on se sentît fort contre celui qui enseignait à n'y pas croire. Aussi : « Ce n'est pas le scandale qui fut général, dit un contemporain [1]; *il y eut une sorte de terreur.* » Terreur peu sérieuse, il est vrai ; terreur de gens qui rient en attendant la bataille ou la peste ; terreur pourtant, au moins pour quelques jours. La société se trouva comme un malade à qui le médecin annonce qu'il pourra vivre encore, et même longtemps, mais que son mal est incurable. Cet état de nature auquel Rousseau renvoyait comme au seul où il pût y avoir force et santé, on voyait bien que la société n'y retournerait jamais ; on n'en avait d'ailleurs aucune envie. D'autres remèdes, on n'en savait pas. Ceux qui pensaient encore qu'il y en a un, la religion, ceux-là n'osaient le dire ou se faisaient moquer d'eux, d'autant plus que la religion était fort mal représentée, et ne paraissait guère à la hauteur d'une semblable tâche. Il fallait donc courber la tête sous la sentence de Rousseau. Il était fort, non pour avoir raison, mais parce que son siècle n'avait rien à lui répondre.

Celui qui avait réponse à tout, Voltaire, ne fut pas le dernier à éprouver cet universel embarras. Il essaya de plaisanter ; il crut n'avoir qu'à imiter cet homme qui, pour répondre à un philosophe niant le mouvement, se mit à marcher. De là un de ces jolis contes comme il savait si bien les faire, excellents pour l'atta-

[1] Garat, *Mémoires sur la vie de Suard.*

que, mais impuissants pour la défense. « J'ai brûlé
tous mes livres, me dit hier Timon. — Tous? — Tous. »
Et Timon lui explique comme quoi les livres, les lettres
en général, les sciences, les arts et tout ce qui s'y rattache, ne sont bons qu'à faire des scélérats. « Au coin
d'un bois, nous fûmes rencontrés par des voleurs et dé-
pouillés impitoyablement. Je demandai à ces messieurs
dans quelle université ils avaient étudié. Ils m'avouèrent
qu'aucun d'eux n'avait appris à lire. » On arrive à une
maison de campagne, appartenant à un homme fort instruit, fort ami des arts et des lettres. Si Timon a raison,
il faut s'attendre à y être au moins égorgé. Mais non.
L'accueil est excellent, splendide, etc. — Et voilà Timon
réfuté.

On put rire à ce conte, comme on riait à tous ceux de
Voltaire ; mais l'ébranlement était au fond, et cela ne
raffermissait que la surface.

V

Il est vrai que Rousseau, à cette époque, était encore
un ami et un frère que la secte encyclopédique avait
tout intérêt à ménager. Il ne faut pas, parce que nous
le voyons bientôt après l'ennemi de Voltaire et des encyclopédistes, nous figurer qu'il ne leur ait rien dû. Leurs
louanges anticipées avaient préparé son succès. Ils n'auraient plus pu, le moment venu, s'y opposer ; mais

aussi, sans ses relations avec eux, sans le commencement de renom qu'elles lui avaient valu, son discours
pouvait rester ignoré. C'était une révolution que ces
pages ; mais elles avaient besoin, pour l'être, de partir
du côté d'où l'on attendait les révolutions. Sans ce cachet, elles restaient un discours académique.

Ceci n'est pas une chicane sur l'origine de sa gloire,
mais une observation sur une erreur dans laquelle on est
souvent tombé, soit pour lui, soit pour d'autres.

On veut toujours que les idées qui ont eu un certain
succès aient préexisté dans la conscience des masses, de
sorte que ceux qui les ont émises n'ont été que les inter-
prètes du sens universel.

Il en a souvent été ainsi. Nous disions tout à l'heure
que Rousseau avait formulé la séparation existant, dans
les esprits, entre la civilisation et la nature.

Il était donc, historiquement, dans le vrai ; mais autre chose est de saisir, par l'observation ou par le génie,
un fait réel, ou d'imposer, en déduction de ce fait, toutes
les conséquences qui pourraient, à la rigueur, en sortir.
Il a beau être, ce fait, dans la conscience publique : ce
n'est pas toujours une raison pour que les conséquences
y soient. On peut avoir voulu ou avoir subi le principe,
sans vouloir, pour cela, sans accepter en aucune façon ce
qu'un théoricien va se mettre à en tirer ; c'est une véritable usurpation, la pire peut-être de toutes, que de faire
vouloir à une génération, à un peuple, au delà de ce qu'il
a cru vouloir en admettant tel ou tel principe, en reconnaissant tel ou tel fait. C'est abuser, en quelque sorte,
d'une signature donnée, en imposant au signataire une

responsabilité qu'il ne pouvait prévoir, en l'engageant plus qu'il n'a cru s'engager. « Que de choses on me fait dire ! » disait Socrate, lors des premiers opuscules de Platon. « Que de choses on me fait dire ! » s'écrierait aussi, s'il n'était déjà fasciné et à moitié sous le joug de ses nouveaux maîtres, tout peuple qu'on prépare à se jeter dans le large chemin des révolutions.

Il y aurait donc eu, dans le succès des premiers écrits de Rousseau, deux parts à faire, deux succès à distinguer, l'un réel, l'autre factice, celui de l'homme de génie qui saisit la situation au vif, celui du sophiste qui l'exploite, et qui, aidé d'autres sophistes, lui fait signifier tout ce qu'il veut. Partir du vrai n'est rien si c'est pour arriver au faux.

Montaigne avait parlé avant lui des inconvénients de la science et des arts. Charron [1] après Montaigne, et bien d'autres après Charron, en avaient aussi parlé, mais comme d'un fait, et Rousseau, dès le premier pas, transforme ce fait en un principe. Le voilà, dès lors, dans une tout autre route. Il a beau citer encore Montaigne : des citations, même textuelles, sont inexactes quand on les apporte en preuve d'un système qui n'était pas celui de l'auteur ; elles le sont surtout quand ce dernier, ce qui est le cas de Montaigne, n'a pas eu de système et n'a pas voulu en avoir un. Autre chose est de lâcher çà et là quelque réflexion, quelque épigramme, sur l'inutilité de la civilisation pour le perfectionnement réel de l'homme, ou de dresser un réquisitoire en forme contre la civilisa-

[1] *Traité de la Sagesse.* Livre III. Ch. xiv.

tion en général, et de partir de là pour attaquer la société elle-même.

Montaigne avait d'ailleurs assez exactement tracé les limites dans lesquelles il prétendait médire du progrès. « C'est, à la vérité, dit-il [1], une très utile et très grande partie que la science [2]; céux qui la mesprisent témoignent assez leur bestise. Mais je n'en tiens pas pourtant sa valeur jusques à cette mesure extrême qu'aulcuns lui attribuent, comme Herillus le philosophe, que logeoit en elle le souverain bien, et tenoit qu'il feust en elle de nous rendre sages et contents, ce que je ne crois pas, ny ce que d'aultres ont dit que la science est mère de toute vertu... etc. » Ainsi, selon sa coutume, Montaigne s'en tient à dire le pour et le contre et à demander qu'on le dise. Il ne veut pas que nous divinisions le progrès; il veut encore moins que nous n'en disions que du mal, car nous ne témoignerions par là, dit-il, que notre « bestise. »

Il y a donc entre Montaigne et Rousseau, sur ce point, la même différence qu'entre deux moralistes dont l'un dirait que le christianisme n'a pas foncièrement amélioré le genre humain, tandis que l'autre accuserait le christianisme lui-même de tous nos vices et de toutes nos erreurs. Cette dernière attaque aurait au moins le mérite, logiquement parlant, d'aboutir à quelque chose, à une conclusion déplorable, mais rigoureuse : « Si le chris-

[1] *Essais.* Livre II. Ch. XII.
[2] *Science* est pris, en cet endroit, dans le sens le plus étendu. Il signifie toute espèce de savoir et de culture.

tianisme ne vaut rien, écrasons-le. » C'était la thèse de Voltaire, et voilà qui avait au moins un sens. Mais un réquisitoire contre la civilisation, à quoi pouvait-il aboutir ? « Hâtez-vous de renverser ces amphithéâtres ; brisez ces marbres, brûlez ces tableaux, chassez ces esclaves qui vous subjuguent, et dont les funestes arts vous corrompent. » Voilà bien une conclusion, ce semble; mais c'est Fabricius qui parle, et à des gens morts depuis tantôt deux mille ans. Rousseau, tout Rousseau qu'il était, n'eût pas osé avoir l'air de donner sérieusement, et aux Français, de semblables conseils.

VI

Forcé, sous peine de n'être plus que ridicule, d'éloigner toute conclusion de ce genre, Rousseau se met à en préparer d'autres.

« Voilà, dit-il, comment le luxe, la dissolution et l'esclavage, ont été de tout temps le châtiment des efforts orgueilleux que nous avons faits pour sortir de l'heureuse ignorance où la sagesse éternelle nous avait placés. Le voile épais dont elle a couverte toutes ses opérations semblait nous avertir assez qu'elle ne nous a point destinés à de vaines recherches. »

Il n'y aurait rien de plus facile que de retourner tout cela, et de dire :

Qu'il n'y a pas plus d'orgueil, au fond, à nous servir

de nos facultés intellectuelles, qu'à nous servir de nos yeux, de nos mains, de tous nos sens;

Que Dieu ne peut pas avoir voulu nous condamner à cette *heureuse* ignorance, puisqu'il mettait à notre disposition des moyens d'en sortir;

Que si un voile épais nous avertit, dans beaucoup de choses, de ne pas chercher à voir le fond, il y a aussi, dans la nature, des secrets assez transparents pour que nous nous croyions invités à les sonder;

Que la meilleure preuve, enfin, de la légitimité de nos recherches, c'est ce désir même de connaître avec lequel nous naissons tous. « Puisqu'il a pleu à Dieu nous douer de quelque capacité de discours[1], à fin que, comme les bestes, nous ne feussions pas servilement assubjectis aux lois communes, ains[2] que nous nous y appliquassions par jugement et liberté volontaire, nous debvons bien prester un peu à la simple autorité de nature, mais non pas nous laisser tyranniquement emporter à elle[3]. » La pire des tyrannies ne serait-elle pas celle qui nous condamnerait, au nom de la nature, à ne pas nous servir de ce *discours*, de cette intelligence, que nous tenons d'elle aussi bien que nos facultés physiques?

Mais Rousseau va son train. Il les a bien entrevues, ces réponses, et si elles ne l'ont pas arrêté, c'est qu'il avait son but. Qui admettra qu'il se crût sérieusement

[1] Raison, λόγος.
[2] Mais.
[3] Montaigne. Livre II. Ch. VIII.

10.

en dehors de la nature parce qu'il avait cultivé ses facultés ? Il poursuit donc ; il faut qu'il étourdisse ses lecteurs et surtout qu'il s'étourdisse lui-même par une conclusion plus étrange que les prémisses : « L'état sauvage est le véritable état de l'homme ; » conclusion qui sera la thèse fondamentale de son discours sur l'inégalité.

Remarquez bien, d'abord, que l'*état sauvage* de Rousseau n'est pas même l'état de ces sauvages que les voyageurs nous peignent sous de si tristes couleurs. L'idée est si prodigieusement en dehors de tout ce que nous sentons et connaissons, qu'on se laisse aller, malgré soi, à l'adoucir ; on veut que cet homme sauvage, en qui seul Rousseau reconnaît l'homme, soit au moins au niveau de ceux qui vivent dans les forêts de l'Amérique. Erreur ! Ces derniers sont déjà trop civilisés pour Rousseau. Ils connaissent la famille ; ils ont des chefs. L'égalité première est donc rompue parmi eux ; ils sont sur la pente qui mène à l'abîme de la civilisation. L'homme sauvage de Rousseau, l'homme primitif, l'*homme*, enfin, c'est un être isolé, farouche, ne rencontrant que par hasard des êtres faits comme lui, auxquels il faut le supposer rigoureusement et toujours égal en force, car il est clair que, dans un pareil état de choses, toute inégalité de force serait une inégalité de condition. De femmes et d'enfants, point ; car, dès qu'il y en a, c'est la famille, c'est l'ordre, ou du moins un certain ordre, c'est l'inégalité.

Voilà, qu'on se le dise bien, où il remonte ; voilà jusqu'où il faut nécessairement remonter pour arriver logiquement aux mêmes résultats que lui. Encore un coup, ne nous laissons pas aller à le faire plus raisonnable qu'il ne l'est et n'a voulu l'être. Prenons sa doctrine chez lui ; voyons-la, montrons-la dans sa révoltante nudité. Où sont les gens qui persisteraient à se déclarer ses disciples, quand on les sommerait de croire à ce qu'il met à la base du système ? » C'est de Rousseau, a dit un de ses admirateurs [1], qu'on peut véritablement dire : Le genre humain avait perdu ses titres ; Jean-Jacques les a retrouvés. » Tes titres donc, ô homme, tu t'imaginais follement les porter écrits sur ce front qui regarde le ciel ? Erreur ! erreur ! Ils étaient là-bas, dans les bois, parmi ces glands que tu mangeais, stupidement courbé, comme les brutes, vers ce sol que tu voudrais dédaigner. Un homme s'est trouvé qui a su être éloquent en démontrant que l'homme aurait dû rester animal, et que quiconque pense « est un animal dépravé ; » un siècle a existé qui prenait goût à ces avilissantes rêveries, et qui se plaisait à les mêler aux raffinements de son luxe. Buffon avait déjà côtoyé la même idée. « Un sauvage absolument sauvage, écrivait-il en 1749 [2], serait un spectacle curieux pour un philosophe.... Peut-être verrait-il clairement que la vertu appartient à l'homme sauvage plus qu'à l'homme civilisé, et que le vice n'a pris naissance que dans la société. » Faites-la donc, cette *curieuse* expérience. Vous le pouvez, car un homme *absolument sauvage* ne

---

[1] Brizard.
[2] *Des variétés dans l'espèce humaine.*

serait plus un homme, ne serait pas né homme, n'aurait
pas les facultés de l'homme, et autant vaut étudier un
bœuf. Qu'était-ce donc que la vertu, bon Dieu! pour
des gens qui parlaient d'aller la chercher parmi les
brutes?

CHAPITRE VINGT-TROISIEME

I. Rousseau réfuté par Voltaire.—Les béquilles du genre humain.
— L'homme n'a pas pu ne pas se civiliser. — Les sauvages ne
sont pas plus vigoureux que nous, et plutôt moins. — Montesquieu se moquant d'avance de Rousseau. — Pourquoi Rousseau
aimait à sortir du champ de l'histoire. — Les Spartiates.

II. — L'historien ne doit donner ni tout aux faits, ni tout aux
principes. — Comment Rousseau arrive au dogme de l'égalité.—
Un roman et un cercle vicieux. — Continuation du roman. — Un
sage qui se trouve être un monstre.

III. — La société n'est l'œuvre de personne. — Affinités préexistantes. — Rousseau les nie. — Loups et singes. — La parole.—
La société est l'œuvre de tout le monde. — Un contrat existe,
mais renouvelé tous les jours et par tous.

IV. — La propriété, instinct naturel et indestructible. — Encore
un roman. — Demandez à un enfant, — à un chien.

V. — Rousseau entendait-il qu'on réalisât ses rêves? — Il a régné
par le côté dangereux de ses doctrines, bien plus que par le bon.

— Riches ; pauvres. — Combien ces mots sont souvent mal appliqués. — Les pauvres *ont bien voulu*. — Les riches *ont promis*.
— Conséquences fatales ou absurdes. — Elles étaient déjà dans
Montesquieu. — Atteintes à la propriété.

I

Il y a toujours du danger, dût-on ne pas tomber dans
d'aussi dégradantes théories, à sortir du champ des
observations possibles ; d'autant plus que les choses
qu'on va chercher si loin sont le plus souvent de celles
qu'on trouverait à deux pas, si on voulait n'avoir que
du bon sens.

Voltaire, qui en eut toujours contre ceux qui n'en
avaient pas, s'efforçait de ramener la question sur le
terrain des faits. « On a écrit, disait-il par exemple[1],
que l'état sauvage est le véritable état de l'homme, et
que nous n'avons fait que dégénérer misérablement depuis que nous l'avons quitté. Je ne crois pas que cette
vie solitaire, attribuée à nos pères, soit dans la nature
humaine. Nous sommes, si je ne me trompe, au premier rang, s'il est permis de le dire, des animaux qui
vivent en troupes, comme les abeilles, les fourmis, les
poules, les moutons, etc. Si l'on rencontre une abeille

---

[1] *Essai sur les Mœurs.* Ch. VIII.

errante, devra-t-on conclure que cette abeille est dans
l'état de pure nature, et que celles qui travaillent en
société dans la ruche ont dégénéré ? »

« La société, répondait Rousseau [1], est naturelle à
l'espèce humaine comme la décrépitude à l'individu. Il
faut des arts, des lois, des gouvernements aux peuples,
comme il faut des béquilles aux vieillards. »

La défaite est ingénieuse ; mais il faudrait commencer
par prouver que le genre humain était vieux quand il se
fit ces *béquilles*, et c'est ce que Rousseau ne prouve
qu'en s'enfonçant dans ces longues époques primitives
qu'aucun passé n'atteste et que le présent dément. Si
l'homme est né jadis tel que nous le voyons naître, il
n'a pas pu ne pas commencer aussitôt à devenir ce qu'il
est. Quand nous accorderions que la grande affaire de
l'homme, dans ce monde, est de conserver et d'accroître
ses forces corporelles, il y aurait encore à voir si c'est
l'état sauvage qui leur est le plus favorable. Rousseau
suppose la chose incontestable, évidente ; l'est-elle ? Les
sauvages sont plus vigoureux que nos oisifs, mais moins,
et de beaucoup, que la plupart de nos travailleurs.
Dans une lutte corps à corps, vous n'auriez pas beau
jeu ; dans un travail continu, vous êtes sûr de les fati-
guer et de les vaincre. Il y a donc en vous une somme
supérieure de force et d'énergie ; tout ce que le sauvage
a de plus que vous, c'est qu'il pourra, dans un moment
donné, en dépenser à la fois davantage. Puis, s'il y en a
de vigoureux, il y en a aussi de faibles ; si on en a

---

[1] Lettre à M. *Philopolis.* (Bonnet.)

trouvé qui se battaient comme des tigres, on en a trouvé qui fuyaient, fussent-ils mille, devant un seul de ces êtres que la civilisation, nous dit-on, a faits si petits et si chétifs.

« Je n'ai jamais ouï parler du droit public, avait déjà dit Montesquieu, qu'on n'ait commencé par rechercher soigneusement quelle est l'origine des sociétés, ce qui me paraît ridicule. Si les hommes n'en formaient point, s'ils se quittaient ou se fuyaient les uns les autres, il faudrait en demander la raison et chercher pourquoi ils se tiennent séparés ; mais ils naissent tous liés les uns aux autres. Un fils est né auprès de son père, et il s'y tient ; voilà la société, et la cause de la société. » On ne saurait mieux dire ; et il est assez curieux d'entendre l'*Esprit des Lois* proclamer d'avance *ridicules* les élucubrations qui allaient être à la base de tout le système de Rousseau.

On nous dit : « C'est son imagination qui l'entraînait au-delà des temps connus. » Oui ; mais pourquoi ? Osons le dire : s'il s'est plu en dehors du champ de l'histoire, c'est qu'il la savait peu et mal. On a fait grand bruit du bonheur qu'il avait trouvé, enfant, à lire Plutarque. Nous pourrions demander peut-être si le fait est bien sûr, si Rousseau a toujours été d'une telle bonne foi que nous ne puissions le soupçonner de s'être approprié un trait déjà commun à beaucoup de grands hommes. Le fait admis, nous demanderions encore ce qu'il prouve. On peut aimer l'histoire et ne la savoir nullement ; on peut aimer Plutarque, qui se laisse si bien lire, et ne pas aimer l'histoire, dans le sens grave et philosophique

de ce mot. Rousseau l'a-t-il aimée? L'a-t-il sérieusement étudiée? Non. Il n'en sait que ce qui court les
rues, ce que tout le monde a lu comme lui dans Plutarque et dans Montaigne. Les détails qui peuvent entrer,
que bien, que mal, dans les développements de son système, il les prend; l'ensemble, qui serait sa condamnation, ou il ne l'a pas saisi, ou il l'a volontairement laissé
dans l'ombre. Les Spartiates, par exemple, lui servent
comme les Chinois à Voltaire. Parce qu'il a trouvé chez
eux quelques traits de son repoussant idéal d'un peuple
libre, les voilà qui deviennent eux-mêmes l'idéal.
« Cette république de demi-dieux plutôt que d'hommes..., » dira-t-il. Mais l'histoire, même arrangée, est
encore une gêne et un embarras pour lui; il n'est à son
aise qu'au-delà.

II

Il est vrai que Montesquieu était généralement tombé,
au moins en apparence, dans l'excès contraire. Tandis
que Rousseau se plaît surtout dans les temps antérieurs
à l'histoire, c'est à l'histoire seule, comme nous l'avons
vu, que Montesquieu affecte de demander pas à pas ses
théories, et il est souvent conduit à lui faire dire ou plus
ou moins qu'elle ne dit. Or, bien que le champ de l'histoire soit celui où l'on risque le moins de s'égarer, il
faut que l'historien sache en sortir quelquefois pour remonter à de plus hauts principes qui peuvent y avoir été
étouffés, pour rappeler les hommes, je ne dis pas à l'é-

tat de nature, dont nous ne savons rien, mais aux vérités naturelles que tout homme qui pense peut retrouver
et contrôler en soi. Ne dites pas qu'il y a eu un temps
où les hommes étaient égaux en fait, car vous ne feriez
qu'un roman; dites qu'ils sont égaux, en droit, devant la
nature et devant Dieu, et tous seront obligés d'en convenir.

Mais comment se borner à répéter, au milieu du dix-
huitième siècle, ce que le christianisme avait dit depuis
si longtemps, ce que le dernier curé répétait dans son
prône? Il fallait du neuf et du hardi. Rousseau imagina
de procéder en politique comme procèdent en morale
ceux qui, pour recommander une vertu, la mettent en
action dans un roman. Mais comme le tableau de l'égalité primitive, réduit forcément à celui de la vie sauvage
et bestiale, n'aurait pu être un peu développé sans abon-
der en détails repoussants, hideux, Rousseau s'en tient
à peindre les maux qui ont résulté, selon lui, du passage
à un autre état.

« L'égalité rompue, dit-il, fut suivie du plus affreux
désordre. » *Suivie!* C'est supposer précisément ce qui
est en question, savoir que l'état sauvage était un état
d'ordre, de justice et de paix. « Les usurpations des
riches, poursuit-il, les brigandages des pauvres, les
passions effrénées de tous,... rendirent les hommes
avares, ambitieux et méchants. » Ainsi, ce n'est pas
l'avarice, la méchanceté, l'ambition qui ont amené les
désordres ; ce sont les désordres eux-mêmes qui ont
amené ces vices.

Nous voilà déjà dans un cercle. Les désordres, selon
lui, ont été la source des vices ; et pourtant, sans les

vices, comment expliquer les désordres? Il y avait donc eu, pour commencer, des usurpateurs sans ambition, des brigands sans méchanceté et sans avarice? Tout ce que l'auteur fait postérieur à la société et engendré par elle, c'est évidemment, au contraire, ce qui l'a précédée, ce qui l'a rendue nécessaire. Égaux et sans vices, les hommes se seraient-ils fait des chefs, des lois?

Mais le roman continue. « Destitué de raisons valables pour se justifier... le riche, pressé par la nécessité, conçut enfin le projet le plus réfléchi qui soit jamais entré dans l'esprit humain : ce fut d'employer en sa faveur les forces mêmes de ceux qui l'attaquaient, de leur inspirer d'autres maximes, de leur donner d'autres institutions qui lui fussent aussi favorables que le droit naturel lui était contraire. » Là-dessus, il assemble ses amis, ses voisins. « Unissons-nous, leur dit-il, — toujours selon Rousseau, — pour garantir de l'oppression les faibles, contenir les ambitieux, et assurer à chacun la possession de ce qui lui appartient. Instituons des règlements de justice et de paix, qui réparent, en quelque sorte, les caprices de la fortune, en soumettant également le puissant et le faible à des devoirs mutuels. Au lieu de tourner nos forces contre nous-mêmes, rassemblons-les en un pouvoir suprême qui nous gouverne selon de sages lois, qui protége et défende tous les membres de l'association, repousse les ennemis communs, et nous maintienne dans une concorde éternelle. »

Voilà qui est excellent, allez-vous dire ; et si cette assemblée, comme c'est plus que probable, n'a jamais été tenue, c'est bien là, cependant, ce qu'on aurait pu y dire de plus sage, de plus strictement basé sur les instincts et les besoins de l'homme.

Oui ? Eh bien, poursuivez. Cet homme qui vous paraît avoir si complétement raison, Rousseau va en faire un monstre d'hypocrisie et d'injustice. C'est lui qui fonde la société; c'est lui qui est coupable de tous les maux, de tous les vices que la société enfantera, car c'est lui qui a amené les hommes à la criminelle folie de sacrifier une partie de leur liberté pour la conservation de l'autre, « comme un blessé se fait couper le bras pour sauver le reste du corps. »

Vous allez peut-être objecter encore, obstinés que vous êtes, que ce blessé n'a pas tort, que ceux qui ont conseillé l'amputation, que le chirurgien qui l'a faite, n'étaient nullement ses ennemis. — Vous vous trompez. De vrais amis l'auraient laissé mourir, plutôt que de le condamner à se passer d'un de ses membres. Voilà, du moins, ce que veut dire, si elle veut dire quelque chose, la comparaison de Rousseau ; voilà ce que signifient, si on veut les prendre au sérieux, ses reproches aux fondateurs de la société civile.

III

Il eût au moins fallu examiner, avant tout, si elle a eu des fondateurs.

Qui est-ce qui a eu la pernicieuse idée d'unir deux

gaz pour en faire l'eau, cette eau qui fait quelquefois
tant de ravages? Qui est-ce qui a inventé le feu, cet
effroyable artisan de tant de maux? — Vous riez? Eh
bien, la société n'a pas plus été inventée que l'eau ou
que le feu. Elle s'est faite d'elle-même, en vertu des
affinités préexistantes.

Mais ces affinités, Rousseau les nie. « On voit, dit-il,
au peu de soin qu'a pris la nature de rapprocher les
hommes par des besoins mutuels et de leur faciliter l'u-
sage de la parole, combien elle a peu préparé leur sociabilité, et combien elle a peu mis du sien dans tout ce
qu'ils ont fait pour en établir les liens. Il est impossible d'imaginer pourquoi, *dans cet état primitif*, un
homme aurait plutôt besoin d'un autre homme qu'un
singe ou un loup de son semblable. »

Oui , *dans cet état primitif*, dans celui que Rousseau
vient de décrire, celui des loups et des singes. Mais ils
y sont encore, ces singes et ces loups ; ils y seront évidemment toujours. L'homme, s'il y a été, pourquoi en
est-il sorti? Le fait qu'il n'y est plus est la meilleure et
la plus complète preuve ou qu'il était destiné à en sortir, ou, mieux encore, qu'il n'y a jamais été, qu'il n'a
jamais pu y être.

Même remarque sur ce que Rousseau dit de la parole. La nature, selon lui, nous en a peu facilité l'usage.
Au contraire, quand nous voyons la langue déjà parfaite en des siècles où la civilisation commence à peine,
dans l'Inde ancienne, par exemple, ou en Grèce au
temps d'Homère, — le seul moyen, je ne dirai pas d'expliquer, mais d'éclaircir un peu le problème de sa for-

11.

mation, c'est d'admettre que la nature avait donné aux hommes une prodigieuse aptitude à ce travail. Sans sortir des faits individuels et journaliers, si l'on songe à ce qu'un enfant de trois ans connaît déjà, non seulement de mots, mais de formes et de règles, sans avoir jamais fait, pour les retenir, aucun effort appréciable, —on voit assez qu'il n'est pas de progrès auxquels nous soyons mieux prédestinés.

Si la société est l'œuvre de tout le monde, il y a donc injustice et mensonge à faire peser sur certains hommes une responsabilité que tous, par cela même qu'ils sont hommes, qu'ils ont en eux ces affinités premières, assument forcément à tous les moments de leur vie. Il existe, en effet, ce contrat dont Rousseau nous parle. Nous ne nions qu'une chose : c'est qu'il ait été fait à une certaine époque, après calcul et entre deux classes d'hommes. C'est tous les jours et entre tous qu'il s'est primitivement conclu, car c'est tous les jours et entre tous que nous le voyons encore se conclure. Quiconque se soumet à travailler pour un salaire, a reconnu, par là même, toute fortune acquise par le travail. Quiconque profite sans travail d'une valeur antérieurement acquise, admet la légitimité du capital. Celui qui vend a reconnu ce que l'on acquiert par le commerce. Celui qui accepte pour lui-même la protection des lois se soumet à leurs châtiments pour le cas où il attenterait à la vie, à la propriété d'autrui. Quiconque, en un mot, n'entend pas que la liberté des autres soit pleine et entière à son égard, renonce à avoir la sienne pleine et entière envers eux. Voilà l'égalité véritable, parce que c'est la réciprocité. Voilà le contrat que signent perpétuellement d'une main ceux mêmes qui le déchirent de l'autre.

IV

Mais Rousseau s'obstine à changer en actes précis, individuels, raisonnés, tous les faits instinctifs et réciproques dont l'ensemble a formé l'état social.

De là ces fameuses lignes : « Le premier qui, ayant enclos un terrain, s'avisa de dire *ceci est à moi* et trouva des gens assez simples pour le croire, fut le vrai fondateur de la société civile. »

Non. Le vrai fondateur de la société civile, c'est Celui qui a trouvé bon, dans sa sagesse, que ces *simples* crussent ce qu'on leur disait, et qu'on les crût eux-mêmes lorsqu'ils en diraient autant.

Voyez ce que Rousseau est obligé d'ajouter pour faire passer son idée, qu'il sent bien être aussi contraire aux instincts de la nature qu'il prêche qu'aux lois de la civilisation qu'il attaque. « Que de crimes, dit-il, de guerres, de meurtres, que de misères et d'horreurs n'eût pas épargnées au genre humain celui qui, arrachant les pieux ou comblant le fossé, eût crié à ses semblables : Gardez-vous d'écouter cet imposteur ! Vous êtes perdus si vous oubliez que les fruits sont à tous, et que la terre n'est à personne. »

Donc, n'est-ce pas ? si tout appartenait à tous, si aucune loi, aucune force, n'en déterminait l'usage, plus de désordres, plus de crimes.

Rousseau a-t-il pu le penser ? Est-ce encore un point où son imagination nous soit garant de sa bonne foi, et où nous puissions dire qu'il se trompe, mais ne ment pas ? — Nous aimons mieux ne pas répondre.

Sincère ou non, il s'est curieusement réfuté dans une des notes de ce même discours. « L'homme sauvage, dit-il, quand il a dîné, est en paix avec toute la nature et l'ami de tous ses semblables. »

Oui, *quand il a dîné*. Et quand il n'a pas dîné ? Celui qui aurait fait une belle et sage action, dites-vous, en m'arrachant mes pieux et en me comblant mon fossé, en m'enlevant le champ dont je me serais emparé par mon travail, vous croyez qu'il respectera entre mes mains, s'il a faim, le fruit que je n'aurai eu que la peine de cueillir ? Et il aura toujours faim, comptez-y, car, sans culture, la terre ne nourrirait pas la vingtième partie du genre humain. Pour devenir, en dînant, « l'ami de tous ses semblables, » il devra souvent commencer par en manger un.

« Demandez, dit Voltaire [1], à un enfant sans éducation, qui commencera à raisonner et à parler, si le grain qu'un homme a semé dans son champ lui appartient, et si le voleur qui en a tué le propriétaire a un droit légitime sur ce champ. Vous verrez si l'enfant ne répondra pas comme tous les législateurs de la terre. »

Est-il même besoin d'attendre que cet enfant com-

---

[1] *Essai sur les Mœurs.* Ch. VII.

mence à raisonner, à parler? Voyez-le aussitôt qu'il a
assez de volonté pour s'emparer d'un objet, ne fût-ce
qu'en le touchant, et dites s'il n'a pas le sentiment de la
propriété aussi positif, aussi net qu'il l'aura à l'âge de
raison.

Et pourquoi même aller jusqu'à l'enfant? Avant de
nier la propriété, apprenez donc à votre chien à ne pas
défendre, au péril de sa vie, ce qu'il sait vous appartenir, fût-ce le bâton avec lequel vous viendrez de le
frapper.

V

Il y a peu d'années qu'on se faisait moquer de soi
quand on se mettait à réfuter l'opinion de Rousseau sur
ces matières. On avait l'air d'évoquer des fantômes,
pour le plaisir de batailler avec eux.

Ils ont pris un corps, ces fantômes. Les paradoxes de
Rousseau sont devenus les principes d'une secte dont la
domination, ne durât-elle qu'un jour, serait le renver-
sement de toutes choses et l'ère du chaos.

Désirait-il réellement qu'un jour vînt où l'on se mettrait à faire ce qu'il paraissait conseiller?

C'est une question qu'il aurait dû s'adresser à lui-
même, mais qu'il ne paraît pas s'être adressée. Tantôt
ses assertions sont de véritables ordres, auxquels des
méchants ou des sots, semble-t-il croire, peuvent seuls
avoir la pensée de résister; tantôt, et même plus sou-

vent, il a l'air de comprendre que les hommes n'en sont plus à pouvoir lui obéir. Il est même allé plus d'une fois jusqu'à déconseiller ouvertement la réalisation de ses idées. Faudra-t-il lui pardonner, pour cela, le mal qu'elles ont fait et celui qu'elles peuvent faire encore ? Un vrai sage aurait su qu'il ne sert de rien, dans un livre, de mettre à côté du poison le conseil de n'en pas user, vu qu'il y a toujours des gens qui prennent le poison et ne s'inquiètent pas du reste. Sur vingt disciples de Rousseau, il y en a dix-neuf qui le sont par le côté dangereux de ses doctrines, pour un qui l'est par le bon, et qui s'en tient à voir en lui l'auteur de protestations éloquentes contre le matérialisme de son siècle. Ces protestations elles-mêmes, nous verrons bientôt ce qu'elles étaient.

Et comme il l'a semé à pleines mains, ce poison que tant d'hommes allaient choisir plutôt que l'antidote ! Comme il s'est plu à déposer dans le sein de la société tous les germes de trouble et d'anarchie !

Voyez, d'abord, cette division des hommes en pauvres et en riches. Elle est absolue, inexorable. Ici, ceux qui ont ; là, ceux qui n'ont pas. Deux camps, deux armées, deux mondes.

Il y a des riches, c'est vrai ; des gens qui ne sauraient raisonnablement décliner la responsabilité que ce titre emporte. Il y a des pauvres, c'est vrai aussi, et peut-être encore plus vrai. Mais entre ces deux extrêmes, que de degrés ! Que de milliers, que de millions de gens il vous faudra ranger dans l'une ou dans l'autre des deux bandes, selon que la limite se trouvera placée au-dessous ou au-dessus d'eux ! Que de circonstances, d'ailleurs, dont il y aurait à tenir compte en dehors des calculs d'argent ! L'ouvrier robuste est riche en comparaison de l'ouvrier faible ou malade ; celui qui a de l'ouvrage est riche en comparaison de celui qui n'en a pas. Le même homme sera vingt fois riche et pauvre dans un jour, selon qu'il aura eu successivement affaire à de plus riches ou à de plus pauvres que lui ; il aura pu éprouver tour à tour, s'il n'est au-dessus de ces misères, et les rongements de l'envie, et les satisfactions d'une supériorité incontestée. Voilà ce que Rousseau oublie, et ce qu'oublient, comme lui, ceux qui ont intérêt à maintenir le partage en deux camps, c'est-à-dire l'envie et la haine en permanence, la guerre partout et entre tous. Aussi, remarquez-le, c'est toujours de cette classe intermédiaire que part le signal des murmures. Le pauvre, le vrai pauvre, est infiniment moins porté à regarder au-dessus de sa tête que la plupart de ceux qui sont cependant déjà des riches en comparaison de lui. Pour un homme qu'on voit ou que l'on croit voir plus haut que soi sur cette mobile échelle, on oublie qu'il y en a des centaines au-dessous, ou, si l'on s'en souvient, c'est pour se liguer avec eux. On sent, au fond, qu'on a peu raison de se plaindre, et on se hâte de faire cause commune avec ceux qui souffrent réellement. De là ces appels, de là ces tableaux qu'on charge à l'envi des plus lamentables couleurs, et dont le premier résultat est de chasser le peu de bonheur qui restait chez ceux dont on s'est fait l'organe.

Voyez encore comme tout est absolu dans le tableau

des rapports qui ont eu lieu, selon Rousseau, entre les deux catégories.

Nous ne reviendrons pas sur cette fameuse assemblée où le riche — il existait donc déjà? — fit un discours si sage et si profondément perfide. Ce discours, à ce qu'il paraît, fut suivi d'une votation très régulière, car on dirait que Rousseau a sous les yeux le procès-verbal de la séance.

« Quand les pauvres, dit-il [1], ont bien voulu qu'il y eût des riches, les riches ont promis de nourrir tous ceux qui n'auraient de quoi vivre ni par leur bien, ni par leur travail. »

Les pauvres *ont bien voulu!* Et de quel droit se seraient-ils opposés à l'accroissement graduel d'une fortune honorablement commencée, honorablement augmentée? Qu'il y ait eu contrat ou non, la propriété est antérieure et en dehors. Jamais, jusqu'à Rousseau, les pauvres ne s'étaient imaginé faire une concession en reconnaissant la propriété, et s'il en est aujourd'hui qui la nient, c'est qu'on le leur a appris. On ne le leur apprendra d'ailleurs jamais si bien qu'ils y renoncent pour eux-mêmes, et qu'ils entendent se fermer le chemin qu'ils auront fermé aux autres.

Les riches *ont promis!* Toujours le contrat; toujours cette espèce de conférence où l'on est arrivé, les uns déjà riches, les autres décidés, apparemment, à ne jamais l'être, puisqu'ils se considéraient comme n'ayant aucun intérêt commun avec les premiers. De bonne foi,

[1] *Émile.* Livre II.

est-ce sur des fictions qu'on peut raisonnablement ba-
ser des choses aussi sérieuses ?

Mais soit. Les riches ont promis. Et quoi ? « *De
nourrir tous ceux qui...*, etc.* » S'ils avaient promis cela,
ils auraient fait au genre humain tout entier bien plus
de mal que leur dureté n'en peut faire à un certain
nombre d'hommes, car ils auraient tué l'activité, l'é-
nergie ; ils auraient établi, bien plus tranchée qu'elle
ne l'a jamais été dans le système actuel, la division des
hommes en riches et en pauvres, en maîtres et en esclaves.

Mais Rousseau ne s'inquiète pas des conséquences.
Périsse la société plutôt qu'un seul des principes auxquels, de dispute en dispute, comme il l'a dit, il s'est
laissé emporter ! « Voulez-vous donner à l'État de la
consistance ? dira-t-il [1]. Rapprochez les degrés extrêmes autant qu'il est possible. Ne souffrez ni des gens
opulents, ni des gueux. » Heureux le pays, en effet,
où la *mediocritas aurea* serait la condition de tout le
monde ! Que le législateur s'efforce de prévenir l'accu-
mulation des fortunes, rien de mieux ; mais qu'il ait le
droit de l'empêcher, qu'il puisse *ne pas souffrir* des
gens dans l'opulence, c'est dire encore, sous une nouvelle forme, que le droit de propriété est un droit oc-
troyé ; c'est le nier, par conséquent, et, au lieu de
« donner de la consistance à l'État, » le condamner à
n'en jamais avoir.

Mais Montesquieu, sous des formes plus graves,

[1] *Contrat social.*

n'avait que trop ouvert la porte à des conséquences analogues.

« L'État, avait-il dit [1], doit à tous les citoyens une substance assurée, la nourriture, un vêtement convenable, et un genre de vie qui ne soit point contraire à la santé. »

Si ces derniers mots ont un sens, c'est l'abolition d'une foule de métiers ; si les premiers en ont un, c'est, pour une foule de gens, la fainéantise érigée en principe et presque en dogme.

Au moins ne va-t-il pas, et il faut lui en savoir gré depuis que tant d'absurdités ont couru le monde, jusqu'à ce fameux *droit au travail*, si ardemment réclamé, de nos jours, surtout par ceux qui ont le moins envie d'en user. Il avait, même dans l'erreur, trop de bon sens pour demander l'impossible évident, palpable.

Mais, pas plus que Rousseau, il ne met la propriété en dehors et au-dessus des lois. S'il ne l'attaque pas par des boutades, il l'ébranle par des concessions déplorables. Qu'est-elle, que devient-elle si l'État *doit* à *tous* les citoyens ce que Montesquieu prétend leur être dû ? Je puis me sentir tenu, comme chrétien et comme homme, à de grandes obligations ; mais si je suis obligé, de par la loi, de nourrir mon voisin aussi longtemps qu'il ne pourra ou ne voudra pas travailler, mon bien est à lui comme à moi, et la propriété n'est plus.

« La loi naturelle, dit-il encore [2], ordonne aux pères

---

[1] *Esprit des Lois.* Livre XXIII.
[2] Livre XXVI.

de nourrir leurs enfants; mais elle n'oblige pas de les
faire héritiers. »

Un père pourra, sans doute, selon la loi naturelle, dés-
hériter ses enfants; mais il le peut précisément parce
qu'il a, selon cette même loi, la propriété absolue de son
bien. Faudra-t-il conclure de là que la transmission aux
enfants ne soit pas de droit naturel? C'est pourtant ce
que Montesquieu enseigne. Il confond la répartition des
biens avec la transmission, et, de ce que la société peut
et doit régler la première, il conclut que la seconde est
également fondée sur les lois. Or, ce que les lois établis-
sent, elles peuvent l'abolir. Le livre de Montesquieu à
la main, un législateur pourra décider que les enfants
n'hériteront pas de leurs pères, ou n'hériteront que de
par la loi.

où il y a société, il y a néssegerement
autorité ; Or où il y a autorité
il n'y a plus de liberté,
Donc plus de propriété

=n. 1760 : Religion en dehors de
tous dogmes
propriété individuelle
1860 négation de la fidélité
négation de la souveraineté
négation de la propriété

CHAPITRE VINGT-QUATRIEME

V. — *Sainte* Industrie succédant à *sainte* Agriculture. — De quoi
accouchent toutes les montagnes en travail. — Aimer le peuple
n'est rien ; il faut savoir l'aimer.

I

Voyons maintenant quel fut, au dix-huitième siècle,
le sort de ces idées qui ont reparu, de nos jours, avec
tant d'audace et de succès.

D'abord, par cela même qu'elles constituaient, au fond,
un appel à la violence, un encouragement aux passions
les plus brutales, on sentit le besoin de les voiler par
des formules abstraites, sentimentales, mystiques
même.

Ce n'était pas toujours calcul. La plupart des *Econo-
mistes* étaient séduits les premiers par cette charité qui
surabondait dans leurs livres. Eux qui allaient, dans ces
sujets, aussi loin et plus loin que Rousseau, ils étaient plus
choqués et plus affligés que personne de son inexorable
crudité. Apôtres de la matière, ils voulaient que l'on
évitât au moins de l'appeler par son nom, et ils croyaient
avoir trouvé, entre l'état sauvage et la civilisation, nn
milieu où l'homme retrouverait tout ce qu'il a perdu et
garderait tout ce qu'il a gagné. Aussi appelaient-ils
leur science *la Science*, et Quesnay, leur maître, *le
Maître*. Une femme, madame de Marchais, l'amie de

12.

madame de Pompadour, prêchait Quesnay, comme
madame du Châtelet avait prêché Newton. Mais elle
avait plus d'esprit et de grâce que l'ancienne amie de
Voltaire ; « elle enchantait, dit Garat [1], ceux mêmes
qu'elle ne convertissait pas. » La chaire était ouverte
aux rêves des nouveaux mystiques, car les prédicateurs de
peu de foi avaient là du nouveau à dire, du matérialisme
à habiller, sans trop de peine, en christianisme et en
morale. Quand l'abbé de Besplas, en 1775, eut à prêcher
devant l'Académie, son panégyrique de saint Louis se
trouva un long plaidoyer économique, avec une longue
apostrophe où il s'écriait : « Sainte agriculture ! »
C'était comme une préface aux almanachs où les
vieux saints allaient être remplacés par *Chou, Bette-
rave* ou *Carotte*. Un véritable enthousiasme s'était
emparé des adeptes. « Au premier moment où parurent,
dans la langue presque hiéroglyphique du docteur Quesnay, ces doctrines qu'on a nommées politiques et qu'on
nommerait volontiers religieuses, il arriva aux économistes ce qui était arrivé à Pygmalion : ils tombèrent à
genoux devant leur ouvrage ; ils l'adorèrent, ils n'écrivi-
rent plus que des cantiques [2]. »

Ainsi ont fait, on se le rappelle, nos saint-simoniens,
nos socialistes primitifs. Eux aussi, gens de bonne foi,
ils ont éprouvé le besoin de voiler, par la poésie des
mots, la creuse nudité des choses ; eux aussi, ils se sont
séduits les premiers. Puis, il a bien fallu dire les choses.

[1] *Mémoires sur la vie de Suard.*
[2] Garat. *Ibid.*

Le dernier mot de ces charitables utopies, c'est le règne de la force, c'est le socialisme, c'est le communisme, c'est tout ce dont on a fini par nous menacer ouvertement, avec échantillons qui ne laissent aucun doute sur ce que serait la réalisation de ces menaces.

II

L'économie politique avait donc débuté par promettre le bonheur et l'abondance. De même que la chimie et l'alchimie ont été longtemps confondues, et qu'il n'y avait nulle différence, ou à peu près, entre astrologue et astronome, — de même, à cette époque, il n'y avait personne encore qui séparât avec quelque clarté, dans la nouvelle science, le champ des réalités du champ des rêves. Les calculs les plus secs s'entremêlaient bizarrement d'aspirations naïves vers cet Éden auquel on croyait toucher. Les améliorations les plus réelles devenaient ridicules, impossibles, grâce à l'emphase des promesses qu'on se hâtait maladroitement d'y rattacher. Une des causes, par exemple, du long discrédit des pommes de terre, ce fut qu'au lieu de les manger tout bonnement pommes de terre, on les annonça comme du pain. Elles allaient, disait-on, en fournir un plus abondant, plus sain, plus savoureux que le pain ordinaire, et à infiniment meilleur marché; elles allaient, enfin, détrôner le blé. Leur *panification* fut vingt ans le rêve, la pierre philosophale des économistes français.

Mais ils allaient bien au delà : ils prétendaient voir venir le moment où des procédés nouveaux permettraient de faire tout servir à l'alimentation de l'homme. Cette même imagination dépravée qui avait accueilli, au sein des raffinements sociaux, les appels à la vie sauvage et brute, s'évertuait maintenant à célébrer, au milieu des fins soupers de Paris, l'époque heureuse où on aurait trouvé l'art de s'engraisser avec de l'herbe, avec du bois, avec des cailloux peut-être. L'agriculture elle-même, d'abord déifiée, était honnie comme source de la civilisation et premier pas dans la carrière de l'asservissement. Le blé, le blé surtout, était l'objet des plus vives rancunes. Linguet, dans ses *Annales du dix-huitième siècle*, s'élevait chaudement contre l'usage du pain. Mercier, dans son *Tableau de Paris*, approuve et amplifie tout ce qu'avait dit Linguet. « Le blé, dit-il, qui nourrit l'homme, a été en même temps son bourreau, » car c'est de la culture du blé que viennent toutes les inégalités, toutes les iniquités sociales. Ils savaient bien ce qu'ils faisaient, ces législateurs de jadis, quand ils mettaient sur les autels, en la personne de Cérès, le blé et la civilisation ; ils avaient compris que c'était le meilleur moyen de dompter les hommes et d'assurer l'empire des tyrans. « Je ne sais, ajoute Mercier, si je me trompe dans mes vœux; mais je pense que la chimie pourra tirer un jour de tous les corps un principe nourrissant, et qu'il sera alors aussi facile à l'homme de pourvoir à sa subsistance que de puiser l'eau dans les rivières. » La terre, alors, redeviendra le paradis terrestre. Tout le monde ayant de quoi manger, plus de querelles, plus de haines. « Que deviendront tous ces combats de l'orgueil, de l'ambition, de l'avarice, toutes ces cruelles institutions des grands empires ? Une nourriture aisée, abondante, à la disposition de l'homme, sera le gage de sa tranquillité et de ses vertus. » L'auteur oublie de nous dire ce que l'on fera alors du temps, et si l'oisiveté ne serait pas, à elle seule, une source de vices qui vaudrait bien toutes les autres ; il oublie surtout de nous marquer si ces précieux consommés de bois ou de caillou vaudront ceux de poulet et de bœuf, car autrement nous pourrions bien être assez pervers pour préférer encore cette criminelle cuisine, au risque de perpétuer tous les maux qu'elle enfante.

Voilà donc où l'on arrivait, et de la meilleure foi du monde. Mercier n'était cependant pas, à beaucoup près, un enthousiaste et un rêveur. Il riait des économistes. « Les économistes ne sont plus, hélas ! Je les ai vus naître, ergoter, briller, nous affamer et disparaître. » Son *Tableau de Paris*, où il leur décochait ce trait, est plein d'idées justes et de critiques mordantes ; c'est l'œuvre, d'ailleurs, d'un incrédule avoué. Mais il n'est rien de tel que d'être incrédule en religion pour devenir crédule en d'autres choses, comme cet athée à qui Piron converti disait : « Si vous ne croyez pas, ce n'est pas faute de foi. » N'en avons-nous pas eu, de nos jours, et n'en avons-nous pas assez d'exemples ? Laissons, si l'on veut, les folies des saint-simoniens, les rêves de Fourier et cette fameuse queue à œil qu'il a promise au genre humain [1]. Voyez le socialisme actuel. Pour se le

[1] On l'a tant vue, cette queue, dans les caricatures, qu'on a fini

représenter autrement que comme un immense pillage, pour croire aux perfectionnements et au bonheur qu'il prétend apporter, il faut, de la part de la raison, une abdication plus complète que devant les plus hauts mystères de la foi. Eh bien, il y a des gens qui la font, cette abdication étrange ; il y a des socialistes sincères.

III

Le chef des économistes, Quesnay, ne donnait pas dans les folies qu'on allait prêcher après lui ; mais il les préparait par sa confiance absolue en ses principes. Quesnay eût été homme à courir les rues de Versailles en criant le *Je l'ai trouvé* d'Archimède. Marmontel l'avait beaucoup vu et l'a bien peint. « Logé bien à l'étroit dans l'entresol de madame de Pompadour, dont il était le médecin, il ne s'occupait, du matin au soir, que d'économie politique et morale. Il croyait l'avoir réduite en calculs et en axiomes d'une évidence irrésistible. Moi, j'appliquais tout mon entendement à concevoir ces vérités qu'il me donnait pour évidentes, et je n'y voyais que du vague et de l'obscurité.... Je l'écoutais avec une docilité patiente ; je lui laissais l'espérance de m'éclaircir enfin et de m'inculquer sa doctrine...

par la regarder généralement comme une invention des railleurs. On se trompe. Fourier en a parlé dans ses livres, et plus d'un fouriériste y a cru.

Tandis que les orages se formaient et se dissipaient
au-dessous de son entresol, il était à griffonner ses
calculs, aussi tranquille, aussi indifférent à ces mouvements de la cour, que s'il en eût été à cent lieues. Là-
bas, on délibérait de la paix, de la guerre, du choix des
généraux, du renvoi des ministres; et nous, dans l'entresol, nous raisonnions d'agriculture, nous calculions
le produit net, ou quelquefois, ajoute Marmontel, — et
voilà le siècle qui revient, — nous dînions gaiement avec
Diderot, d'Alembert, Duclos, Helvétius, Turgot, Buffon;
et madame de Pompadour, ne pouvant pas engager cette
troupe de philosophes à descendre dans son salon, venait
elle-même les voir à table. » Louis XV aussi avait pris
goût ou s'était laissé persuader qu'il prenait goût aux
doctrines de Quesnay. Il lui donna la noblesse, et, pour
armes, *une pensée en champ d'or*. Quand il imagina,
pour se dérober un peu à son incurable ennui, d'avoir
une petite imprimerie et d'y être ouvrier, ce fut sur un
manuscrit de Quesnay qu'il s'exerça. Mais le roi l'avait
imprimé, disait Quesnay, en imprimeur, c'est-à-dire
sans le lire.

L'Encyclopédie était donc largement représentée dans
ce fameux entresol, et elle écoutait assez patiemment,
comme Marmontel, les longs sermons du maître. Mais
ce qu'elle pardonnait à Quesnay, homme supérieur, qui
donnait d'ailleurs de bons dîners et pouvait beaucoup
chez la marquise, elle arriva bientôt à ne pouvoir le
souffrir chez ses disciples, au nombre desquels, il faut
le dire, figuraient plus de sots que d'hommes d'esprit.
Après les avoir adoptés avec assez d'affection, elle les

répudia avec un grand dédain. On les appelait, dans le public, les capucins de l'Encyclopédie, et l'Encyclopédie n'aimait guère les capucins, n'importe sous quelle robe. Leur mysticisme politique ne pouvait convenir à une école qui appelait mysticisme, en religion, afin d'en rire à l'aise, toute espèce de piété et de foi. « Il s'est élevé depuis quelque temps, écrivait Grimm en 1770, une secte d'abord aussi humble que la poussière d'où elle s'est formée, aussi pauvre que sa doctrine, aussi obscure que son style, mais bientôt impérieuse et arrogante.... Plusieurs de nos frères sont soupçonnés d'avoir en secret quelque propension à faire cause commune avec ces têtes creuses, qui ont répandu depuis quelque temps sur ce royaume une teinte si sombre, si ennuyeuse, que, si le ciel nous eût retiré le Paraclet de Ferney, nous serions infailliblement tombés dans le spleen, dans la jaunisse, dans un état pire que la mort. »

Mais il y a déjà, dans ces paroles, autre chose que le bon sens s'indignant contre des chimères. C'est l'esprit voltairien, le Paraclet de Ferney, comme dit Grimm, qui s'aiguise à plaisir contre tout ce qui a l'air d'une conviction sérieuse. Il fallait rire et démolir; grave et parlant de reconstruire, vous étiez bientôt renié. « Je sais, ajoutait-il, que l'on dit : Ces sectaires sont d'honnêtes gens. Le zèle du bien public les embrase. Ils sont ennuyeux, ils sont creux; personne ne les lit, personne ne les entend; ils doivent donc être supportés par ceux qui valent mieux qu'eux. Ventre-Saint-Gris ! depuis quand y a-t-il quelque mérite à être honnête homme la plume à la main? Au génie seul soient

rendus des honneurs immortels!..... Fussions-nous
d'aussi grands distillateurs que M. Lecomte, vinaigrier
du roi, je vous défie de tirer une seule goutte de génie
de toutes les apocalypses des Quesnay, des Mirabeau,
des Larivière, et de tous les commentaires des Baudeau,
des Roubaud, des Dupont de Nemours et autres fretins
économiques. » Il aurait pu y joindre Condorcet, que
nous voyons, quelques années plus tard, reprendre
sous des formes un peu modifiées les rêves de ses devanciers. Dans son *Tableau des progrès de l'esprit
humain* : « Les progrès de la médecine préservatrice,
disait-il, devenus plus efficaces par ceux de la raison et
de l'ordre social, doivent faire disparaître à la longue
les maladies transmissibles... *Il ne serait pas difficile
de prouver* que cette espérance doit s'étendre à presque
toutes les autres maladies.....» Et il annonce une époque
où les hommes ne mourront plus que de vieillesse. Mais
ce n'est pas encore assez : la vieillesse elle-même, on en
reculera indéfiniment les effets. « Sans doute, l'homme
ne deviendra pas immortel; » mais la distance entre la
naissance et la mort « peut s'accroître sans cesse. » Si
j'arrive à cent cinquante ans, pourquoi mon fils n'arri-
verait-il pas à cent soixante, mon petit-fils à cent quatre-
vingts? Mais ce qui est plus beau encore, c'est qu'en
allongeant indéfiniment son existence ici-bas, l'homme
sera aussi indéfiniment meilleur. « Le degré de vertu
auquel il peut atteindre un jour est aussi inconcevable
pour nous que celui auquel la force du génie peut être
portée. Qui sait s'il n'arrivera pas un temps où nos
intérêts et nos passions n'auront sur les jugements qui

dirigent la volonté pas plus d'influence que nous ne les voyons en avoir aujourd'hui sur nos opinions scientifiques, et où toute action contraire au droit d'un autre sera aussi physiquement impossible qu'une barbarie commise de sang-froid l'est aujourd'hui à la plupart des hommes? » Ainsi rêvait Condorcet, et cela, en 1790, à la veille des horreurs qu'il devait bientôt pleurer en larmes de sang.

Mais on avait bien ri, en attendant, des premiers économistes. On avait ri aussi des divisions qui n'avaient pas tardé à se faire jour dans l'école. Deux journaux, les *Ephémérides du citoyen* et le *Journal économique*, se déchiraient régulièrement à belles dents. L'un, dirigé par M. de Forbonnais, prêchait l'agriculture; l'autre, dirigé par M. de Grâce, le commerce et l'industrie. Il n'y avait rien de plus aisé, ce semble, que d'unir les deux causes, car on ne peut douter que tout État n'ait besoin et d'agriculture et de commerce; mais il en était de ces questions comme du débat sur la musique, et chacun mettait si bien son idée au-dessus de tout le reste, chacun criait si bien : « Hors de chez moi, point de salut! » qu'il fallait nécessairement se déclarer pour les uns ou pour les autres, à moins qu'on ne préférât rire de tous.

IV

Le génie n'abondait pas dans leurs livres; mais il n'abondait guère plus dans ce que les auteurs en renom écrivaient sur ces matières. On ose à peine dire à quel point Montesquieu, Rousseau, l'Encyclopédie entière, s'y sont montrés inexpérimentés et faibles.

Tous, en particulier, ils exagèrent énormément l'influence qu'un gouvernement peut exercer sur la production des richesses, sur le bien-être individuel et général. Ce que promettait Henri IV, cette fameuse poule au pot que tous les paysans de son royaume devaient finir par avoir le dimanche, — les publicistes du dix-huitième siècle estiment que tout roi pourrait la promettre comme lui. Ils n'examinent pas si Henri IV, eût-il régné cent ans, aurait pu tenir sa promesse. Les rois, les chefs en général sont responsables, selon eux, de toutes les souffrances, de toutes les fautes des peuples. Montesquieu l'enseigne indirectement en vingt endroits; Rousseau, directement et partout. Il admire certain usage chinois d'après lequel, à ce qu'il dit, quand une province se révolte, c'est le gouverneur qu'on punit [1]. D'Alembert, dans l'éloge de l'abbé de Saint-Pierre, reconnaît que ses projets sont des rêves, mais ne s'en prend qu'aux souverains. « Le malheur de ces projets métaphysiques pour le bien des peuples, dit-il, c'est de supposer tous les princes équitables et modérés. » Il ne paraît pas se douter qu'il y ait aussi chez les peuples des éléments d'injustice et de violence, et le bon abbé ne s'en doutait pas non plus. Laharpe, dans l'éloge de Fénelon, dit que, sauf en cas de mortalité ou de famine causée par la perte des récoltes, « lorsque les hommes sont malheureux, ceux qui les gouvernent sont cou-

______
[1] *Lettres de la montagne.* Lettre VIII.

pables. » Voltaire, généralement beaucoup plus sage, n'en propose pas moins d'écrire au-dessous d'une estampe représentant des gueux : *Rex fecit.*

Le roi en faisait, sans doute, et l'erreur était peut-être excusable en présence de tant de dissipations et d'abus. Mais on voudrait trouver, chez les auteurs de ce temps, quelques efforts au moins pour distinguer ce qui dépend en effet des gouvernements de ce qui est en dehors de leur action. On voudrait ne pas voir des philosophes ouvrir, faute d'un examen sérieux, ces abîmes de récriminations et de vengeances. L'idée avait si bien fait son chemin que nous voyons le parlement de Paris, en 1775, dans un arrêt contre les attroupements occasionnés par la cherté des vivres, ajouter qu'il supplierait le roi « de faire baisser le prix du pain. » Ces mots imprudents et absurdes forcèrent Louis XVI de casser l'arrêt du parlement; mais le peuple, et même beaucoup de gens qui n'étaient point du peuple, n'en furent que plus convaincus qu'on ne voulait pas alléger les maux publics.

Une autre question mal saisie par les économistes et surtout par Rousseau, c'est celle du luxe.

Là, nous devons le reconnaître, des hommes qui n'étaient rien moins que des révolutionnaires les avaient depuis longtemps précédés. Souvent nommé dans la chaire, le luxe y avait été l'objet de beaucoup d'invectives, justes peut-être, et encore pas toujours, au point de vue chrétien, mais souvent fort absurdes au point de vue économique. Bossuet, Bourdaloue, Massillon, mille autres, avaient représenté comme dérobé aux pau-

vres l'argent consacré aux équipages, aux habits somp-
tueux, aux fêtes, aux bijoux, etc. Quoique ce fût, pour
le moment, sans danger, ces déclamations ne peuvent
pas avoir été sans influence sur le développement longtemps caché des idées qui allaient finir par faire tant de
ravages. Quand on a les hommes à instruire, l'essentiel
n'est pas d'être éloquent, mais d'être vrai. L'était-il,
Massillon, quand il prêtait son éloquence au mendiant
oisif et paresseux, et qu'il lui faisait dire au riche :
« Que me reprochez-vous ? Une vie oiseuse et des mœurs
inutiles et errantes ? Mais quels sont les soins qui vous
occupent dans votre opulence ?... Je puis être un serviteur inutile ; n'êtes-vous pas vous-même un serviteur
infidèle ?... Je ne devrais pas manger, dites-vous, parce
que je ne travaille point ; mais êtes-vous dispensé vous-
même de cette loi ?... Dieu jugera entre vous et moi,
et, devant son tribunal redoutable, on verra si vos vo-
luptés et vos profusions vous étaient plus permises que
l'innocent artifice dont je me sers pour trouver du sou-
lagement à mes peines. » Donc, parce que le riche est
coupable de se plonger dans la mollesse, il n'y a plus
qu'un *innocent* artifice à se donner l'air misérable, ou
malade, ou estropié, pour lui arracher quelques dons.

Les raisonnements de ce genre ont beau avoir un fond
de vérité ; ils n'en sont que plus faux dans la pratique,
parce qu'il y a des gens intéressés à n'en tirer que les
conséquences fausses. Massillon n'a que trop souvent
été, dans ces matières, le précurseur de ce qui s'est dit
et fait de plus mauvais après lui.

Ainsi, pour en revenir au luxe, que vous demandiez

13.

à un riche d'accorder moins aux futilités mondaines et davantage aux besoins des pauvres, rien de mieux; mais condamner le luxe en général, c'est condamner ceux qui en vivent à grossir le nombre des pauvres et à recevoir comme aumône ce qu'ils auraient reçu comme salaire. Il ne faut pas que nos besoins de luxe nous fassent oublier ceux qui ont faim; mais la meilleure et la plus morale des aumônes, pour quiconque peut travailler, c'est du travail. Avez-vous de quoi occuper à des travaux réellement utiles tous les bras laborieux d'un pays? Faites-le; mais si les bras surabondent, vous ferez toujours plus de bien en leur demandant les hochets du luxe, qu'en les nourrissant oisifs ou à demi occupés.

Il est vrai qu'au dix-huitième siècle on ne connaissait pas, surtout en France, cette surabondance de bras qui est devenue, dans le nôtre, l'embarras capital des gouvernements. L'agriculture en manquait, au moins dans quelques provinces. L'accroissement des villes était un malheur réel pour les campagnes. Le luxe arrivait trop souvent à ces excès qui en font une insulte aux pauvres, une calamité pour un pays. L'Académie, en 1769, avait proposé pour sujet du prix de poésie *les Inconvénients du luxe*; et la cour, en 1770, sembla vouloir justifier toutes les déclamations des concurrents. Le mariage du dauphin fut l'occasion d'incroyables folies. Les nobles s'y ruinèrent; le roi, ruiné depuis longtemps, donnait l'exemple. « Comment trouvez-vous ces fêtes? » demandait-il un jour au contrôleur général. « Ah! sire, dit l'abbé Terray, *impayables*! » Mais ce même abbé Terray, si sévère, ne s'en fit pas moins bâtir, en 1775,

un hôtel que tout Paris alla voir, et dont les magnifi-
cences effaçaient jusqu'à celles de Versailles.

Mais tandis que les amis du luxe arrivaient à des excès
ridicules, ses ennemis tombaient dans des exagérations
plus ridicules encore.

« Il faut des jus dans notre cuisine, avait dit Rousseau [1]; voilà pourquoi tant de malades manquent de
bouillon. Il faut des liqueurs sur nos tables ; voilà pourquoi le paysan ne boit que de l'eau. Il faut de la poudre
à nos perruques ; voilà pourquoi tant de pauvres n'ont
pas de pain. »

Autant d'erreurs que de mots. Tout objet manufacturé
acquiert une valeur double, triple, décuple, centuple, et
souvent même au delà ; il procure donc à l'ouvrier deux
fois, trois fois, dix fois, cent fois plus de profit que si
on lui en faisait cadeau pour l'employer dans l'état naturel. Avec cinq centimes de chanvre, on peut faire,
dit-on, pour cinq mille francs de dentelles. Faudra-t-il
dire aussi que, s'il y avait plus de dames sans dentelles,
il y aurait moins de pauvres sans linge ? Cette poignée
de chanvre n'aurait pas fait une chemise, et, en devenant dentelle, elle a nourri un an plusieurs personnes.

Ainsi en est-il de tout le reste. Ces jus, dont Rousseau s'indigne, font vivre le cuisinier qui les apprête, le
boucher qui a vendu la viande, l'agriculteur qui a élevé
le bétail. Ces liqueurs valent trente fois le peu de vin ou
de fruits dont on les a tirées, et leur prix a passé dans
une foule de mains. Cette farine dépensée à poudrer les

---

[1] Lettre à M. Bordes.

perruques, c'était une mode fort absurde ; mais le blé ainsi perdu n'en procurait pas moins à un certain nombre d'ouvriers bien plus de pain qu'ils n'en auraient fait avec ce blé même.

On disait et on dit encore quelquefois qu'il est absurde et cruel de porter des bijoux, des diamants dont un seul nourrirait dix familles toute une année. Mais ce n'est pas le diamant lui-même qui les nourrirait, ces familles ; c'est l'argent qu'on en tirerait en le vendant. Il faudra donc toujours un acheteur, toujours quelqu'un à qui incombera le reproche d'avoir au doigt le pain de cinquante de ses frères. Si personne ne veut plus avoir cette cruauté, le diamant est un caillou, aussi inutile aux pauvres qu'aux riches. Vous vous scandalisez, en gros, de la somme qu'on y a mise ; mais est-elle enfouie, cette somme ? Ne se répartit-elle pas, en réalité, entre les vingt, les trente, les cinquante mains laborieuses par lesquelles ce bijou aura passé avant d'arriver à l'acheteur ? Et si cela est vrai d'un diamant, qui a déjà une grande valeur au moment où on le trouve, n'est-ce pas plus vrai encore des objets qui doivent toute leur valeur au travail ? Le prix d'une voiture de luxe se répartit entre trois cents industries différentes. Si vous l'achetez par orgueil, cette voiture, c'est une faute ; mais la faute est dans l'orgueil, non dans l'achat, qui est plutôt une bonne œuvre et une œuvre patriotique. « Une loi romaine qui eût dit à Lucullus : Ne dépensez rien, lui aurait dit en effet : Devenez encore plus riche, afin que votre petit-fils puisse acheter la république [1]. »

[1] Voltaire. *Idées républicaines.*

Remarquez, enfin, que tout ce qui tient au luxe est relatif, et que les formules absolues y sont, par cela seul, inapplicables. Le penseur le plus ennemi du luxe, le plus désireux de prêcher d'exemple, a toujours encore dans ses habits, dans ses meubles, dans ses habitudes journalières, maintes choses qui sont du luxe, maints raffinements inconnus à des millions d'hommes. Il y a, au fond, plus de distance entre ces derniers et lui, qu'entre lui et les grands seigneurs qu'il blâme. Nous ne savons, dans ces matières, qu'un philosophe qui ait été conséquent : Diogène. Encore fut-il longtemps avant de s'apercevoir que son écuelle était de trop.

Nous pouvons donc d'autant moins pardonner aux économistes du dernier siècle leurs déclamations à ce sujet, qu'ils n'avaient pas, comme les prédicateurs leurs devanciers, l'excuse du sentiment religieux. Qu'on parle des dangers moraux du luxe, à la bonne heure ; qu'on en flétrisse ou qu'on en ridiculise certains excès, à la bonne heure encore ; mais l'attaquer, en thèse générale, sur le terrain économique et social, c'est ignorer les premiers éléments de la science.

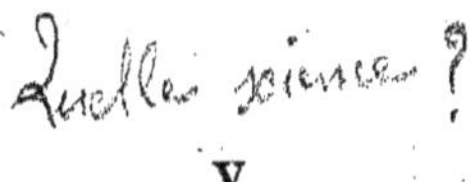

V

C'était les ignorer encore que de promettre à des améliorations de détail une influence universelle sur le bien-être et le bonheur des peuples.

Le champ de la science économique, considérable-
ment restreint depuis qu'on l'a mieux travaillé, était
immense ; témoin, dans l'*Encyclopédie*, l'article *Eco-
nomie politique*, qui est de Rousseau. C'était faire
preuve à la fois, semblait-on croire, et de sentiments
humains et de vues larges, que de tout ramener à ces
questions, trop longtemps oubliées, de la production,
du travail, du sort des classes laborieuses. Funeste erreur, qui est redevenue celle de notre temps, et qui ferait moins de mal si ceux qui ne la partagent pas avaient
le courage de le dire. Non, les ouvriers ne sont pas tout.
Qu'ils aient droit à une sollicitude spéciale, cela se peut ;
mais que les États soient faits pour eux et subsistent par
eux, c'est ce que la société ne peut admettre sans périr.
Au milieu de leurs divagations, les économistes du dernier siècle étaient plus raisonnables que certains penseurs d'aujourd'hui, car ils n'oubliaient pas les travailleurs de la campagne pour les travailleurs de la ville, et
des millions d'hommes pour quelques centaines de mille.
L'abbé de Besplas était un sot avec sa *sainte agriculture*; mais, avec leur *sainte industrie*, nos déclama-
teurs d'aujourd'hui sont trop souvent autre chose que
des sots.

Ceux d'alors ont néanmoins préparé toutes les ani-
mosités qui nous ont conduits où nous sommes. En
montrant le bonheur public attaché à des réformes légères, faciles, qui ne se faisaient pourtant pas, ils habi-
tuaient le peuple à supposer, chez les heureux du siècle,
un parti pris de le maintenir souffrant et pauvre. Des
injustices, des abus malheureusement trop réels don-

naient à leurs prédications l'autorité qu'elles n'auraient
pas eue par elles-mêmes. Ils s'échauffaient dans leurs
exagérations ; ils arrivaient à ces *cantiques* dont on riait
encore en 1770, mais qui allaient se changer, vingt ans
après, en cris de mort.

La nouvelle science avait promis, dès l'abord, le bonheur. Aujourd'hui, après cent ans de travaux, quand
elle veut s'en tenir aux faits acquis et aux moyens possibles, à peine ose-t-elle promettre un peu d'adoucisse-
ment aux anciens maux. Les systèmes d'alors ou se
perdaient dans les nuages, ou, en descendant sur la
terre, se réduisaient à peu de chose. Autant en arrive,
de nos jours, aux hommes assez hardis ou assez aveu-
glés pour promettre au delà du raisonnable et du possible. Ou leurs déclamations n'ont aucun sens, ou, à
moins d'arriver franchement au communisme, ils n'ont
à révéler, en fait de plans, que des misères. L'un don-
nera pour palliatif souverain la création d'une nouvelle
banque, l'autre, un essai de phalanstère, l'autre, une
émigration en Amérique. Pas de milieu entre un bou-
leversement universel et leurs petites recettes. La montagne en travail accouche ou d'un tremblement de terre,
ou de la classique souris.

C'est qu'il ne suffit pas d'aimer le peuple, et qu'il
faut encore savoir l'aimer. On se laisse trop aller à
croire qu'en compatissant à ses maux, on a, par cela
seul, tout ce qu'il faut pour le guider et l'instruire. L'in-
stituteur ne sera-t-il donc tenu qu'à aimer ses élèves,
le père qu'à aimer ses enfants? Défions-nous de cet
amour qui, même sincère, peut n'être encore que fai-

blesse ; défions-nous-en surtout si, comme toutes les révolutions l'ont surabondamment prouvé, ce n'est trop
souvent qu'un masque. Défions-nous-en même en nous,
car il peut arriver qu'en croyant aimer le peuple, nous
ne fassions réellement qu'aimer et qu'adorer en lui la
source de la fortune et du pouvoir.

CHAPITRE VINGT-CINQUIÈME

I

Le même charlatanisme involontaire se retrouvait dans l'appréciation des résultats moraux. Là aussi, on promettait des miracles. Le monde ne serait pas seulement plus heureux, mais meilleur. Ce que n'avait pas fait la religion, la philosophie allait le faire.

Ce n'était pas qu'elle ne s'avouât quelquefois son impuissance. Celui qui avait, en apparence, le plus de foi en elle, Rousseau, se gênait le moins, dans l'occasion, pour dire qu'il n'y croyait guère. C'est lui qui a dit [1] : « Par les principes, la philosophie ne peut faire aucun bien que la religion ne le fasse encore mieux, et la religion en fait beaucoup que la philosophie ne saurait faire. » C'est lui qui a dit encore [2] : « Il est aisé d'étaler de belles maximes dans des livres ; mais la question est de savoir si elles tiennent bien à la doctrine, si elles en découlent nécessairement, et c'est ce qui n'a point paru jusqu'ici. Reste à savoir encore si la philosophie, à son aise et sur le trône, commanderait bien à la gloriole, à l'intérêt, à l'ambition, aux petites passions de l'homme, et si elle pratiquerait cette humanité si douce qu'elle nous vante la plume à la main. » On dirait qu'il entrevoit Robespierre, citant l'*Émile* et fai-

[1] *Émile.* Livre IV.
[2] Ibid.

sant couper les têtes. « Un des sophismes les plus familiers au parti philosophiste, ajoutait-il, est d'opposer un peuple supposé de vrais philosophes à un peuple de mauvais chrétiens ; comme si un peuple de vrais philosophes était plus facile à faire qu'un peuple de vrais chrétiens ! Je ne sais si, parmi les individus, l'un est plus facile à trouver que l'autre ; mais je sais bien que, dès qu'il est question de peuples, il en faut supposer qui abuseront de la philosophie sans religion, comme les nôtres abusent de la religion sans philosophie. »

Cette même impuissance, Voltaire aussi en parlait volontiers, mais en se moquant des Héraclites qui se croyaient obligés d'en gémir. Lui, c'est Démocrite avant tout ; c'est le médecin ricaneur, raillant ce qu'il ne peut guérir. Aussi le roi de Prusse lui écrivait-il un jour[1] : « On demande d'un médecin qu'il guérisse la fièvre, et non qu'il fasse une satire contre elle. Avez-vous des remèdes, donnez-les-nous ; n'en avez-vous point, compatissez à nos maux. »

Mais Voltaire était peut-être plus compatissant, tout en riant, que d'autres avec de grandes phrases. Il y a des gens qui se croient quittes envers vous parce qu'ils ont plaint vos misères ; il y en a aussi qui ne pleurent pas, et qui agissent. Voltaire ne se donnait pas pour posséder des secrets infaillibles. Il faisait peu de cas du peuple. C'était « un composé d'ours et de singes, » et « la canaille » y était « cent contre un. » Mais il savait, dans l'occasion, la plaindre et la secourir cette « ca-

[1] Juillet 1774.

naille ; » il lui était plus dévoué, au fond, que bien des philanthropes de son temps, et que Rousseau peut-être.

Nul, en effet, plus que Rousseau, n'était porté à se croire quitte envers le peuple pour lui avoir donné quelques conseils, fussent-ils démentis par son exemple. Il avait l'orgueil de ces médecins, plus durs que les railleurs, qui ne tolèrent aucun doute sur l'efficacité de leurs remèdes, et qui semblent vous dire, heureux encore s'ils ne vous le disent pas nettement : « Prenez, ou mourez. » Rien de plus sage, et on l'en a certes assez loué, que d'engager les mères à nourrir leurs enfants ; mais voyez avec quelle complaisance il peint les effets de la réforme qu'il aura provoquée sur ce point. « Que les mères daignent nourrir leurs enfants, dit-il[1]. Les mœurs vont se réformer d'elles-mêmes, les sentiments de la nature se réveiller dans tous les cœurs ; l'État va se repeupler. Ce premier point, ce point seul va tout réunir. » Le croyait-il ? Pouvait-il s'être figuré tout de bon que l'État allait se repeupler parce que les grandes dames nourriraient leurs enfants ? Non. Il s'étourdissait et il étourdissait les autres. Ce siècle était ainsi fait. Il fallait que la raison même prît la livrée du faux, si elle voulait être écoutée. Ces conseils de Rousseau sur la première éducation, on avait pu les lire, avant l'*Émile*, dans le *Traité de l'éducation corporelle des enfants;* par Desessarts, dans la *Dissertation sur l'éducation physique des enfants*, par Ballexserd ; et ces deux au-

---

[1] *Émile.* Livre I.

teurs n'avaient fait que développer en médecins les idées
dejà émises, pour la plupart, par Buffon. Rousseau
n'avait eu qu'à prendre. « Ses préceptes sont bons, dit
le journal de Bachaumont, mais tirés de toutes les thèses soutenues dans la Faculté depuis plusieurs années. »
— « Nous avions dit tout cela, disait Buffon lui-même;
mais M. Rousseau le commande et se fait obéir. » Pourquoi lui obéissait-on plutôt qu'à des médecins habiles,
plutôt qu'à Buffon même? Pourquoi passe-t-il encore
pour avoir donné le premier des conseils qui couraient
l'Europe avant lui? Il n'avait fait, nous l'avons dit, que
donner au vrai le ton du faux. Serait-ce donc une nécessité? Et si c'en était une au dix-huitième siècle,
sommes-nous condamnés à la subir en absolvant ceux
qui s'y soumettaient?

Mais cette nécessité n'avait rien de dur pour Rousseau. Que d'exagérations encore, dans ce même sujet,
sur les inconvénients des habitudes qu'il voulait déra-
ciner! On dirait qu'il est mal à l'aise dans le vrai, qu'il
a besoin d'en sortir au plus vite. Après avoir, par exemple, énergiquement flétri les femmes qui se refusent aux
embarras de la maternité, le voilà s'enfonçant avec une
espèce de rage dans l'abîme de maux qu'elles creusent,
selon lui, sous les pas du genre humain. « Ce fait, dit-
il, ajouté aux autres causes de dépopulation, nous annonce le sort prochain de l'Europe. Les sciences, les
arts, la philosophie et les mœurs qu'elle engendre, ne
tarderont pas d'en faire un désert. Elle sera peuplée de
bêtes féroces; elle n'aura pas beaucoup changé d'habitants. » En vérité, pour continuer à lui savoir gré des

bonnes choses qu'il a dites sur ces matières, il ne faut pas avoir lu trop récemment les étranges boutades dont il les a assaisonnées. On disait d'un homme d'esprit, qui avait le malheur d'épuiser les plaisanteries : « Quand il tient un bon mot, il ne le quitte pas qu'il n'en ait fait une sottise. » Rousseau, quand il tient une vérité, il ne la quitte pas qu'il n'en ait fait un paradoxe, ou pis encore.

II

On trouverait donc difficilement dans ses ouvrages une seule idée, un seul conseil, une seule observation où il ait su s'arrêter à propos, et où ses plus fervents disciples n'aient pas quelque chose à retrancher. Que de fois il l'a lui-même avouée, dans ses *Confessions,* dans ses lettres, cette irrésistible tendance à embrasser par l'imagination ce que la raison seule aurait dû être appelée à juger ! Que d'idées, que de conseils où on sent qu'il n'a pas même essayé de rester dans les bornes du possible et de l'utile, et n'a cherché qu'à faire, n'importe à quel prix, une belle page ! « Il ne veut pas que l'homme mange de la viande, parce qu'il veut traduire un morceau très éloquent de Plutarque, où il peint la gent carnassière sous l'aspect le plus cruel. Il oublie qu'il a démontré lui-même, dans son *Discours sur l'inégalité*, que l'homme, par sa construction physique, est un animal carnivore [1].

[1] Bachaumont. Juin 1762.

« L'oubliait-il réellement ? Cela se peut ; mais il ne l'aurait pas oublié si son instinct de sophiste ne lui eût dit ce qu'il gagnerait à cet oubli. L'histoire de cette page est celle de cent autres.

Nous le comparions tout à l'heure à certains médecins. Était-ce par une sorte de jalousie de métier qu'il a dit tant de mal de la médecine ? Nous aurions encore là de singuliers échantillons de cette impuissance à rester vrai. Les médecins ! Tout ce que Molière en avait dit en riant, Rousseau se met à le redire avec un grand sérieux, avec une indignation profonde. La médecine avait cependant changé. Elle était exercée avec talent, avec conscience ; il n'y avait plus de charlatans que les médecins moraux, les guérisseurs du genre humain. N'importe ! « Je demanderai toujours, dit-il, quel vrai bien cet art a fait aux hommes. Quelques-uns de ceux qu'il guérit mourraient, il est vrai ; mais des millions qu'il tue resteraient en vie. » Ailleurs : « Pour un malade que le médecin guérit, il en tue cent. La médecine peut être utile à quelques hommes, mais elle est funeste au genre humain. C'est un art mensonger qui nous guérit moins de nos maladies qu'il ne nous en donne l'effroi. Voulez-vous trouver des hommes d'un vrai courage ? Cherchez-les dans les lieux où il n'y a point de médecins. » Était-ce un peu à l'adresse de Voltaire, qui en faisait tant de cas, qui s'établissait aux Délices pour être près de Tronchin, disait-il, et qui conviait toute l'Europe à venir se faire guérir par le médecin genevois ? « Venez me voir ; venez manger des truites de mon lac ; et si vous avez des indigestions, Tronchin est là pour vous guérir. »

Mais Rousseau, au contraire : « Jamais je n'appellerai de médecin pour mon Émile, à moins que sa vie ne soit dans un danger évident, car alors il ne peut lui faire pis que de le tuer. »

Rousseau, dit-on, regretta plus tard ces sarcasmes. « Si je faisais une nouvelle édition de mes ouvrages, disait-il à un écrivain de qui nous tenons le fait [1], j'adoucirais ce que j'y ai écrit sur les médecins. » Mais s'il s'était mis une fois à adoucir ce qui en avait besoin, où aurait-il pu s'arrêter? En attendant, c'étaient les boutades de ce genre qui avaient fait, plus que son éloquence, le succès de ses théories. Un siècle usé ne veut que des leçons paradoxales, comme un palais blasé ne veut que des mets qui le réveillent, mais aussi qui l'usent de plus en plus. En achevant d'habituer ce siècle à ne plus goûter le vrai, Rousseau servait plus que personne cette dépravation universelle contre laquelle il s'élevait. Voltaire faussait les esprits, Rousseau les cœurs. L'esprit faussé se redresse, et que reste-t-il, en effet, des mensonges de Voltaire? Mais les sophismes de Rousseau, nous en avons encore pour longtemps. Le mensonge n'est qu'une lèpre : on en guérit; le faux est une maladie qui s'établit aux derniers replis de l'âme, aux sources mêmes de la vie.

III

Redirons-nous maintenant les innombrables objections

[1] Bernardin de Saint-Pierre. *Préambule de l'Arcadie.*

auxquelles ce même *Émile* a donné lieu? — N'indiquons
que les principaux points de vue où l'on s'est placé pour
l'attaquer.

Voilà un enfant qui va refaire à lui seul, en quelque
sorte, tout le travail de la civilisation. « Il invente, a
dit un critique [1], tout ce qu'il doit apprendre, depuis les
sciences jusqu'aux vertus. » — Première source d'objections. Où l'a-t-on pris, cet enfant? Où l'a-t-on vu? Où
peut-on espérer de le trouver? Si l'auteur a voulu montrer seulement qu'il faut habituer les enfants à réfléchir,
qu'on peut les amener à trouver d'eux-mêmes bien des
choses, quelques conseils et quelques exemples suffisaient; s'il a cru à la possibilité de cette longue chaîne
de miracles, il a prouvé, par cela seul, qu'il ne connaissait pas les enfants, qu'il n'avait pas cherché à les connaître.

A quoi se lient ces miracles? A une ingénieuse mais
fabuleuse mise en scène, où tout ce qui pourrait se
rencontrer de plus heureux dans la vie de vingt enfants,
de cent peut-être, est réuni pour aider aux progrès de
l'intelligence d'un seul. — Deuxième source d'objections.
Les invraisemblances du cadre prouveraient, à elles
seules, l'impossibilité du fond.

Voilà pour l'éducation intellectuelle. Moralement,
Émile est élevé non *pour* mais *contre* la société. Il est fait
à l'image de son maître, et ce maître est Rousseau. Donc,
supposé que l'éducation réussisse, Émile sera un Rousseau. — Troisième source d'objections. Rousseau a-t-il

[1] M. de Barante.

été si vertueux, ou au moins, vertueux ou non, si heureux, qu'on puisse approuver un système dont la réussite aboutirait à faire des hommes tels que lui? Otez-lui
l'éclat du talent, voyez-le sans sa gloire, et trouvez-nous
un seul homme qui voulût condamner son fils à vivre
comme il a vécu, à mourir comme il est mort.

N'abusons pas de ses lamentables aveux. Mais la
pitié ne saurait être l'oubli, et, malgré nous, la vie d'un
moraliste est, à nos yeux, le premier commentaire de
ses œuvres.

« Il voulut, a dit le même critique, faire marcher
l'homme à la vertu, non par respect pour les devoirs,
mais par un élan libre et passionné. »

Eh bien, cet affranchissement qu'il offrait, qu'il
imposait aux autres, il avait commencé par se l'accorder à lui-même. Le sentiment de la vertu, il l'avait;
celui du devoir, il ne l'avait pas. De là toutes ses
fautes, de là tous ses malheurs; de là aussi le droit
que nous nous donnons de juger son système sur sa
vie, puisque sa vie en découlait. Que nous font, dans
ce point de vue, et l'aveu de ses fautes, et les douleurs
dont il les a payées? On veut que nous jetions un voile
sur ses erreurs. Pourquoi? Sont-ce des offenses personnelles que nous soyons tenus, en bons chrétiens, de
ne plus rappeler, dès que le coupable en convient?
L'homme, nous le laisserions volontiers; le moraliste,
ce n'est pas notre faute si l'homme est toujours là pour
appuyer tout ce qu'il a dit de mauvais, pour démentir
tout ce qu'il a dit de bon.

Le sentiment de la vertu sans celui du devoir, ce n'est,

comme Rousseau l'a prouvé par sa vie entière, qu'une source d'orgueil et d'égoïsme.

Voyez le début des *Confessions*. « Que la trompette du jugement dernier sonne quand elle voudra; je viendrai, ce livre à la main, me présenter devant le souverain juge. Je dirai hautement : Voilà ce que j'ai fait, ce que j'ai pensé, ce que je fus.... Être éternel, rassemble autour de moi l'innombrable foule de mes semblables, Qu'ils écoutent mes confessions, qu'ils gémissent de mes indignités, qu'ils rougissent de mes misères. Que chacun d'eux découvre à son tour son cœur au pied de ton trône avec la même sincérité, et puis qu'un seul te dise, s'il l'ose : « Je fus meilleur que cet homme-là. »

Voyez, dès 1762, ces mots d'une lettre à Malesherbes : « Je mourrai plein d'espoir dans le Dieu suprême, et très persuadé, que de tous les hommes que j'ai connus en ma vie, aucun ne fut meilleur que moi. »

Ces folies ont leur côté sérieux. Le système qu'elles résument n'est que trop d'accord avec notre paresse à être bons, avec notre désir d'être vertueux à bon marché. Auraient-elles pu, sans cela, ne pas couvrir de ridicule l'homme qui osait se les permettre?

Évidemment, il a pris le sentiment de la vertu pour la vertu elle-même; il a érigé en mérite ce qui n'est, en soi, qu'un vague instinct, et peut ne procéder que de l'imagination. Plus un homme en est fortement doué, de cet instinct, plus, en bonne justice, il est coupable s'il n'y obéit pas. Mais Rousseau en fait, au contraire, une sorte d'excuse à tous les vices; s'il ne le dit pas nettement, c'est assez clair quand nous l'entendons se dire vertueux au moment même où il va raconter les siens. Saint Paul était bien autrement dans le vrai, non-seulement comme chrétien, mais comme philosophe, lorsqu'il parlait de deux hommes en lui, et que, bien loin d'excuser le mauvais sur les bons instincts de l'autre, il s'effrayait de la responsabilité qui en résultait pour son âme.

Le sentiment de la vertu sans celui du devoir, c'est la foi sans les œuvres, et, en morale humaine aussi bien qu'en religion, « la foi sans les œuvres est morte. » Avec le sentiment d'un Dieu, mais sans rien de précis sur nos obligations à son égard, on peut commettre de grands crimes; avec le sentiment de la vertu, on peut n'être rien moins que vertueux. Dites, si vous voulez, que cela n'est pas logique; dites que le sentiment de la vertu devrait suffire en morale, le sentiment d'un Dieu en religion. Cela *devrait* être, oui; mais cela n'est pas. Et puisque cela n'est pas, tout philosophe qui raisonne comme si cela était, s'abuse.

IV

Voilà pourquoi la morale de Rousseau, basée, en apparence, sur un spiritualisme élevé, était si peu supérieure, en fait, à celle des francs matérialistes de son temps.

Pouvons-nous même dire qu'elle lui fût supérieure?

Oublions, si nous le pouvons, combien Rousseau était loin, à maints égards, de valoir un Helvétius, un Diderot, un Voltaire; ne sortons pas de sa doctrine écrite, et, même là, sous ce vernis de spiritualité, le matérialisme est à la base.

Il y est par l'importance excessive donnée aux choses du corps, au développement de l'homme matériel;

Il y est par cette tendance obstinée à retourner en tout aux indications et aux lois de la nature physique;

Il y est par cette complaisance à entrer, tout en prêchant la vertu, dans des détails qu'on ne pourrait mieux choisir si on voulait prêcher le vice;

Il y est, enfin, et cela seul suffirait, par cette constante affectation de placer sur la terre le but de tous les travaux, de tous les progrès de l'homme. Rousseau ne dit pas en propres termes qu'il n'y ait rien au delà de ce monde; mais, quand il le dirait, qu'y aurait-il à changer dans son système? Une fois la question posée comme il la pose, qu'importe la croyance en Dieu, la foi en l'immortalité de l'âme? Ce ne sont plus que de vains accessoires, que des progrès de cette civilisation qu'il blâme, qu'il déplore; ce sont de ces béquilles que le genre humain s'est faites en devenant vieux, mais dont il se passait parfaitement dans sa jeunesse; et il est sûr, en effet, que si l'état bestial a été notre état normal, nous ne pensions guère, en ce temps-là, à Dieu et à notre âme. Rousseau ne dira pas que nous ayons tort de croire en Dieu; mais il ne nous en parle, en quelque sorte, que pour nous apprendre à nous en passer. Il veut que nous mettions notre gloire à être bons sans lui, sages sans lui. Théiste en métaphysique, il est athée en morale, et s'il ne dit pas, comme Saint-Lambert, que « tout ira mal dans le monde tant qu'on ira chercher là-haut ce qu'il faut faire ici-bas, » — sa morale bouillante n'est rien de plus, au fond, que le *Catéchisme* glacial de l'auteur des *Saisons*. « La chaleur de Rousseau me paraît tenir plus aux sens qu'à l'âme, » disait d'Alembert [1], matérialiste lui-même.

V

Bien plus. Ce qui a toujours suppléé le mieux, quoique imparfaitement, à la pensée de Dieu et de l'immortalité, l'amour des hommes, Rousseau le proscrit également.

Il le proscrit, disons-nous, et de la pire manière, de celle dont il a déjà proscrit Dieu, c'est-à-dire en paraissant le prêcher. Il ne dit pas : « Haïssez vos semblables, » et plût à Dieu qu'il l'eût dit ! On ne se serait pas fait illusion. Nous n'aurions pas vu ses disciples faire couler des flots de sang, en se disant et même en se croyant les amis du genre humain. Mais, sans dire la chose, voyez par combien de chemins il y conduit !

Son idéal, d'abord, son premier point de départ, c'est ce fameux état sauvage comme on ne le trouve même pas dans les plus affreux déserts ; c'est l'homme n'ayant pas même encore la sociabilité de la brute ; c'est une

---

[1] Jugement sur *Émile.*

liberté à faire peur, un isolement dont la pensée seule vous glace.

Voilà le modèle posé. Tout ce qui vous a éloigné ou vous éloignera de cet état, il l'appelle asservissement, dégradation ; tout ce qui vous en rapprochera, liberté, vertu.

Que faut-il voir là dedans ? Un jeu d'esprit ? Alors, Rousseau s'est moqué de nous. Un système réel ? Alors, ne brisons pas seulement les statues, comme le veut l'ombre de Fabricius. Il faut démolir les maisons et retourner dans les bois, mais isolés, n'oubliez pas, car, avec la famille, ce serait encore la société, l'esclavage.

Laissons, si vous voulez, ces monstrueuses conséquences, que Rousseau n'a pas osé énoncer. Tenons-nous-en à ses conseils positifs, à ce qu'il nous donne lui-même comme le côté pratique de ses idées.

Eh bien, les matérialistes avoués n'ont jamais fait un livre où l'intérêt personnel fût plus positivement prêché que dans l'*Émile*. Que sont, pour l'élève de Rousseau, les autres hommes ? Des indifférents ou des ennemis ; des ennemis surtout. On lui apprend, non-seulement à n'avoir pas besoin d'eux, ce qui est quelquefois très bon et souvent aussi fort triste, mais encore à leur être inutile aussi longtemps qu'ils ne seront pas convertis aux mêmes principes, c'est-à-dire indéfiniment. On le trompe en lui laissant croire qu'il est arrivé par lui-même à savoir tant de choses, lorsqu'il a fallu, au contraire, tant de ressorts pour les lui enseigner ; on l'habitue à dédaigner les leçons et le commerce des hommes. Il n'ira pas vivre dans les bois, et il le pourrait peut-être moins qu'un autre, tant a été factice tout ce dont on l'a entouré jusque-là ; mais il se fera, au milieu des hommes, un monde à lui, entouré d'un épais rempart de mépris et d'égoïsme.

Hélas ! On va nous dire encore que nous ne peignons pas là Émile, mais Rousseau. Est-ce notre faute ? Nous avons beau tâcher de n'examiner que la doctrine. Toujours l'auteur est là ; toujours il faut en revenir à notre première question : Rousseau a-t-il été si vertueux et si heureux, qu'on puisse être tenté de l'être jamais à sa manière ? Dans son plan idéal de félicité champêtre : « Chacun, dit-il, se préférant ouvertement à tout autre, trouverait bon que tout autre se préférât de même à lui. » C'est l'égoïsme raisonné, l'égoïsme en système et affranchi de la pudeur. Tout *Émile* est dans cette phrase.

CHAPITRE VINGT-SIXIÈME

I. — Rousseau avait-il foi en ses leçons? — Il s'amuse à les montrer inutiles. — Se serait-il chargé de les appliquer?

II. — Même impuissance en politique. — Les Corses. — Les Polonais. — Conseils étranges.

III. — Le despotisme, dernier mot de l'égalité ainsi comprise. — Deux bases différentes de la souveraineté du peuple. — Avec Rousseau, souveraineté est omnipotence. — Les faits l'ont prouvé.

IV. — Il en est de même avec Montesquieu. — Ce que c'est que le *peuple* quand on le personnifie. — Son *salut*, devenu la loi suprême. — Ce que peut couvrir ce mot, et ce qu'il a souvent couvert. — Montesquieu justifiant l'ostracisme et l'inquisition d'État.

V. — Un mouton enragé. — Ce qui manquait aux hommes de ce temps pour savoir ce que c'est qu'un peuple et qu'une révolution. — Combien nous en savons plus qu'eux. — VI. — Voltaire seul y voyait quelquefois plus clair. — Singulières erreurs de Montesquieu. — Le peuple *admirable* dans ses choix. — La brigue sans danger.

VII. — Rome et la Grèce n'ont fleuri que quand la démocratie était bridée. — Point de grands citoyens qui aient été du parti démocratique. — La démocratie n'est bonne que lorsqu'elle est réelle ; elle n'est réelle que lorsqu'elle est tempérée.

I

Rousseau avait-il foi, au moins, en ses propres enseignements?

Quand on apprit qu'il travaillait à une espèce de roman faisant suite à l'*Emile*, on put croire qu'il allait se donner le plaisir de montrer dans son ancien élève, devenu son héros, les inébranlables résultats d'une éducation si longue, si forte.

Eh bien, dans ce roman, Emile est un homme ordinaire. Il souffre, il pleure comme le premier venu. S'il ne s'appelait Emile, si Rousseau n'était son historien, qui se douterait que ce soit là l'ancien objet de tant de soins et de tant de pages éloquentes? Il reste vertueux, c'est vrai, du moins à la façon de Rousseau; mais Sophie, sa Sophie, élevée comme lui, choisie par le précepteur lui-même comme le plus pur échantillon de ce que peut cette éducation chez les femmes, — la voilà gâtée et criminelle. Dira-t-on que l'enfant le mieux élevé peut tourner à mal? Si Rousseau avait effectivement dirigé l'éducation de cette jeune femme, il y aurait franchise à avouer qu'elle ne s'en est pas moins perdue ; mais l'avouer sans y être obligé, l'imaginer à plaisir dans un roman, c'est se moquer et de son système et de ceux qui auront eu la simplicité d'y croire ; c'est comme s'il leur disait : « Vous avez beau crier avec moi *Vertu! vertu!* Qu'on vous ait élevés selon ma méthode ou selon toute autre, vous n'en êtes pas moins radicalement vicieux. Allez... Ne vous en tourmentez pas. Je suis vicieux, moi aussi, et je ne m'en crois pas moins le meilleur des hommes. » Qu'était-ce que la vertu, d'ailleurs, pour l'homme capable d'écrire un livre dont il disait lui-même que la femme qui l'ouvrirait était une femme perdue [1] ? Ce n'était là, si l'on veut, qu'une boutade ; mais c'est dans les boutades qu'un homme se peint le mieux. De quel droit prêcher la vertu quand on fait profession de n'y pas croire ? « Femmes de Paris et de Londres, avait-il dit, nul séjour n'exclut les miracles, mais, pour moi, je n'en connais point ; et si une seule d'entre vous a l'âme vraiment honnête, je n'entends rien à nos institutions. » Ainsi, là où Boileau avait dit en plaisantant : « Il en est jusqu'à trois... » c'est de son plus grand sérieux qu'il n'en veut voir aucune. Notez qu'un peu avant de mêler Paris et Londres, il a dit que les pays protestants offrent, en général, « plus d'attachements de famille, de plus dignes épouses et de plus tendres mères. » Voilà des épouses vertueuses, des mères tendres, dont pas une n'a l'âme honnête.

[1] Préface de la *Nouvelle Héloïse*.

Encore une question. Croit-on que sa confiance en son système fût allée jusqu'à vouloir l'essayer ?

Le jeune Dupin, son ancien élève, avait tourné tout de travers. Il est vrai que c'était avant l'*Émile*, et qu'on ne lui avait pas permis de l'élever entièrement à sa guise. Mais, après son livre, plusieurs enfants lui furent proposés, avec promesse de ne le gêner en rien. Il refusa. A son passage à Strasbourg, un honnête Genevois lui amène son fils, élevé, lui dit-il, selon les préceptes de l'*Émile*. « Tant pis, répond Rousseau, tant pis pour votre fils et pour vous. »

II

Nous le retrouvons, en politique, avec le même sentiment de crainte et d'impuissance.

Dans le *Contrat social* [1], il avait fait l'éloge des Corses, souhaitant, disait-il, que « quelque homme sage, » leur apprît à conserver leur liberté.

En 1764, les Corses croient avoir trouvé cet homme sage. Ils supplient Rousseau d'être leur Lycurgue et leur Solon.

Rousseau refuse, et son embarras est visible [2]. Il sent évidemment qu'il lui faudrait ou laisser de côté ses théories, ou rédiger une constitution qui ne serait elle-même qu'une théorie inexécutable.

[1] Livre II.
[2] Lettres à M. Buttafuoco.

Montesquieu aurait-il accepté, ou, acceptant, aurait-il été plus heureux ? — On en doute, et on a raison.

Mably, consulté par les Polonais, ne leur répond que par d'insignifiants conseils.

Rousseau, consulté aussi, ne saura même pas en donner d'insignifiants. Il fortifiera, par l'absurdité des remèdes qu'il indique [1], l'opinion que le mal est incurable ; il hâtera le démembrement du pays, car il aura contribué à ôter tout scrupule aux souverains qui veulent se le partager. Tandis que l'anarchie est le principe de tous les malheurs de la Pologne, il ne se préoccupe, lui, que d'une crainte : c'est qu'il ne s'y forme un centre d'administration capable d'opprimer le souverain, c'est-à-dire le peuple. Il a presque l'air de trouver que la Pologne est, par son anarchie même, plus près de la vérité et du bonheur que tout le reste de l'Europe. Il ne repousse pas l'idée d'une royauté, mais il veut une royauté élective, la pire de toutes ; il préfère un roi électif, même absolu, à un roi héréditaire avec un pouvoir borné. Enfin, à l'objection qu'il prévoit qu'on va tirer des troubles qui accompagneront infailliblement chaque élection, il répond par le plus bizarre des conseils : Qu'on tire au sort ! Là aussi est le fameux paragraphe, supprimé ou contesté par quelques éditeurs complaisants, mais parfaitement authentique [2], où il conseille aux Polonais de « couper la tête » à leur roi. Il ajoute, à la vérité, qu'il sera « plus humain » de ne pas le faire ; mais n'en appeler, dans

---

[1] *Considérations sur le gouvernement de la Pologne.*

[2] On l'a rétabli dans les éditions les plus récentes.

une question semblable, qu'à l'humanité, c'est faire beau
jeu aux violences, car il y aura toujours des gens pour
dire que la mort d'un homme est peu de chose en regard
du salut public. Il n'est pas sûr, comme on voit, que
nous n'ayons pas fait un peu trop d'honneur à Rousseau
en supposant qu'il aurait condamné tous les excès de la
révolution.

Ainsi, après être remonté, en théorie, aussi haut que
l'imagination peut aller, il arrivait du premier coup, en
pratique, aux dernières conséquences. Que la Pologne
s'abîme dans l'anarchie, plutôt que de tolérer la moindre
atteinte aux droits du souverain, qui est tout le monde.
La souveraineté n'est plus si elle ne reste entière, absolue,
soit aux mains du souverain naturel, le peuple, soit aux
mains de celui à qui il l'aura déléguée.

III

Donc, — et voilà la grande, l'éternelle objection contre
le système de Rousseau, — le dernier mot de l'égalité
comme il l'entend, c'est le despotisme.

Personne, de nos jours, pas même les partisans avoués
de ce qu'on a appelé le droit divin, ne nie, au fond, la
souveraineté du peuple ; mais comme il n'y a pas de
mot dont on ait plus abusé, il n'y en a pas que nous
devions moins nous lasser de ramener à son vrai sens.

Commençons donc toujours par demander où on la

prend, cette souveraineté du peuple, et d'où on la fait
venir.

La reconnaissez-vous basée sur l'égalité des hommes
devant Dieu, sur les instincts sociaux dont il les a doués,
sur l'impossibilité d'assigner un autre fondement logique
aux lois politiques et civiles, — alors, ce n'est pas seulement un principe raisonnable, mais un fait ; un fait
aussi positif et aussi clair que quelque fait que ce soit,
en histoire, en philosophie, en morale.

Mais si, comme Rousseau, vous la fondez sur un contrat, sur une convention conclue entre des êtres qui ne
se devaient rien, qui pouvaient se passer les uns des
autres, qui étaient essentiellement isolés et libres, —
alors, adieu la liberté. Le peuple n'est plus souverain,
mais omnipotent. Il ne fait plus des lois seulement, mais
des principes ; le bien n'est bien, le mal n'est mal qu'en
vertu de ses décisions. Chacun est censé s'être soumis
à tout ce que la pluralité ordonnera, non-seulement
dans les choses qui ne peuvent être réglées que par la
pluralité, mais toujours et en tout. L'individu n'existe
plus. Le pouvoir, quel qu'il soit, assemblée ou chef unique, est absolu.

Voilà ce que les faits ont surabondamment prouvé.
Partout où le peuple a été souverain à la manière de
Rousseau, il a été omnipotent ; partout où il y a eu un
pouvoir établi selon les principes de Rousseau, ce pouvoir a été sans bornes. « Si j'avais une province à punir,
disait le roi de Prusse, j'appellerais des philosophes et
je la leur donnerais à gouverner. » Despote, il voyait
venir un despotisme bien autrement dur que le sien. « Je

me suis arrêté, semblait-il dire, devant les réclamations d'un meunier ; mais eux, mais le peuple ameuté par eux, devant quoi s'arrêteront-ils? Mon meunier disait : Nous avons des juges à Berlin. Eux régnant, qui croira encore à la justice ? »

Il ne se trompait pas. Louis XIV, en soixante et dix ans de règne, a moins fait d'arbitraire que la Convention en quelques mois ; il n'a pas exercé, à beaucoup près, dans la plénitude de sa gloire, les droits que s'arrogeait un simple représentant du peuple. La France n'a-t-elle pas eu récemment à subir, sauf en massacres, autant et plus peut-être qu'en 1793 ? Le despotisme, à cette dernière époque, était au moins arrivé peu à peu ; en 1848, il ne fallut pas quatre jours pour que le pays se trouvât inondé d'hommes dont le pouvoir n'avait pas de limites. Dans toute l'Europe, les dernières révolutions ont immédiatement abouti à la dictature des chefs. Vienne le socialisme, complément obligé de toutes ces révolutions si le cours n'en est enfin rompu, et ce n'est plus seulement la liberté politique qui disparait, ni même la liberté civile: c'est l'individualité qui est détruite ; c'est l'homme même qui, en tant qu'être moral, distinct et libre, n'est plus.

IV

La liberté donc, chez Rousseau, c'est le despotisme. En est-il autrement chez Montesquieu?

Non. Ce que l'un prépare pour l'avenir, l'autre l'approuve implicitement dans le passé. S'il élève des digues contre les envahissements des rois, il démolit celles que le flot populaire a besoin de trouver sur son chemin, sous peine de se dévorer lui-même après avoir tout dévoré.

Comme Rousseau, d'abord, il sort du vrai en personnifiant le peuple, en le faisant penser, vouloir, agir, comme un être unique et réel.

C'est se placer hors du vrai, disons-nous, car c'est ne tenir aucun compte des diversités de vues qui existent toujours au sein d'un peuple ; c'est donner à ce qui n'est jamais que l'opinion d'une majorité tous les droits d'une volonté unanime. Dira-t-on que c'est ce qui a lieu pour toute espèce de loi ? En pratique, il le faut bien ; mais quand, par cette personnification du peuple, vous érigez le fait en droit, quand vous attribuez *au peuple*, être unique, les décisions d'une partie du peuple, vous lui reconnaissez, par cela seul, tout le pouvoir qu'un individu a sur lui-même : il ne peut donc plus être injuste, ce qui équivaut à dire que la justice n'existe plus pour lui. Vous le faites homme, en un mot, mais homme irresponsable ; il a des droits, et point de devoirs.

Voilà ce que nous avons vu, de point en point, dans toutes les révolutions. Une majorité réunie, n'importe par quels moyens, c'est *le peuple* ; une minorité arrivant, n'importe comment, à prévaloir, c'est *le peuple* ; une réunion quelconque de gens professant certaines idées plutôt que certaines autres, *le peuple*, toujours *le peuple*. Or, dès que l'on arrive à entendre ainsi le peuple, on arrive infailliblement à lui assigner des droits plus étendus que ceux d'une majorité régulièrement formée, régulièrement consultée. Il peut tout, et, quoi qu'il fasse, il fait bien.

C'est donc ainsi que Montesquieu, entraîné par une définition fausse, ou, si l'on veut, par l'absence d'une définition juste, arrive à affranchir *le peuple* de toutes les lois morales dont il n'aurait pas la pensée d'affranchir l'individu.

« Le salut du peuple, dira-t-il [1], est la suprême loi. »

Non ; la suprême loi, c'est la justice. Un homme qui hésiterait à sacrifier ses biens, sa vie, plutôt que de forfaire à l'honneur, vous le condamneriez ; un peuple, on va lui dire que sa suprême loi, c'est son salut !

Et savez-vous à quoi l'auteur l'applique immédiatement, dans cet endroit, cette déplorable maxime ? — Il montre que deux lois contradictoires, dont la seconde abroge la première, ne sont réellement pas contradictoires, puisqu'un même principe, le salut du peuple, les a produites l'une et l'autre.

Voilà la porte ouverte aux scandaleux revirements

____

[1] *Esprit des Lois.* Livre XXVI. Ch. xxiii.

qui suivent les révolutions, alors que ceux qui les ont faites se mettent à vouloir tout le contraire de ce qu'ils voulaient avant, ou à faire identiquement ce qu'ils blâmaient chez leurs prédécesseurs. Ils invoquaient le salut du peuple; ils l'invoquent encore : c'en est assez pour que la foule aveuglée ne les accuse pas d'avoir changé, et s'associe à leurs plus odieux manques de foi. Il n'y a pas de folie et pas de crime qui ne se soit abrité sous ce mot. Dût-il, d'ailleurs, ne jamais être invoqué que dans des intentions pures, il serait encore immoral de lui donner une portée aussi large, puisque c'est toujours dire, au fond, que la fin justifie les moyens.

Nous avons déjà vu, en parlant de la guerre et des conquêtes, quelle effrayante latitude Montesquieu donnait, à l'extérieur, au droit de conservation et de préservation. Tout peuple est institué juge suprême de ce que son salut exigera qu'il entreprenne contre les peuples voisins; tout chef de peuple, — car ce n'est jamais la multitude, en fait, qui décide ces choses, — est libéré des scrupules qui pourraient arrêter son ambition. Montesquieu ne fait que mettre en système, à l'usage des conquérants, ce qu'ils n'ont que trop su, en tout temps, trouver d'eux-mêmes, car jamais guerre injuste n'a été entreprise que le salut public ne fût hautement invoqué.

A l'intérieur, même despotisme, même affranchissement des lois de la morale vulgaire. Ce que tous les historiens avaient regardé comme le comble de l'omnipotence populaire, l'ostracisme, Montesquieu n'y voit rien que de tout simple et d'excellent. « L'ostracisme

doit être examiné, dit-il [1], par les règles de la loi politique, et non par les règles de la loi civile. » Voilà déjà
qui équivaut à reconnaître deux morales, et à ériger en
théorie ce que les plus pervers n'avaient professé qu'en
pratique. « Bien loin que cet usage, poursuit-il, puisse
flétrir le gouvernement populaire, il est au contraire
très propre à en prouver la douceur. » Ainsi, qu'avez-
vous à dire, Aristide? Ce bon peuple pouvait vous
emprisonner, vous tuer, car vous attentiez à sa liberté
en le forçant de vous appelez le juste; il se contente de
vous envoyer en exil. N'était-ce pas « une loi admirable que celle qui prévenait les mauvais effets que
pouvait produire la gloire d'un citoyen, en le comblant
d'une nouvelle gloire? » Car voilà ce que Montesquieu
ajoute encore.

A ces odieux sophismes, il n'y a qu'un mot à répondre. Que dirait-on, qu'aurait dit Montesquieu lui-
même d'un souverain exilant un de ses sujets pour ne
plus l'entendre appeler le juste? — Eh bien, ce qu'on
trouverait monstrueux chez un despote, il le trouve
admirable chez un peuple. Avec ses déductions de fer,
il va légitimer jusqu'à l'Inquisition d'État, le plus hideux
et le plus écrasant des despotismes. Après avoir montré
que la dictature, à Rome, pouvait n'être que tempo-
raire : « A Venise, au contraire, ajoute-t-il [2], il faut une
magistrature permanente... On a besoin d'une magistrature cachée, parce que les crimes qu'elle punit,

[1] Livre XXVI. Ch. xvii.
[2] Livre II. Ch. iii.

toujours profonds, se forment dans le secret et dans le silence. Cette magistrature doit avoir une inquisition générale, parce qu'elle n'a pas à arrêter les maux que l'on connaît, mais à prévenir même ceux qu'on ne connaît pas. » Vous le voyez, pas un mot de blâme où de regret. Il accepte l'horrible Conseil des Dix comme il accepterait un tribunal de police correctionnelle, et, là encore, ce qu'il trouverait infernal venant d'un souverain, il le trouve tout naturel venant ou étant censé venir du peuple.

V

Voilà où l'on arrive, même avec du génie et un cœur droit, quand on se met à n'étudier qu'en théorie ce qui veut être étudié en pratique, ce qui veut être vu. Quand mademoiselle de l'Espinasse appelait Condorcet « un mouton enragé, » ne peignait-elle pas tous ces penseurs humains et doux qui se croyaient obligés d'être sans entrailles dès qu'il s'agissait de leurs principes ? Avant eux, quelques disciples de Descartes s'étaient si bien persuadés, dit-on, de l'insensibilité des animaux, qu'ils les soumettaient sans scrupule aux plus effroyables tortures. Ne pourrions-nous pas dire que c'est là, en quelque sorte, ce qui a eu lieu en politique ? D'impitoyables théories ont amené des actes impitoyables. Ceux qui passaient pour les apôtres de la liberté moderne, un Montesquieu, un Mably, un Condorcet, un Rousseau, se sont trouvés avoir jeté la semence de tout

16.

le despotisme dont les révolutions nous ont donné le spectacle, et du despotisme encore plus lourd dont nous menacent d'autres théoriciens nés d'eux.

On était mal placé, en ces temps de sécurité profonde et de complète inexpérience politique, pour apprécier sainement ce qui tient, de près ou de loin, aux passions populaires, aux révolutions. Rousseau, que son imagination ardente empêchait même de peser les enseignements du passé, s'est heurté à tous les écueils d'une spéculation aveugle; Montesquieu, qui ne pouvait faire un pas, ce semble, sans s'appuyer sur l'histoire, n'a eu souvent en elle qu'un faux guide, parce qu'il aurait eu besoin que le présent lui expliquât mieux le passé. Pour apprécier la démocratie, il faut l'avoir vue à l'œuvre; pour juger les révolutions, il faut en avoir respiré l'air. Nous avons acquis depuis soixante ans et nous acquérons tous les jours, rien qu'en regardant autour de nous, des lumières que ni la méditation ni les recherches ne pouvaient procurer, fût-ce au génie, avant l'enseignement des faits. « Le présent nous a appris à comprendre bien des choses que nous ne pouvions pas démêler dans le passé... Que de gouvernements, de constitutions, nous avions admirés et considérés comme des modèles, qu'il nous faut maintenant regarder d'un autre œil! Que d'hommes nous apparaissaient revêtus de gloire et d'éclat, dont à présent les vertus et le mérite ont été détruits ou diminués, quand nous avons vu quelles circonstances pouvaient conduire à la renommée! Que d'événements reculés nous paraissaient solennels et imposants, et se présentent maintenant comme de vaines comédies dont

la postérité a perdu le secret[1], » — ou plutôt, ajouterions-
nous volontiers, dont elle ne l'a que trop vu revenir dans
les événements contemporains! Que nous en avons vu de
ces misérables comédies, renouvelées des Grecs et des
Romains! Que nous en avons découvert de ces vieux
mystères démocratiques, si tristement ou si plaisamment
expliqués, à nos dépens, par les révolutions modernes !

VI

Tout cela, il y a cent ans, c'était lettre close. Voltaire
seul, en doutant à tort et à travers, attrapait quelquefois juste, comme lorsqu'il disait, par exemple, qu'au
lieu de tant admirer le sénat allant au devant de Varron
et le remerciant de n'avoir pas désespéré du salut de la
république, il serait plus exact de dire tout simplement
que ceux qui avaient eu le crédit de l'élever, homme nul,
au consulat, eurent celui de l'y maintenir en dépit de sa
nullité démontrée. Mais Rousseau, mais Mably, mais
Montesquieu et toute leur école, il y a de quoi sourire à
voir avec quelle bonne foi ces historiens de cabinet
commentent les révolutions antiques, les drames de
l'Agora et du Forum. Là encore, *le peuple*, toujours *le
peuple*. Ils ne soupçonnent pas, ils ne veulent pas soupçonner ce qui leur auraient appris quatre jours de vie à

[1] M. de Barante. *Littérature du XVIIIe siècle.*

Rome, à Athènes ou dans plus d'un pays au dix-neuvième siècle, savoir que le peuple n'est jamais plus annihilé, en fait, que lorsqu'il paraît être tout, parce que c'est toujours alors qu'il est le plus mené, le plus loin d'avoir sa volonté, son action, sa vie à lui.

Quel oubli du passé, quel aveuglement sur l'avenir ne suppose pas, par exemple, une assertion comme celle-ci : « Le peuple est admirable pour choisir ceux à qui il doit confier quelque partie de son autorité [1] ! » Si c'était une idée qui fût encore à réfuter, nous ne parlerions pas des mauvais choix que le peuple a faits dans tous les temps, et qui parlent assez d'eux-mêmes ; nous irions droit aux meilleurs, et nous dirions : A quoi a-t-il tenu, dans le plus grand nombre des cas, qu'il en fût fait de tout autres? Le mérite a-t-il souvent eu l'honneur d'être choisi sans le secours de la brigue? Est-il beaucoup de bons choix que la multitude ait réellement faits, c'est-à-dire qui ne lui aient pas été imposés, comme les mauvais, par les circonstances, par des meneurs, par la mise en jeu de ses passions? Appelleriez-vous sage, trouveriez-vous *admirable* dans ses choix un homme qui, non-seulement en ferait souvent de mauvais, mais n'en ferait de bons que sous l'empire d'impulsions et d'excitations de ce genre? Encore un coup, si vous voulez personnifier le peuple, jugez-le au moins, après cela, comme vous jugeriez un homme. N'ayez pas pour lui l'indulgence que vous refuseriez à un simple citoyen, que vous trouveriez ridicule envers un roi. Platon est

----

[1] *Esprit des Lois.* Livre II. Ch. II.

autrement sévère quand il nous peint les variations, les légèretés, les folies de la foule. C'est qu'il les avait vues, lui; aussi a-t-il mieux fait l'histoire de notre temps que ceux qui écrivaient, il y a un siècle à peine, sur ces mêmes sujets. Pourquoi faut-il que cette histoire soit toujours à recommencer, et toujours sans profit pour ceux qui la recommencent?

Quelle inexpérience encore et quel appel au despotisme dans ce que Montesquieu ajoute sur les votations populaires! « Lorsque le peuple donne ses suffrages, dit-il, ils doivent être publics; et ceci doit être regardé comme une loi fondamentale de la démocratie. » Chez des anges, peut-être; chez des hommes, le secret des suffrages est, au contraire, une des premières conditions de la liberté.

Mais qu'allons-nous chercher! Ce n'est pas de la liberté que Montesquieu et Rousseau se préoccupent. Ils posent leurs principes; avienne ensuite que pourra! « La brigue est dangereuse dans un sénat; elle est dangereuse dans un corps de nobles; elle ne l'est pas dans le peuple, dont la nature est d'agir avec passion [1]. » Quoi! parce qu'un homme sera naturellement passionné, il n'y aura pas de danger à exciter ses passions, pas de fraude à les exploiter? Et ce qui serait fraude avec un homme ne le sera pas avec le peuple? Nos émeutiers de profession n'oseraient le dire aussi nettement que Montesquieu.

[1] Livre II. Ch. II.

VII

Et c'est à l'affaiblissement de la démocratie ainsi comprise que Rousseau ne craint pas d'attribuer la ruine des cités libres ! Que lui répondre ? Est-ce un point où il y ait même à raisonner ? Ouvrez l'histoire, et dites si ce n'est pas au contraire quand la démocratie a eu des digues que ces États ont fleuri, qu'ils ont été libres au dedans, puissants au dehors. Les belles années d'Athènes ont été celles où le peuple se contentait d'être réputé souverain, et ne songeait pas à l'être. Rome, durant des siècles, ne fut rien moins qu'une démocratie; et ces siècles, pourtant, ce sont ceux où Rousseau lui-même va chercher à peu près tous ses exemples. Cincinnatus, Fabricius, Caton, tous ces grands noms devenus synonymes de patriotisme et de vertu, l'histoire ne vous en montre pas un dans les rangs du parti démocratique. Ardents républicains, ils étaient par cela même ennemis d'un état de choses où *République* est un mot. Avec la démocratie, quand on y vint, on eut la domination des bas meneurs au lieu de celle des hauts, celle des irresponsables au lieu de celle des hommes qui ne pouvaient ni ne voulaient rien cacher. On obéit à Clodius au lieu d'obéir à Caton, en attendant de courber la tête sous César, grand démagogue à son début, ou de se la laisser couper par Caligula.

Ainsi, sans attaquer la démocratie en soi, sans l'appeler,

comme Voltaire, le gouvernement de la canaille [1], nous
disons que, pour être bonne, il faudrait qu'elle fût réelle ;
or, elle l'est généralement d'autant moins qu'elle veut et
croit l'être davantage. Au-delà d'une certaine limite,
plus vous affranchissez la multitude, plus vous la mettez
sous le joug. Ses décrets étaient l'œuvre d'un sénat,
d'une caste ; il seront ceux du premier venu assez hardi
pour saisir la bride que ce sénat, que cette caste se sera
laissé arracher. Maîtresse absolue du pouvoir, non-seulement elle sera entourée de plus d'hommes prêts à tout
faire pour en avoir leur part, mais elle le leur livrera plus
aisément que si elle n'en avait elle-même qu'une partie,
soumise à certaines formes, et s'exerçant concurremment
avec l'autorité d'un autre corps. Bref, dans une démocratie
sagement mitigée, le peuple est beaucoup ; dans une démocratie pure, par cela même qu'il est tout, il n'est rien.
Ce n'est plus lui qui pense ; ce n'est plus lui qui veut. Si
vous voulez le peindre, n'en faites pas un homme fort qui
va droit son chemin : faites-en un vieillard qu'un héritier
tire à gauche, un autre à droite... Heureux encore si, pour
que la ressemblance soit parfaite, il ne faut pas en venir
à peindre tout simplement un homme ivre !

[1] « Quand je vous suppliais d'être le restaurateur de la Grèce,
ma pensée n'allait pas jusqu'à vous conjurer de rétablir la démocratie. Je n'aime point le gouvernement de la canaille. »

Lettre au roi de Prusse.

« Vous avez bien raison de dire, monseigneur, que les Genevois
ne sont guère sages ; mais c'est que le peuple commence à être le
maître dans cette petite république. »

Lettre au duc de Richelieu. 1765.

CHAPITRE VINGT-SEPTIÈME

I. — Le suffrage universel. — Trois cas. — Le nombre des votants n'est pas une garantie. — Sincérité difficile ; liberté rare. Fraudes. — II. — Revirements. — Un peuple sait rarement ce qu'il veut. — Votation populaire, brevet de fragilité. — Quelles sont les lois les plus respectées. — *Majestas populi.*

III. — Inconvénients moraux. — La souveraineté populaire en permanence est une arme aux mains du premier venu. — Les extrêmes seuls sont en présence. — « Est-ce que j'ai dit quelque sottise? » — IV. — Les partis toujours en éveil. — Les ambitions aiguillonnées. — Respect intéressé ou aveugle pour les décisions de la foule.

V. — Le suffrage universel repose sur une fiction. — Absurdités pratiques. — Illusions devenues impossibles. — Éclairer et moraliser, seule ressource. — Obéir comme citoyen; mais en restant libre comme homme.

I

Tout ce que nous disions de la démocratie en général, nous le dirions du suffrage universel, sa forme la plus ordinaire. Comme elle, il serait excellent s'il pouvait être réel ; comme elle, il devient un mal, parce qu'il ne l'est à peu près jamais.

Voilà cent mille citoyens qui vont voter sur une certaine loi, ou procéder à une élection quelconque.

Trois cas peuvent se présenter. Ou les votants se trouveront unanimes, — ou une minorité se formera, mais faible, — ou la lutte sera plus vive, et la majorité ne l'emportera que de peu.

L'unanimité peut également prouver beaucoup ou rien, car elle peut également résulter d'une conviction sérieuse ou d'une passion aveugle, d'une liberté vraie ou d'une odieuse pression. Lequel des deux est le plus fréquent dans l'histoire ? Quelles lois ont été généralement votées sans opposition par la foule, les bonnes ou les mauvaises ? Quels hommes ont eu le plus souvent la totalité des voix données, les honorables ou les vils, les amis de la liberté ou ceux qui allaient être des tyrans sous son nom ?

Une minorité pourra donc être d'autant plus significative qu'elle sera plus petite, car son exiguité même prouvera, dans certains cas, qu'elle est composée d'hommes qui pensent, qui résistent à l'entraînement des passions, aux menaces des violents. Ils pourront — et la suite l'a maintes fois prouvé — être restés les représentants de la raison, de la justice, de l'honneur.

Supposez, en troisième lieu, une minorité considérable. Si cette minorité est dans le vrai, comment ne pas déplorer que quelques voix aient suffi pour faire triompher le faux ? Si elle est dans le faux, comment ne pas s'effrayer du petit nombre de voix qu'il eût fallu pour qu'elle devînt majorité, et que le faux eût la victoire ?

Plusieurs de ces inconvénients pourraient être signalés, à la rigueur, dans les votations d'un corps quelconque ; mais il est facile de voir combien le suffrage universel les généralise et les aggrave.

D'abord, au delà d'une certaine limite, le nombre des votants ne nous garantit plus rien, et la volonté du pays peut être d'autant plus mal rendue qu'elle l'aura été par plus de voix. C'est que le besoin de s'entendre concentre inévitablement la direction dans un nombre de mains d'autant plus petit que l'armée à mener est plus nombreuse. Cent électeurs sont plus difficilement unanimes que cent mille, car ils veulent garder leur libre arbitre, tandis que, plus nombreux, ils sentent la nécessité de l'abdiquer, d'avoir des chefs. De là ces votations qui ne satisfont quelquefois aucun de ceux qui y ont concouru ; de là ces choix contre lesquels tout le monde a quelque chose à dire, et qui n'en restent pas moins l'expression officielle de la volonté de tous. Un pays peut-il avoir voulu ce que ne voulait aucun des citoyens ? Non ; mais force a été de voter pour ce qu'on ne voulait guère, de peur d'amener, en se divisant, le triomphe de ce qu'on ne voulait pas du tout.

Rien de moins libre, au fond, que ces manifestations officielles de la volonté d'un peuple libre. Pour une votation qui aura eu, grâce au concours de certaines circonstances, les caractères d'une spontanéité réelle, vingt peut-être ne seront que la mise en scène d'une partie déjà jouée en dessous par un petit nombre d'habiles. Napoléon définissait la guerre : «L'art d'amener sur un point, à un moment donné, plus de monde que l'ennemi. » Voilà le suffrage universel. Les succès qu'il procure ne prouvent le plus souvent, comme les succès militaires, que le bonheur ou l'habileté des chefs.

Mais à la guerre, au moins, le mensonge et la fraude ne sont pas réputés habileté, et le succès n'en ôterait pas l'infamie. Pourquoi en est-il autrement dans les grandes luttes politiques ? Pourquoi tant de sévérité envers ce citoyen obscur qui aura falsifié un bulletin, et tant d'indulgence pour celui qui en aura falsifié mille, dix mille, en séduisant dix mille citoyens, en leur faisant dire oui où ils auraient dit non s'ils avaient suivi leur conscience ? N'objectez pas que la séduction a pu être et a été en effet, dans certains cas, au profit de la vérité, de la justice ; vous ne feriez qu'ajouter un nouveau trait à la critique d'un système où la raison et la justice sont forcées de parler le langage de la passion, et où, même en le parlant, elles ont encore bien moins de chances de succès que l'injustice et la folie. Un mensonge a souvent plus d'influence en une heure que dix vérités en un mois,

II

Aussi, — et nous voilà au plus évident, au plus palpable des inconvénients du suffrage universel,—voyez à quels revirements il est sujet. Appelleriez-vous sage un homme que les plus légères circonstances amèneraient, en un instant, à changer ses résolutions, ses principes? Cette mobilité que vous trouveriez, à bon droit, absurde et ridicule, le suffrage universel la crée et la perpétue chez un peuple. Vous croiriez vous moquer beaucoup d'un homme en disant qu'on ne peut jamais savoir ce qu'il pensera ou fera le lendemain; ne se moquent-ils pas un peu des peuples ceux qui les font entrer dans un régime où on ne sera jamais sûr, une heure, une minute d'avance, de la décision qu'ils vont prendre? Il est rare, en effet, que le résultat définitif, fût-il ce que vous aurez prévu, ne se présente accompagné de bizarreries imprévues, d'indices évidents qu'il aurait fallu peu de chose, presque rien, pour que tout allât autrement. Le peuple le plus sage est un enfant quand vous le consultez sous cette forme. Croiriez-vous respecter un homme en l'amenant à n'être qu'un enfant? Ceux donc qui ont le plus de vrai respect pour le peuple, ce ne sont pas ceux qui le convient aux légèretés brutales du suffrage universel; ceux qui veulent des lois respectées et respectables, ce ne sont pas ceux qui les font voter par la multitude. Ils savent que les lois faites par elle, fût-ce avec enthousiasme et accord, manquent toujours de ce je ne sais quoi qui fait durer les institutions humaines. Nous le sentons par impression ; nous le voyons dans l'histoire. Les chartes octroyées ont beau ne pas durer beaucoup, elles durent encore toujours plus que les constitutions votées. Dans les républiques antiques, tout ce qui a vécu était œuvre individuelle ; ce que la foule avait fait se défaisait et se refaisait sans cesse. Avec Solon ou Numa, la statue de la loi est sur un piédestal un peu étroit, si vous voulez, mais de marbre ; avec la multitude, elle est sur un tas de sable. On obéit, mais sans respect, sans amour, et ceux qui ont le plus exalté, en théorie, la souveraineté du peuple, sont toujours et partout les premiers à désobéir.

Un homme d'esprit disait que les constitutions les plus solides sont celles qui n'ont pas de base. Il entendait — et qui niera, dans ce sens, qu'il n'eût raison ? — celles qui n'ont jamais été discutées ni votées, celles qui se sont faites, ou peu à peu sous l'influence des choses, ou tout à coup sous l'autorité d'un homme. Les lois les plus sages, les plus justes, perdent de leur autorité morale en passant par la votation populaire ; elles y contractent, en dépit de leur valeur intrinsèque, un caractère indélébile de légèreté, de fragilité. Pourrait-il en être autrement ? Il faudrait ne les avoir pas vus de près, ces grands actes de la souveraineté nationale ; il faudrait en oublier les détails, ces innombrables petits faits immoraux ou ridicules, ces intrigues de toute espèce, cette incontestable nullité d'un si grand nombre de suffrages. On parle de la *majesté* du peuple. Ce mot

17.

a pu, en certains cas, être juste ; mais il ne l'est certainement jamais moins que dans les occasions où la souveraineté du peuple a à se montrer par des actes, et c'est alors surtout que l'on peut dire, avec un grand poëte : « *Majestas populi*, te chercherons-nous dans la foule? Tu n'as jusqu'ici résidé que dans un petit nombre. Quelques-uns seulement peuvent compter. Le reste, comme dans une loterie, n'est qu'un amas de billets nuls où les bons sont noyés[1]. » D'ailleurs, dans une foule, ce ne sont jamais tant les sagesses individuelles qui tendent à former un tout, que les erreurs, les passions, les folies. L'affinité n'existe, en quelque sorte, qu'entre ce qu'il y a de plus mauvais ou de moins bon ; il faut de grands efforts et des circonstances favorables pour la créer entre les volontés droites, éclairées, calmes, toujours d'autant plus divisées qu'elles sont plus consciencieuses.

III

Que dire maintenant des inconvénients moraux?

C'était aller un peu loin, nous l'avouons, que de supposer un peuple à jamais dépouillé de sa souveraineté pour en avoir une fois confié l'exercice aux membres d'une certaine famille ; mais l'extrême opposé est-il plus

[1] Schiller.

sage ? Entre un système où tout était réputé éternel, et un système où tout est remis sans cesse en question, n'y aurait-il donc aucun milieu ?

Le droit, nous l'avons déjà dit, ne peut pas être contesté ; la souveraineté du peuple apparaît nécessairement à l'origine de tout pouvoir constitué. Ce n'est donc même pas un droit, nous le répétons, mais quelque chose de plus positif encore : un fait naturel, incontestable, évident. Mais ce qui n'est ni incontestable, à beaucoup près, ni naturel, c'est que ce droit doive être perpétuellement appelé à s'exercer, au risque de se donner à lui-même les plus déplorables atteintes ; car une fois que la souveraineté du peuple est arrivée, à force d'être mise en jeu, à un certain degré d'excitation, n'espérez pas qu'elle continue à s'exercer suivant les formes qu'elle se sera d'abord prescrites. Elle voudra être en permanence ; elle voudra se retrouver tout entière partout où il y aura quelqu'un pour l'invoquer hardiment. Le peuple souverain, ce ne sera plus le peuple entier, mais une fraction quelconque, menée par quelques hommes, par un seul. Les magistrats élus par l'ensemble de la nation, mais hier, se trouveront être moins que les chefs acclamés dans une réunion quelconque, mais aujourd'hui, car le peuple ne peut, vous dira-t-on, avoir abdiqué hier, et sa souveraineté est toujours là. Rousseau ne disait-il pas des magistrats que « le peuple peut les établir et les destituer quand il lui plaît ? » Et comme le peuple ne peut pas être sans cesse assemblé, il est clair, — on l'a assez vu dans toutes les révolutions, — que le droit de destituer les magistrats est remis, en fait, dans ce système, à quiconque se trouvera momentanément assez fort pour l'exercer.

Mais laissons les abus, bien qu'on ne soit que trop autorisé, de nos jours, à les considérer comme inséparables de l'usage. Supposez le suffrage universel exercé aussi régulièrement qu'il peut l'être, et suivez-le·dans ses principales conséquences.

Les partis intermédiaires s'effacent; les extrêmes seuls sont en présence. Quelques voix de plus ou de moins dans un sens ou dans l'autre, et voilà le pays qui change du tout au tout dans l'ensemble et dans les détails de son régime au dedans, de sa politique au dehors, de ses lois, de sa constitution même. Dira-t-on que ces changements ont aussi leur bon côté, et que, s'ils vous jettent en un jour du bien au mal et de l'ordre au désordre, en un jour aussi ils vous remettent dans une voie d'ordre et de paix? Oui; mais avec la chance d'en sortir encore au premier moment. De tous les moyens de connaître la volonté d'une nation, celui qui fait une telle part à l'imprévu ne devrait être regardé que comme un pis-aller. Le citoyen consciencieux et grave préférera toujours une autre voie; toujours un succès obtenu par le suffrage universel lui fera demander, comme à Caton : « Est-ce que j'ai dit quelque sottise? » ou plutôt : « Est-ce que j'ai fait quelque bassesse? »

IV

Un autre effet fâcheux, c'est de tenir les partis en éveil en les appelant sans cesse à se compter. Rien de plus propre à éterniser les haines que d'avoir toujours en perspective un jour fixe où on videra la querelle, où il y aura de nouveau, non-seulement dans l'ensemble du pays, mais dans chaque ville, dans chaque village, dés vainqueurs et des vaincus. A peine une bataille est-elle gagnée ou perdue, à peine commence-t-on à se rappeler un peu qu'on est concitoyens et frères, qu'il faut songer à une nouvelle lutte, dresser de nouvelles machines, rappeler de vieux griefs et se tenir à l'affût des nouveaux.

Rien de plus propre encore à aiguillonner les ambitions, et surtout les mauvaises, que cette possibilité périodique d'arriver tout à coup, sans études spéciales, sans services rendus, sans titres sérieux d'aucune espèce, à ce qu'il y a de plus haut. Les cours ont vu des élévations rapides, scandaleuses ; elles n'en ont vu ni d'aussi rapides, ni d'aussi scandaleuses que beaucoup de celles-là, et ce qui arrivait une ou deux fois sous chaque règne, nous le voyons, avec la démocratie, tous les jours. Aussi la tentation est-elle forte, irrésistible. Les plus mauvais moyens s'offrent comme les plus sûrs, et trop souvent ils le sont en effet. On arrive à se faire, en politique, une conscience et des principes qu'on aurait horreur de se sentir dans la vie ordinaire. L'ambition la plus noble est forcée de recourir à des expédients qui ne le sont pas, et, dût-elle garder sa pureté, elle perd sa dignité. Il se dit et se fait plus de bassesses en un mois, à la cour du peuple souverain, qu'il ne s'en faisait de longtemps à la cour de Louis XIV ; encore y gardait-on, jusque dans l'avilissement, une noblesse dont il a fallu se défaire.

Une autre source de démoralisation, c'est le respect qu'on s'habitue à avoir pour les décisions aveugles de la foule.

Nous ne parlons pas, on le comprend, du respect légal. Celui-là, au contraire, il faut le recommander, car si une minorité se croit en droit de refuser obéissance, il n'y a plus de gouvernement possible. Nous n'avons donc ici en vue que le respect réel et intérieur, l'influence que la multitude exerce sur les opinions, même morales, d'un trop grand nombre de gens. Peu iront jusqu'à dire, comme l'a fait implicitement Rousseau, que les décrets du peuple font le juste et l'injuste, que ce qu'il veut est bien parce qu'il le veut, que ce qu'il repousse est mal par cela seul qu'il le repousse ; mais on se laisse aller à voir en lui, jusqu'à un certain point, le juge de la morale et du droit. Les actes les plus condamnables sont réputés absous dès qu'il les a sanctionnés par un vote ; on ne les dira pas bons pour cela, mais on cessera de s'en indigner. Dans les affaires de raison, même faiblesse. Quand le suffrage universel a condamné une idée, ceux qui la soutenaient ne diront pas qu'ils avaient tort, mais beaucoup cesseront de dire qu'ils

avaient raison, et plus d'un, même, en cessant de le dire,
cessera de le penser. Où est-il aujourd'hui cet homme
juste et *tenace,* comme dit le poëte, que les ruines de
l'univers écraseraient sans l'émouvoir? Il suffit d'un
scrutin pour en amener beaucoup à douter de leur raison, et même de leur conscience. Ceux qui ne sont que
lâches, ils sont ravis de pouvoir s'abriter derrière le
vieux proverbe que « la voix du peuple est la voix de
Dieu. »

V

Le grand tort et le grand danger du suffrage universel, c'est de paraître fondé sur la nature et de reposer
en effet sur une fiction, la plus forte peut-être qui soit
entrée dans aucune combinaison de gouvernement. Que
sont les fictions dites constitutionnelles, celle même
qu'on a le plus attaquée comme absurde, l'irresponsa-
bilité du souverain, en comparaison de celle qui suppose à tous les citoyens la même aptitude à juger, le
même droit moral à influer sur les destinées du pays?
Qui en voudrait, de cette fiction-là, pour les plus petits
intérêts de sa fortune? Qui hésiterait entre l'avis d'un
seul homme compétent et celui de cent, de mille autres
qu'il saurait ne pas l'être? Voilà deux citoyens qui vont
déposer ensemble leur suffrage. L'un, ce sera un homme
universellement reconnu pour grave, instruit, capable.
L'autre... Voyons. Ce sera peut-être un paysan, brave

homme au fond , mais qui tremblerait à la pensée d'adresser ailleurs un seul mot à celui qu'il coudoie en ce moment; peut-être un homme de la ville , moins ignorant, mais qui serait également bien loin, en toute autre affaire, de se comparer au premier ; peut-être un niais qui avoue hautement ne rien comprendre à ce dont il s'agit, et qui s'en va demandant ce qu'il faut faire ; peut-être un autre niais qui se croit bien plus habile, parce qu'il a reçu d'avance le mot d'ordre au cabaret ou au club ; peut-être... Mais on n'en finirait pas. Ce qui est sûr, c'est que vous en trouverez toujours cinq ou six de ce genre contre un dont le jugement ait quelque poids, et vingt peut-être contre un seul que vous voulussiez consulter sur vos affaires. Les voilà égaux, en attendant, pour prononcer sur le sort de la patrie.

Mais où voulons-nous en venir? à demander l'abolition du suffrage universel ? Dans les grands États, il s'abolira assez de lui-même ; dans les petits , par quoi le remplacer ? D'ailleurs, ceci n'est pas une discussion politique. Tout ce qu'on vient de lire était écrit avant les grands scandales que le suffrage universel a donnés depuis un an. Des résultats particuliers plus conformes ou plus contraires à nos principes, à nos vœux, ne nous auraient pas fait changer un mot.

Nous en étions aux théories du dix-huitième siècle ; nous avons pu, sans sortir de la théorie, signaler les erreurs où le manque de pratique avait jeté les écrivains de ce temps, Voltaire lui-même, après tout le mal qu'il a dit de la démocratie, se fait encore illusion sur ses effets. « La discorde , dit-il, [1] y régnera comme dans un couvent de moines ; mais il n'y aura ni Saint-Barthélemy, ni Vêpres siciliennes, ni Inquisition... » Hélas ! nous avons vu pis que tout cela ; et s'il y a des républiques, car il y en a heureusement, où la démocratie n'a rien amené de semblable, ce sont les républiques établies en dehors des principes du dix-huitième siècle.

Ne concluons , par conséquent, ni pour ni contre le suffrage universel en lui-même. Tenons-nous-en à bien voir ce qu'il est aux yeux du sage.

Avez-vous à en diriger l'application ? — Puisque le système est faux, en soi, comme basé sur une égalité qui n'est pas, tâchez de le rendre, en pratique, un peu moins faux, en diminuant l'inégalité de lumières , en apprenant à tous à examiner, à juger, mais par eux-mêmes, avec leur conscience et leur bon sens. Il est vrai que le plus mauvais journal aura toujours, au moment d'une votation, plus d'autorité que tout ce que vous aurez dit ou écrit pour éclairer les suffrages de la foule ; mais il n'est pas impossible qu'à la longue, Dieu et le malheur aidant, l'éducation du peuple ne se fasse. Parlez-lui beaucoup de ses devoirs, peu de ses droits. Assez d'autres lui en parlent, et il suffit qu'on sache que vous ne les contestez pas. Si Montesquieu, si Rousseau ne s'étaient pas absorbés dans la question des droits, nous ne serions pas où nous en sommes. L'erreur était peut-être excusable à une époque où les droits étaient niés ; aujourd'hui qu'ils ne le sont pas, ce n'est plus une erreur, mais un mensonge et un crime.

[1] *Dictionnaire Philosophique.*

N'avez-vous, simple citoyen, qu'à vous soumettre aux résultats, quels qu'ils soient? — Soumettez-vous, mais en gardant votre liberté intime. Ne voyez dans les hasards du scrutin ni des succès ni des chutes. Ne croyez pas avoir raison parce qu'il vous aura donné raison, ni tort parce qu'il vous aura donné tort; n'excusez ni ne condamnez qui que ce soit parce que la multitude l'aura excusé ou condamné. Cherchez vos convictions ailleurs. Ne reconnaissez d'autres juges que la conscience et la raison.

CHAPITRE VINGT-HUITIÈME

I. — Combien, au fond, on méprisait le peuple. — Rousseau. — Montesquieu. — Voltaire. — La canaille. — Les chiens, les loups.

II. — On avait peu le sentiment de la dignité humaine. — L'*homme* et *les hommes* au dix-huitième siècle. — L'*homme* et *les hommes* dans le système chrétien.

III. — On ne comprenait pas la liberté. — Comment on envisageait la tolérance en religion. — Omnipotence attribuée à l'État. — Montesquieu. — IV. — Rousseau et sa religion *civile*. — La mort à qui ne l'observera pas. — Rousseau d'accord avec l'archevêque de Paris sur la question des protestants français. — Quels fruits tout cela a portés en politique.

V. — Encore le despotisme. — Galiani. — Gibbon. — Voltaire. — L'incrédulité seule lui paraissait mériter d'être libre. — Les rapports entre l'Église et l'État. — On ne faisait que déplacer l'intolérance. — Rousseau accorde, en fait, l'infaillibilité au souverain. — Voltaire veut la soumission absolue de l'Église. — Un de ses griefs contre *Athalie*.

I

Mais le mépris du peuple en tant que juge ne doit
pas entraîner le mépris du peuple en tant que composé
d'hommes, d'êtres intelligents à éclairer, d'êtres sensibles à aimer.

Encore un point, par conséquent, sur lequel le dix-
huitième siècle ne doit pas être notre guide.

En effet, à côté des sentimentalités économiques et du
dogme absolu de la souveraineté du peuple, il y avait
un grand dédain pour les masses, un grand oubli de
leurs intérêts positifs. Rousseau lui-même a peu l'air
d'un homme qui s'en préoccupe. Le peuple est, sous sa
plume, comme l'armée dans les combinaisons d'un
général. Il en a besoin pour vaincre ; son amour ne va
guère au-delà de ce besoin. Le peuple est son Dieu en
gros ; mais, en détail, il ne le sépare guère de ces grands
auxquels il donne tous les vices. Il veut élever Émile à
la campagne, « loin de la canaille des valets, les derniers des hommes. » Il est vrai qu'il ajoute « après leurs
maîtres ; » mais voilà les valets, les serviteurs en général,
car il ne fait aucune distinction, qualifiés de *canaille*,
ce qui n'est ni très charitable, ni très juste, ni surtout
très démocratique. Émile, son élève, n'est rien moins
qu'un enfant du peuple, et son éducation n'est rien
moins que propre à le rapprocher de la foule. Il ira bien,
puisque son mentor le veut, travailler chez un menui-

sier; mais à cela se borneront, selon toute apparence ses relations avec le peuple réel. L'éducation des classes laborieuses est restée en dehors des méditations de Rousseau. Peut-être aussi a-t-il fui à dessein un sujet où il eût fallu parler pratique, et où la fragilité du système eût été par trop apparente. Toujours est-il que le plus déterminé champion des classes supérieures n'eût pas osé parler si peu du peuple dans un traité d'éducation.

Montesquieu le nomme souvent; mais il ne sait guère prendre ce mot *peuple* que dans le sens abstrait dont nous parlions ci-dessus. Le peuple, le peuple réel, il ne le connaît pas beaucoup mieux autour de lui que dans les républiques de jadis; il n'a évidemment pas plus cherché à le connaître, pour faire l'*Esprit des Lois*, que Rousseau les enfants pour faire *Emile*. On sent l'homme qui a vu la nation dans les salons, et qui dirait volontiers, comme les chroniqueurs de Versailles, «*Toute la France*» pour dire «*Toute la cour.*» Écoutez-le. « Les femmes ont peu de retenue dans les monarchies, parce que, la distinction des rangs les appelant à la cour, elles y vont prendre cet esprit de liberté qui.... etc.[1]. » Ainsi, les dames de la cour, ce sont *les femmes*. Ce qui n'est pas de la cour n'existe pas.

Voltaire — et c'est un trait qu'on ne lui pardonnerait guère aujourd'hui, si ses amis n'avaient soin de n'en rien dire, — Voltaire enseigne, en maint endroit, qu'il ne faut pas même essayer d'éclairer le peuple; il va, ce

[1] Livre VIII. Ch. VIII.

qui est assurément, chez lui, le dernier degré du mépris,
jusqu'à dire qu'il ne faut pas même chercher à le rendre
incrédule. Dans une lettre au roi de Prusse [1] : « Votre
Majesté, dit-il, rendra un service éternel au genre
humain en détruisant cette infâme superstition [2], je ne
dis pas chez la canaille, qui n'est pas digne d'être éclai-
rée et à laquelle tous les jougs sont propres, mais chez
les honnêtes gens, chez les hommes qui pensent..... C'est
à vous de nourrir leur âme ; c'est à vous de donner le
pain blanc aux enfants de la maison, et de laisser le pain
noir aux chiens. »

Ainsi, s'il rit des priviléges de l'ancienne aristocratie,
s'il lui apprend à en rire elle-même, c'est pour la remplacer par une aristocratie nouvelle de savoir, de bon goût,
d'incrédulité surtout, car avec du goût et du savoir,
mais accompagnés de religion, vous restiez dans la
tourbe des hypocrites et des sots. « Les Turcs, écrit-il
au marquis d'Argens [3], prétendent que leur Alcoran a
tantôt un visage d'ange, tantôt un visage de bête. Cette
définition de l'Alcoran convient assez au temps où nous
vivons. Il y a quelques philosophes : voilà les visages
d'ange ; tout ce qui se fait ailleurs ressemble fort à des
visages de bête. » — « Ne comptez pour votre prochain,
écrit-il encore à Helvétius, que les gens qui pensent, et
regardez le reste des hommes comme les loups, les
renards et les cerfs qui habitent nos forêts. »

[1] Janvier 1757.
[2] Le christianisme.
[3] Août 1762.

Ces chiens, ces loups, ce ne sont pas seulement les
intelligences brutes, mais quiconque a osé ne pas saluer
le flambeau des doctrines nouvelles. « L'empesé luthé-
rien, le sauvage calviniste, l'orgueilleux anglican, le
fanatique janséniste, le jésuite qui croit toujours régen-
ter, même dans l'exil et sous la potence....., se déchaî-
nent tous contre le philosophe. Ce sont des chiens de
différente espèce qui hurlent tous à leur manière contre
un beau cheval qui paît dans une verte prairie [1]. » Enfin:
« Nous aurons bientôt de nouveaux cieux et une nouvelle terre, écrit-il à d'Alembert; j'entends pour les
honnêtes gens, car, pour la canaille, le plus sot ciel
et la plus sotte terre sont tout ce qu'il lui faut. »

Ainsi disait le maître; ainsi répétaient les disciples.

II

Ils avaient donc peu le sentiment de la dignité humaine, ces hommes qui en parlaient tant dans leurs
livres et qui en faisaient si bon marché dans la plupart
de leurs semblables. Autre chose est d'exalter *l'homme*,
ou de respecter et d'aimer *les hommes*.

L'homme, l'idéal *homme*, on le mettait sur l'autel.
L'orgueil individuel trouvait son compte à cette vague
apothéose dont chacun, à part soi, se décernait complai-
samment l'honneur. « C'est de l'homme que j'ai à parler,

[1] *Dictionnaire Philosophique.*

avait dit Rousseau dans le début de son discours sur l'inégalité; et la question que j'examine m'apprend que je vais parler à des hommes, car on n'en propose point de semblables quand on craint d'honorer la vérité. » On se plaisait aussi à opposer le mot *homme*, dans son orgueilleuse nudité, aux titres éclatants usités parmi les hommes. En parlant d'un souverain détrôné, mais grand dans le malheur : « Du rang de roi, disait encore Rousseau [1], qu'un lâche, un méchant, un fou peut remplir comme un autre, il monte à l'état d'homme, que si peu d'hommes savent remplir. » Élever un roi, c'est, selon Maury [2] : « Faire d'un homme un roi, *ou plutôt d'un roi un homme*. » Voltaire, dans des vers en l'honneur du comte de Clermont, prince du sang, disait [3] :

« Je crus n'y voir qu'un prince, et j'y rencontre un homme... »

Et dans une lettre à Maupertuis [4], dont il devait plus tard dire tant de mal : « Il n'y a que le roi de Prusse que je mets de niveau avec vous, parce que c'est de tous les rois le moins roi et le plus homme. »

L'homme, c'était donc presque un dieu; *les hommes*, au contraire, on se réservait le droit de mépriser et d'abandonner tous ceux en qui cet idéal ne se réalisait pas; bien entendu que vous ne pouviez, en aucun cas, le réaliser en dehors des règles philosophiques de l'époque.

[1] *Émile*. Livre III.
[2] Éloge de Fénelon.
[3] 1731.
[4] 1740.

Le système chrétien est diamétralement à l'opposé.

L'homme, il le méprise. Il veut que nous le considérions, et chez les autres et en nous, comme un être déchu et impuissant, lequel n'a réellement en lui ni sa force ni ses vertus.

Les hommes, au contraire, il nous enseigne à voir en chacun d'eux, nous ne dirons pas un frère, car les philosophes l'enseignaient et cela ne mène pas à grand'chose, mais une âme, un être que Dieu lui-même ne mépriserait pas sans se mépriser, en quelque sorte, parce qu'il l'a fait à son image, et lui a assigné une place, un rôle, dans ses desseins éternels

Voilà les deux systèmes; et quand ce dernier n'aurait pas un enseignement divin pour base, quand nous voudrions ne le juger que comme doctrine humaine, nous pourrions encore demander lequel des deux est le plus conforme aux faits, le plus fécond en conséquences de paix, de fraternité sérieuse et de liberté véritable.

III

La question de la dignité de l'homme était donc mal saisie; celle de la liberté, dès lors, ne pouvait manquer de l'être.

Nous avons vu les germes de despotisme politique que renfermaient les théories de Montesquieu, de Rousseau et de leurs disciples. D'autres despotismes y étaient, et plus qu'en germe.

La liberté religieuse, qui n'est pas seulement la plus naturelle en soi, mais que les penseurs de cette époque avaient, ce semble, un grand intérêt à prêcher, — ils ne l'ont pas prêchée, et ils ont fourni des armes à ceux qui ne l'accordaient pas.

Ils leur en ont fourni, d'abord, en laissant voir qu'ils ne croyaient pas la tolérance compatible avec la foi. Quand Voltaire écrivait, en 1764 : « On n'obtiendra jamais des hommes qu'ils soient indulgents dans le fanatisme, » tout le monde savait très bien que le *fanatisme,* sous sa plume, signifiait la foi. La tolérance et l'incrédulité se présentaient donc comme unies, inséparables ; tout abandon des anciennes rigueurs semblait l'abandon des anciens dogmes, et, en fait, il l'était, grâce à l'empressement avec lequel Voltaire et les siens lui donnaient ce sens.

Nous avons dit combien ils étaient restés indifférents, jusqu'à l'affaire des Calas, aux maux des protestants français ; nous avons vu avec quelle légèreté l'auteur de la *Henriade,* après les avoir chantés au seizième siècle, les abandonnait, au dix-huitième, comme des hommes arriérés, presque comme des traîtres, parce qu'après avoir proclamé la liberté d'examen, ils refusaient de la pousser jusqu'à l'incrédulité.

Ce silence des libres penseurs sur leur compte était encore un encouragement à ne les pas ménager, car il venait à l'appui d'une doctrine que le gouvernement commençait à professer pour s'autoriser dans ses rigueurs. On prétendait ne plus persécuter pour cause de religion. Les protestants étaient libres de se damner,

mais ils devaient, comme sujets, obéir aux édits qui
interdisaient leur culte. Ils étaient donc punis comme
rebelles, non comme protestants. — Voilà le triste jeu
de mots par lequel se laissaient fermer la bouche tant
d'hommes qui auraient dû, ce semble, être leurs avocats.

Mais ils allaient plus loin, ces hommes. S'ils refusaient à l'autorité civile le droit de fixer et d'imposer
le dogme proprement dit, ils le lui rendaient, en fait,
par l'étendue des pouvoirs qu'ils lui reconnaissaient
dans la police ecclésiastique et religieuse.

« Ce sera une très bonne loi civile, avait dit Montesquieu [1], lorsque l'État est satisfait de la religion déjà
établie, de ne point souffrir l'établissement d'une autre. »

Voilà l'*Etat* pris dans ce sens absolu qui, donné au
mot peuple, conduit, nous l'avons montré, au despotisme. L'État, c'est nécessairement toujours, en réalité,
ou son chef, ou ses chefs, ou la majorité des citoyens;
tous les droits que vous donnez à l'État, vous les donnez, en fait, ou à un gouvernement, ou à une majorité.
C'est donc à une partie du peuple, en définitive, que
Montesquieu reconnaît le pouvoir de « ne point souffrir » qu'une autre partie du peuple modifie sa religion;
et ce « *ne point souffrir,* » il est clair que c'est persécuter, car on ne voit pas ce qu'il y aura à faire d'autre
en cas que la minorité n'obéisse pas à la défense.

Montesquieu ajoute, il est vrai, qu'une fois cette religion nouvelle établie dans un État, il faut la tolérer.

[1] *Esprit des Lois.* Livre XXV, Ch. II.

Voilà qui a l'air plus libéral, et c'est, au fond, le même despotisme.

D'abord, le mot même de *tolérer* renferme implicitement la négation de la liberté religieuse. Partout où elle est reconnue comme un droit, on a banni ce mot. Il n'y a réellement pas plus lieu à *tolérer* les droits de la conscience qu'à *tolérer* l'autorité paternelle, la propriété, les droits naturels en général.

Mais quand ce ne serait là, chez Montesquieu, qu'une inadvertance de langage, que signifie, après ses premières assertions, cette liberté qu'il demande pour les opinions religieuses? *Une fois cette religion nouvelle établie dans un Etat...* dit-il. Mais que veut dire *établie?* Cette religion le sera-t-elle par le seul fait qu'un certain nombre d'hommes se seront mis à la professer, ou faudra-t-il la reconnaissance de l'État? S'il suffit que quelques-uns la professent, c'est dire que l'État n'a rien à voir dans ces affaires; si elle n'est réputée établie et à tolérer qu'après qu'il l'aura reconnue, nous voilà revenus à la négation complète de la liberté religieuse.

IV

Ces généralités, déjà trop fécondes en conséquences oppressives, Rousseau les développe avec une désespérante netteté. Tous les droits que nous lui avons vu accorder au souverain, c'est-à-dire au peuple, il en étend l'empire au domaine religieux. « Il importe à

l'État, dit-il [1]. que chaque citoyen ait une religion qui
lui fasse aimer ses devoirs ; mais il faut que cette religion soit purement civile, et que le souverain seul ait le
droit d'en fixer les articles. »

Mais si quelqu'un a le droit de les fixer, ces articles,
qu'importe que ce soit *le souverain*, c'est-à-dire une
majorité, ou un corps quelconque de docteurs ? La foi
individuelle n'est plus libre.

« Ces articles, ajoute-t-il, ne seront pas précisément
des dogmes de religion, mais des sentiments de sociabilité, sans lesquels il est impossible d'être bon citoyen
et sujet fidèle. »

Des sentiments mis en articles ? Ce n'est pas clair.
Mais poursuivons. Il va être obligé lui-même, en s'expliquant, d'énumérer de véritables dogmes. « L'existence
de la divinité puissante, intelligente, prévoyante et
pourvoyante, la vie à venir, le bonheur des justes, le
châtiment du méchant.... » Nous voilà presque au
christianisme.

Mais si *le souverain*, — toujours une majorité, ne
l'oublions pas, — a le droit d'imposer ces quatre articles,
comment lui refuser celui d'en imposer d'autres ? Rousseau en ajoute en effet un qui pèche par l'excès contraire,
car si ceux-là sont de véritables dogmes rangés à tort
parmi les choses civiles, ce dernier — « La sainteté du
contrat social et des lois » — est un article civil rangé
encore plus à tort parmi des idées religieuses.

Ainsi, toujours la même omnipotence. Voilà « la sain-

[1] *Contrat social.*

teté des lois » mise sur la même ligne que l'existence
de Dieu. Il ne suffit plus d'obéir aux lois : il faut y
croire, y soumettre son intelligence et son cœur ; il faut
diviniser les arrêts du souverain.

Et la sanction de ces divers articles, la savez-vous ?
Écoutez. « Qui ne croit pas ces dogmes doit être banni
de l'État, non comme impie, — toujours ce jeu de mots
si humainement exploité, sous Louis XV, contre les
dissidents français, protestants ou jansénistes, — mais
comme insociable, comme incapable d'aimer sincèrement
les lois et d'immoler, au besoin, sa vie à son devoir. Si
quelqu'un, après avoir publiquement reconnu ces mêmes
dogmes, se conduit comme ne les croyant pas, *qu'il soit
puni de mort.* »

Nous étonnerons-nous, après cela, du goût qu'il a
plus d'une fois laissé voir, dans ses écrits, sinon pour
les dogmes spéciaux de l'Église romaine, du moins pour
son système ? C'est elle qui a réalisé au plus haut point,
soit dans ses théories, soit, partout où elle l'a pu, dans
ses actes, l'omnipotence de la majorité, l'absorption de
l'individu dans la masse ; c'est elle qui a le plus for-
mellement exigé pour ses décrets, non obéissance seulement, mais foi.

Dans sa fameuse lettre à l'archevêque de Paris, il y
a un point sur lequel le philosophe est presque d'accord
avec le prélat, et, ce point, c'est la négation de la liberté
religieuse. Explique qui pourra comment cela se con-
ciliait, dans l'esprit de Rousseau, avec ses récriminations
sur les poursuites dont il était l'objet ; mais plus cette
concession, dans un pareil moment, était étrange, mieux

elle prouve combien son système était loin d'aboutir à
la liberté. Si le despotisme n'eût été bien enraciné dans
les prémisses, se serait-il retrouvé dans la conclusion
lorsque Rousseau avait tout intérêt à l'en ôter ?

« Je ne crois pas, disait-il donc, qu'on puisse légi-
timement introduire en un pays des religions étrangères
sans la permission du souverain, car si ce n'est pas
directement désobéir à Dieu, c'est désobéir aux lois, et
qui désobéit aux lois, désobéit à Dieu. » Ailleurs encore :
« Je conviens sans détour qu'à sa naissance la religion
réformée n'avait pas droit de s'établir en France malgré
les lois. »

Ainsi, tout en demandant actuellement la tolérance,
il laisse subsister, il consolide les bases du despotisme
qui l'a jadis refusée et qui la refuse encore. « Il est bien
différent, ajoute-t-il, d'embrasser une religion nouvelle
ou de vivre dans celle où l'on est né. Le premier seul
est punissable. » Louis XV a donc tort de persécuter
les protestants, mais François Ier avait raison.

La question est-elle aujourd'hui vidée? — Sur le terrain religieux, nous l'espérons; sur le terrain politique
et social, elle a pris, de nos jours, une importance qu'elle
n'avait pas à cette époque. Jamais le despotisme des
masses, jamais l'anéantissement de la conscience individuelle n'avaient été si ouvertement prêchés, si ouvertement annoncés comme le dernier mot et la réalité suprême
de la démocratie. En voyant à quoi mènent les doctrines
de Rousseau et à quoi elles le menaient déjà lui-même,

¹ Lettre à M. A. 1763.

on se demande si c'est bien par l'attrait de la liberté qu'il s'est fait tant de disciples, et si ce ne serait pas plutôt par l'attrait du despotisme, par les facilités qu'il offre à qui voudra pouvoir tout au nom de la liberté.

V

On demandait donc pour soi-même une liberté sans bornes, et on laissait apercevoir, on étalait, au besoin, des sympathies despotiques. Elles vivaient, à côté du libéralisme, comme le matérialisme à côté des mœurs polies et des élégances de l'esprit ; elles n'étaient, pour mieux dire, qu'une des formes de ce matérialisme lui-même.

L'abbé Galiani, l'aimable et spirituel causeur des dîners d'Helvétius, ne reconnaissait en politique, disait-il, d'autre maître que Machiavel, d'autre principe que le despotisme *bien cru, bien vert*.

Gibbon, pour avoir abordé l'histoire avec les principes de Rousseau, ne put être conséquent avec lui-même qu'en prêchant le règne de la force, l'oubli de la dignité de l'homme et des droits de la conscience. Il excuse, il approuve les persécutions païennes, non pas, comme Voltaire, en haine du christianisme, mais froidement et systématiquement. Sa seule raison, c'est celle de Montesquieu et de Rousseau : Il ne faut pas tolérer les religions nouvelles.

Voltaire, le défenseur des Calas, n'accordait guère moins de droits à l'autorité civile, pourvu seulement qu'elle en usât dans le sens de l'incrédulité.

« Le prince philosophe, disait-il par exemple [1], empêchera qu'on ne dispute sur le dogme. »

Qu'il y ait des disputes de ce genre, c'est fâcheux; qu'un prince tâche de les prévenir et de les calmer, c'est bien; mais qu'il ait le droit de les défendre, c'est dire que la liberté de penser sera détruite.

Ailleurs [2], Voltaire accorde au gouvernement français le droit d'interdire tout culte aux protestants.

Ailleurs [3] : « Ce qu'on appelle un janséniste, dit-il, est réellement un fou, un mauvais citoyen et un rebelle. »

« Il est fou, poursuit-il, parce qu'il prend pour des vérités démontrées des idées particulières. »

Voilà le despotisme catholique, celui de Lamennais dans l'*Essai sur l'Indifférence* : il y a folie à se croire dans le vrai quand on pense autrement que la généralité des hommes.

« Le janséniste est mauvais citoyen, parce qu'il trouble l'ordre de l'État. »

Voilà le despotisme de l'opinion : quiconque n'est pas citoyen d'une certaine manière, c'est un mauvais citoyen.

Enfin : « Le janséniste est un rebelle, parce qu'il désobéit. »

Voilà le despotisme royal. C'est avec cette phrase

[1] *La voix du sage et du peuple.*
[2] *Pot-Pourri.*
[3] *Dictionnaire Philosophique.*

19.

qu'on envoyait les jansénistes à la Bastille et les protestants aux galères.

Nous ne demanderons cependant pas, comme plus haut à propos de Rousseau, comment des déclarations de ce genre se conciliaient, dans l'esprit de Voltaire, avec l'indignation où le jetait la moindre atteinte au franc parler des philosophes. Lui, croyez-le, cette contradiction ne lui échappait nullement; il avait trop d'esprit et trop peu de passion réelle pour ne pas s'apercevoir qu'il refusait à d'autres ce qu'il s'accordait largement. Protestants, jésuites, jansénistes, tous ceux qui avaient maille à partir avec l'État, il les abandonnait, et de grand cœur, à l'ombrageuse inquiétude du pouvoir, heureux de se procurer à leurs dépens quelques jours de faveur ou de répit, heureux encore, comme il l'avoua si souvent, de mettre aux prises tous ces gens qu'il n'aimait pas mieux les uns que les autres. Les principes, en attendant, la question de droit, il la laissait de côté, et non pas lui seulement, mais ceux mêmes qui avaient l'air de n'étudier ces questions qu'au point de vue du droit. A quoi reviennent les considérations de Montesquieu sur la liberté religieuse? A un froid examen de ce qu'il convient ou ne convient pas d'accorder sur ce point. Sur quoi Rousseau s'appuie-t-il pour demander qu'on laisse les protestants en paix? Sur l'édit de Nantes, que Louis XIV, selon lui, n'avait pas le droit de révoquer. Contradiction flagrante, car ce qui est fondé sur un édit peut être détruit par un autre, et si vous admettez que Henri IV aurait pu refuser l'édit de Nantes, vous admettez que Louis XIV a pu le révoquer.

On paraissait prêcher la liberté, et on ne faisait que revenir, par d'autres routes, à la doctrine de Bossuet qu' « Il ne peut y avoir, contre le souverain, d'autre recours que le souverain lui-même; » et ce que Bossuet accordait à un souverain soumis d'ailleurs aux lois de la religion, responsable au moins devant Dieu, on l'accordait au peuple, à un souverain irresponsable, c'est-à-dire à un être qui se dissout dans ce monde, et sur lequel Dieu lui-même n'a pas de châtiments à exercer dans une autre vie.

Ainsi, dans cette grande question des rapports de l'Église et de l'État, les écrivains de l'école philosophique n'ont fait que donner à l'État ce qu'ils ôtaient à l'Église. La tolérance ainsi comprise n'était qu'un déplacement d'intolérance. Le souverain, peuple ou roi, devenait le chef de la religion ; pour ôter l'autel de dessus le trône, on ne savait que mettre le trône sur l'autel. Remarquez bien qu'on ne s'arrêtait même pas à une suprématie nominale, comme celle de quelques rois protestants ou de l'empereur de Russie : c'est une papauté réelle, c'est le droit de fixer le dogme, c'est l'infaillibilité et toutes ses conséquences, que Rousseau assigne au souverain. Voltaire, sans entrer dans des détails aussi nets, enseigne également la soumission absolue de l'Eglise. Il ne veut pas plus entendre parler de la distinction des deux puissances que du système dans lequel l'une des deux, la spirituelle, était tout : il n'y en a qu'une, en effet, dit-il, mais c'est la temporelle. Un de ses griefs contre l'*Athalie* de Racine, c'est qu'il y a là un prêtre en révolte contre une reine. Cette reine est une usurpatrice et le roi légitime existe. N'importe! Joad est coupable par le seul fait de ne s'être pas soumis. « Est-il vrai, écrit Voltaire [1], qu'on a représenté *Athalie,* et que le public s'est enfin aperçu que Joad avait tort et qu'Athalie avait raison? » Toujours le despotisme absous, pourvu qu'il reposât sur certaines bases ou s'exerçât dans certains buts. Athalie a commis des crimes, mais Athalie a persécuté les Juifs. C'en est assez. « Athalie a raison. »

[1] A d'Argental. 1761.

CHAPITRE VINGT-NEUVIÈME

———

I

Ces instincts despotiques n'étaient, disions-nous, qu'une des formes du matérialisme universel de cette époque. Abordons maintenant ce caractère, et voyons-le dominer également toutes les manifestations de la pensée, celles mêmes qui paraissaient le répudier.

Ce qu'il importe, avant tout, de bien comprendre, c'est qu'il n'y a réellement pas de degrés dans le matérialisme. Vous avez beau vous retenir, par frayeur ou par génie, à quelque idée intermédiaire, en apparence, entre le spiritualisme et lui : il suffit d'un peu de logique pour vous forcer à lâcher prise, et à rouler, bon gré, mal gré, jusqu'au matérialisme absolu.

On s'est habitué à établir, entre les hommes du dix-huitième siècle, des distinctions qui ne tiennent pas devant un examen sérieux.

Nous avons déjà montré l'erreur de ceux qui regardent Rousseau comme ayant fait une autre œuvre que Voltaire. Nous en dirions autant de ceux qui regardent

Voltaire comme un tout autre philosophe que les épais
matérialistes dont il prétendait se séparer.

« La Mettrie, écrit-il en 1750 [1], vient de faire sans le
savoir un mauvais livre [2], dans lequel il proscrit la vertu
et le remords, fait l'éloge des vices, invite son lecteur à
tous les désordres, le tout sans mauvaise intention. Il y
a dans son ouvrage mille traits de feu et pas une demi-
page de raison ; ce sont des éclairs dans une nuit. Des
gens sensés se sont avisés de lui remontrer l'énormité
de sa morale. Il a été tout étonné ; il ne savait pas ce
qu'il avait écrit ; il écrira demain le contraire, si on
veut. Dieu me garde de le prendre pour mon médecin !
Il me donnerait du sublimé corrosif au lieu de rhubarbe,
et puis se mettrait à rire. »

Est-il, dans ces lignes, un seul trait qui ne s'appli-
quât plus ou moins et à Voltaire et à toute son école ?
Nous dirons, si l'on veut, comme il le disait de La Mettrie, que les intentions étaient bonnes ; mais c'est une
triste excuse pour des hommes qui parlaient de régéné-
rer le genre humain. La Mettrie avait proscrit la vertu ;
en ont-ils beaucoup tenu compte ? La Mettrie avait pré-
ché le vice ; l'ont-ils sérieusement condamné ? La Mettrie avait des traits de feu ; beaucoup n'en avaient
guère. Il n'avait pas une demi-page de raison ; en ont-
ils eu beaucoup de pages entières ? Il fut « tout étonné »
quand on lui eut remontré « l'énormité de sa morale ; »
eux aussi ils auraient été étonnés, et plus qu'étonnés,

---

[1] Lettre à madame Denis.
[2] *L'homme-machine.*

quand ils auraient vu la leur en action vingt ans après.
Hélas ! le sublimé corrosif au lieu de rhubarbe, le poison pour le purgatif, n'est-ce pas un peu ce que donnaient tous les médecins de l'humanité à cette époque ?
Et qui, plus que Voltaire, l'a donné en riant ? « Mon
corps souffre beaucoup ; mon âme, s'il y en a une, ce
qui est fort douteux, vous est tendrement attachée jusqu'à la dissolution entière de mon individu [1]. » La Mettrie en avait-il dit beaucoup plus ? Est-on, en niant
l'âme, bien éloigné de nier la vertu ?

II

Mais peut-être que ce n'était là qu'une boutade, un
mauvais trait d'esprit, non un système. — Eh bien,
écoutons-le raisonner.

L'idée même de l'âme, d'un principe immatériel,
voyez d'abord où il prétend en trouver l'origine.

« Il se forma, dans la suite des temps, des sociétés
un peu policées, dans lesquelles un petit nombre d'hommes put avoir le loisir de réfléchir. Il doit être arrivé
qu'un homme, sensiblement frappé de la mort de son
père, ou de son frère, ou de sa femme, ait vu dans un
songe la personne qu'il regrettait. Deux ou trois songes
de cette nature auront inquiété toute une peuplade.

[1] Lettre à d'Argental. 1773.

Voilà un mort qui apparaît à des vivants ; et cependant
ce mort, rongé des vers, est toujours à la même place.
C'est donc quelque chose qui était en lui qui se promène
dans l'air ; c'est son âme [1]... »

Voilà déjà qui est plus fort, au fond, que tout ce
qu'on avait dit avant lui sur ces matières. Il ne se
borne pas à nier l'âme ; il a l'air de ne pas comprendre
que l'homme ait pu en trouver l'idée en lui-même. Rien
de plus naturel, cependant, même en la niant, que de
voir qu'on y a cru parce qu'on se sentait, à tort ou à
raison, des facultés autres que celles du corps. Mais
non. Il croirait faire trop d'honneur au spiritualisme en
le supposant imaginé par la raison, même égarée ; il
faut qu'il en aille chercher l'origine dans un rêve.

Ailleurs [2] : « Nous osons, dit-il, mettre en question si
l'âme intelligente est esprit ou matière, si, après nous
avoir animés, un jour, sur cette terre, elle vit après
nous dans l'éternité. Ces questions paraissent sublimes ;
que sont-elles ? Des questions d'aveugles qui disent à
d'autres aveugles : Qu'est-ce que la lumière ? »

Il aimait cette idée, et il l'a souvent reproduite ; il en
a même fait un de ses contes.

La scène est à l'hôpital des Quinze-Vingts. Longtemps
heureux et unis, les aveugles se laissent persuader, un
beau jour, qu'ils ont à décider de quelle couleur sont
leurs habits. Un d'entre eux, à qui ils ont laissé prendre une autorité sans bornes, décide que les habits sont
blancs. « Les aveugles le crurent. Ils ne parlaient que

[1] *Essai sur les Mœurs.* — *Introduction.*
[2] *Dictionnaire Philosophique.*

de leurs beaux habits blancs, quoiqu'il n'y en eût pas un seul de cette couleur. Tout le monde se moqua d'eux. Ils allèrent se plaindre au dictateur, qui les reçut fort mal. Il les traita de novateurs, d'esprits forts, de rebelles...» De longues querelles s'ensuivent, et le dictateur décrète enfin que les habits sont rouges. Or, ils ne sont pas plus rouges que blancs. On se moque encore des aveugles. Nouveaux débats, colères et haines sans fin, jusqu'au moment où on prend le parti de ne plus chercher et de se taire. « Un sourd, ajoute l'auteur, avoua que les aveugles avaient eu tort de juger des couleurs, mais resta ferme dans l'opinion qu'il n'appartient qu'aux sourds de juger de la musique.» — Voltaire aime à finir par un de ces traits qu'il vous décoche, comme le Parthe, en fuyant.

Le conte est bon; l'idée est-elle juste ? — Oui, si nous n'en prenons que ce qu'elle paraît dire ; non, si nous nous rappelons, et comment l'oublierions-nous? le sens qu'elle a sous la plume de Voltaire. Les hommes n'ont que trop souvent prononcé, en religion, sur des choses qui nous seront à jamais cachées dans ce monde ; mais Voltaire affectait de mettre au nombre de ces choses, sur lesquelles nous ne pouvons en effet prononcer qu'au hasard et en aveugles, toutes celles qui tiennent, de près ou de loin, à la religion. Cette même raison humaine, qu'il savait si bien déifier quand il avait à parler en son nom, il la disait hors d'état de rien comprendre à tout ce qui a été enseigné sur Dieu, sur l'âme. Avec cette fin de non-recevoir, il se dispensait de discuter, et, sans en avoir l'air, il niait tout.

III

Longtemps avant ce petit conte, si gros de conséquences : « Je suis corps et je pense, avait-il dit ; [1]
irai-je attribuer à une cause inconnue ce que je puis si
aisément attribuer à la seule cause seconde, que je connais ? » Matérialisme encore, et, de plus, cercle vicieux.
Nous connaissons la matière, c'est vrai ; mais la con-
naissons-nous en tant que liée à la pensée, et cause,
n'importe à quel degré, des phénomènes de cet ordre ?
Elle nous est, dans ce point de vue, tout aussi inconnue
que l'esprit. Nous ne pouvons donc pas dire : « Je suis
corps et je pense, » car c'est poser en fait ce qui est
précisément en question, savoir que ces deux *je* sont le
même être. Est-il vrai, d'ailleurs, que nous puissions
aisément attribuer la pensée à la matière? La pensée
est un mystère que nous ne comprenons, au fond, ni
dans l'esprit ni dans le corps ; mais, à choisir, c'est
certainement dans le corps que nous la comprenons le
moins.

On croit toujours, et ce fut un des grands travers de
cette époque, qu'en matérialisant les questions, on les
éclaircit. Souvent, comme nous venons de le voir, c'est
plutôt le contraire ; tout au plus, après s'être bien en-
foncé dans la matière, se retrouvera-t-on en face de la

---

[1] *Lettres philosophiques.*

même difficulté. Pour échapper à un Dieu éternel, qu'il ne comprend pas, dit-il, l'athée recourra à l'éternité de la matière ; comme si l'idée d'éternité, où qu'on la mette, n'était pas essentiellement en dehors de notre conception ! Pour expliquer la pensée par le corps, l'un, Helvétius par exemple, restera dans les gros ressorts de notre organisation physique ; l'autre, Cabanis, si l'on veut, étudiera les plus subtils, et fera du cerveau « un estomac qui digère et sécrète des idées. » Lequel, en somme, est le plus avancé ? Parce que Cabanis vous choque moins, irez-vous croire que vous le comprenez mieux ? Dès qu'il s'agit de la pensée, un nerf microscopique est tout aussi matériel qu'une jambe ou qu'un bras.

Mais Voltaire ne cherche pas même à s'élever jusqu'à ces idées moins grossières qui, si elles n'expliquent rien de plus, montrent pourtant au moins qu'on ne se contente pas des autres. Il aime à signaler entre la pensée et la matière tous les rapports que lui retrace une imagination salie ; il se plaît à les observer en lui-même, et sa correspondance familière abonde en ignobles détails. S'élève-t-il un peu plus haut, s'abandonne-t-il, par hasard, à quelque impression plus pure, il se hâte de redescendre aux lourdes réalités de la matière. « Lorsque je débarquai auprès de Londres, c'était dans le milieu du printemps. Le ciel était sans nuages, comme dans les plus beaux jours du midi de la France. L'air était rafraîchi par un doux vent d'occident qui augmentait la sérénité de la nature, et disposait les esprits à la joie. » Voilà qui est gracieux et frais ; mais il s'en repent, ce semble. « Tant nous sommes machines, ajoute-t-il, et tant nos âmes dépendent de l'action du corps! » Mais qu'est-ce encore que cela en comparaison du matérialisme glacial de sa vieillesse? Quel cynisme! Quel mépris pour ses cheveux blancs! « On eût dit qu'il craignait d'être vénéré[1]. » On souffre, on rougit de voir une intelligence aussi haute s'amuser à se dire qu'elle n'est que chair et boue, qu'elle va se dissoudre avec ces fibres dont elle a été le produit. « La faculté pensante se perd comme la faculté mangeante, buvante et digérante. Les marionnettes de la Providence infinie ne sont pas faites pour durer autant qu'elle[2]. » Beau sort pour nous, en vérité, et beau rôle, surtout, pour la *Providence infinie!* Mais Voltaire invoquera jusqu'à Dieu, s'il le faut, pour pouvoir mieux nier l'âme. Dans une de ses lettres au père Tournemine[3], c'est faire injure à Dieu, dit-il, c'est vouloir mettre des bornes à sa puissance, que de prétendre qu'il n'ait pu donner la pensée à la matière.

IV

Qu'était donc Dieu pour Voltaire, et, en général, pour les philosophes non athées du dix-huitième siècle?

[1] Lacretelle.
[2] Lettre à madame Necker. 1773.
[3] 1735.

20.

Voltaire était à peu près le seul qui, niant l'âme, déclarât croire en Dieu. Pouvait-il, de cette manière, y croire réellement? — Cherchons.

Toutes les preuves de l'existence de Dieu, il les a données, et fort bien, dans plusieurs de ses ouvrages, notamment, en 1734, dans un traité spécial; mais il a généralement mal résolu les objections des athées, et, de plus, il a souvent laissé voir qu'il se souciait peu de les résoudre.

Le pouvait-il? non. En dehors d'un certain ensemble d'idées, Dieu ne saurait être démontré qu'imparfaitement et à demi. Point de degrés dans le matérialisme, disions-nous. Si vous y êtes, vous ne pouvez pas logiquement ne pas y être tout à fait. Lâcher tout le reste et sauver Dieu, c'est impossible.

Or, c'est précisément, ce semble, pour mieux s'autoriser à abandonner le reste, que Voltaire tient tant à garder Dieu. Il a beau combattre l'athéisme, vous sentez que, si vous étiez athée, vous lui demanderiez pourquoi il ne l'est donc pas, tant il vous paraîtrait ne pas pouvoir ne pas être. L'univers l'embarrasse, vous dira-t-il, et il ne peut songer

« Que cette horloge existe et n'ait pas d'horloger... »

Oui, en effet, l'univers l'*embarrasse*. On sent qu'il aimerait mieux ne pas rencontrer sur son chemin cet univers si malencontreusement admirable, qui le force à croire à quelque chose, et on pardonne presque à ceux

qui n'ont voulu voir qu'une ironie dans cet autre vers
fameux :

« Si Dieu n'existait pas, il faudrait l'inventer. »

Voltaire a aussi trop argué, ce vers en est la preuve,
de la nécessité d'un Dieu pour mettre un frein aux entreprises des hommes [1]. Autre chose est de citer ce résultat comme un fait, ou de le donner pour argument.
La pensée de Dieu est un frein, c'est évident ; mais
n'allez pas nous dire que c'est pour cela qu'il existe,
car nous pourrions bien soupçonner que vous y croyez
par intérêt, que vous en parlez par prudence. Voltaire y
croit-il autrement ? On pourrait en douter fort. Un jour,
dit-on, comme deux ou trois de ses amis faisaient de
l'athéisme à qui mieux mieux, il les pria de parler bas,
de peur que les domestiques n'entendissent. « Je ne
veux pas être égorgé cette nuit, » ajouta-t-il. Dans ses
écrits, même les meilleurs, la foi en Dieu ne nous apparaît nulle part comme un besoin de son cœur et de son
âme. C'est affaire de bon ton en regard de la tourbe des
athées ; c'est un rempart contre ceux que le matérialisme
absolu rendrait par trop entreprenants. On sent que s'il

[1] Dans ce même morceau, il y appuyait longuement.

« De tes beaux arguments quel fruit peux-tu tirer ?
Tes enfants à ta voix seront-ils plus dociles ?
Tes amis, au besoin, plus sûrs et plus utiles ?
Ta femme plus honnête ? Et ton nouveau fermier,
Pour ne pas croire en Dieu, va-t-il mieux te payer ?... »
Etc., etc.

était seul au monde ou qu'il n'y eût que d'honnêtes gens ici-bas, il n'éprouverait guère le besoin de se démontrer Dieu ni de le démontrer aux autres. Même en le démontrant, il a toujours l'air de n'y croire que parce qu'il ne peut faire autrement. Son orgueil est humilié, dirait-on, d'avoir à proclamer un être plus grand, plus sage, plus fort que l'homme. Dieu l'embarrasse pour le moins autant que l'univers.

Aussi le voyons-nous insensiblement arriver, vers la fin de sa vie, à toutes les conclusions de l'athéisme. De même qu'il suffit d'un ver pour tuer la plus belle plante, il suffit d'une seule idée fausse pour tuer le plus beau système. Voltaire avait cru devoir prendre à Locke cette insidieuse hypothèse que « Dieu a pu donner à la matière la faculté de penser; » et c'est cette hypothèse « qui a glacé, rendu mesquin et boiteux, un théisme auquel il était porté par la pureté de son bon sens, par son génie poétique, par la prodigieuse activité de son âme, et par des penchants humains[1]. »

Dans ses derniers écrits, il lâche pied sur la plupart des objections auxquelles il avait précédemment, sinon bien répondu, du moins essayé de répondre. Ainsi, dans son *Principe d'action*[2], il se décide à enseigner l'éternité d'action dans la matière, qu'il niait en 1734, et qui mène droit au panthéisme. « Le principe de la nature étant nécessaire et éternel, dit-il, et son essence étant d'agir, il a donc agi toujours, car, s'il n'avait pas

---

[1] Lacretelle.
[2] 1772.

été toujours le Dieu agissant, il aurait été toujours le Dieu indolent, le Dieu d'Épicure, le Dieu qui n'est bon à rien... Le monde, son ouvrage, sous quelque forme qu'il paraisse, est donc éternel comme lui. »

Voilà Dieu sur le même rang que les forces physiques, lesquelles, en effet, dès qu'elles existent, agissent, et ne peuvent pas ne pas agir. Mais de ce que nous ne voyons pas pourquoi Dieu aurait agi en un certain temps plutôt qu'en un autre, suit-il que nous devions l'admettre agissant de toute éternité ? Nous ne le pouvons qu'en renonçant à un Dieu distinct de la matière.

Cependant, peu auparavant [1], Voltaire avait encore défendu le théisme de Bayle contre le panthéisme de Spinosa. « Bayle, disait-il, découvrit aisément l'endroit faible de ce château enchanté. Il vit qu'en effet Spinosa compose son Dieu de parties, quoiqu'il soit réduit à s'en dédire, effrayé de son propre système. Il vit combien il est insensé de faire Dieu astre et citrouille, pensée et fumier, battant et battu. Il vit que cette fable est au-dessous de celle de Protée. » Très bien ; mais encore faut-il mettre quelque chose à la place, car on y est, sans cela, infailliblement ramené.

« La volonté de sa sacrée majesté le Hasard soit faite ! » écrit-il donc au roi de Prusse, en 1773. C'était encore une manière de faire sa cour à ce prince, dont il avait précédemment combattu l'athéisme, notamment en 1737, dans une dissertation sur le fatalisme. Mais les voilà désormais bien d'accord. Le roi répète les plai-

---

[1] En 1766, dans le *Philosophe ignorant*.

santeries de Voltaire, Voltaire les arguments du roi. Il y a quelque chose de profondément triste à entendre ces deux vieillards se répéter en ricanant le dernier mot de leur siècle, s'épier, en quelque sorte, l'un l'autre, de peur qu'il n'y en ait un qui manque à la religion du néant, et se courber vers le tombeau en s'efforçant d'être toujours plus sûrs qu'il n'y aura rien au-delà.

V

Voilà ce que Voltaire appelle être le chapelain du roi de Prusse, et c'est ce qu'il prêche aussi avec une insistance toute particulière dans ses nombreuses lettres à madame du Deffand, assez incrédule pour prendre plaisir à ces idées, mais assez chancelante dans son incrédulité pour qu'il ne fût pas hors de propos de les lui rappeler souvent. Elle parlait quelquefois de la mort; elle en avait peur, et même un peu de ce qui pouvait s'ensuivre. Elle consultait donc Voltaire; et lui: « Vous me demandez ce que je pense, madame. Je pense qu'il n'y a qu'un petit nombre d'hommes qui osent avoir le sens commun; je pense que vous êtes de ce petit nombre. Mais à quoi cela sert-il? A rien du tout. Je vous exhorte à jouir, autant que vous le pourrez, de la vie qui est peu de chose, sans craindre la mort, qui n'est rien [1]. » A-t-elle posé la question en termes un peu

[1] 1759.

sérieux, Voltaire passe à côté, et rit. « Je vous avais
conseillé de vivre uniquement pour faire enrager ceux
qui vous payent des rentes viagères. Pour moi, c'est
presque le seul plaisir qui me reste. Je me figure, dès
que je sens les approches d'une indigestion, que deux
ou trois princes hériteront de moi ; alors je prends courage par malice pure, et je conspire contre eux avec de
la rhubarbe et de la sobriété [1]. » Ailleurs : « Je joue
avec la vie, madame ; elle n'est bonne qu'à cela....
Je vous écris rarement, parce que je n'aurais jama s
que la même chose à vous mander ; et quand je vous
aurai bien répété que la vie est un enfant qu'il faut
bercer jusqu'à ce qu'il s'endorme, j'aurai dit tout
ce que je sais [2]. » Ailleurs encore : « Je crois, toutes
réflexions faites, qu'il ne faut jamais penser à la mort.
Cette pensée n'est bonne qu'à empoisonner la vie....
La mort n'est rien du tout.... Les gens qui l'annon-
cent en cérémonie sont les ennemis du genre humain ;
il faut défendre qu'ils n'approchent jamais de nous [3]. »
Enfin, comme elle avait insisté : « Quant à la mort,
raisonnons un peu, je vous prie.... Elle ressemble
au sommeil comme deux gouttes d'eau. Ce n'est que
l'idée qu'on ne se réveillera plus qui fait de la peine ;
c'est l'appareil de la mort qui est horrible ; c'est la
cruauté qu'on a de nous avertir que tout est fini pour
nous. A quoi bon venir nous prononcer notre sentence ?

[1] 1754.
[2] 1761.
[3] 1761.

On dit quelquefois d'un homme : il est mort comme un chien ; mais vraiment un chien est bien heureux de mourir sans tout cet attirail dont on persécute le dernier moment de notre vie [1]. » Il aime à revenir sur cette dernière idée. Une des choses qu'il envie au roi de Prusse, c'est que personne n'osera, à ses derniers moments, lui parler de religion, et qu'il peut se promettre, en conséquence, cette heureuse et paisible mort d'un chien.

VI

Comment mourut-il donc lui-même, après ces tristes sermons, l'homme qui avait tant fait pour se donner, à défaut du calme chrétien, celui de la foi au néant ?

Les uns l'ont fait mourir en riant ; les autres, dans d'épouvantables terreurs. Il y a peu d'années qu'un prédicateur de renom le peignait se roulant par terre, et implorant, avec d'affreux sanglots, non-seulement Dieu et Jésus-Christ, mais la Vierge et les saints. Il ajoutait, ce même prêtre, que Dieu l'avait repoussé avec horreur. Cela nous parut peu chrétien. Il est permis de ne pas aimer Voltaire ; il n'est pas permis de mettre des bornes à la miséricorde de Dieu.

Laissons les fables. La vérité, la voici. Elle est dans une lettre, récemment publiée, de Tronchin à Bonnet.

[1] 1764.

« Si mes principes, écrit donc le médecin de Voltaire [1],
avaient eu besoin que j'en serrasse le nœud, l'homme
que j'ai vu dépérir, agoniser et mourir sous mes yeux, en
aurait fait un nœud gordien; et en comparant la mort de
l'homme de bien, qui n'est que la fin d'un beau jour, à
celle de Voltaire, j'aurais vu bien sensiblement la différence qu'il y a entre un beau jour et une tempête.... Cet
homme donc était prédestiné à mourir entre mes mains.
Je lui ai toujours parlé vrai, et, malheureusement pour
lui, j'ai été le seul.... Oui, mon ami, m'a-t-il dit bien
souvent, il n'y a que vous qui m'ayez donné de bons
conseils. Si je les avait suivis, je ne serais pas dans l'état
affreux où je suis. Je serais retourné à Ferney; je ne
me serais pas enivré de la fumée qui m'a fait tourner la
tête. Oui, je n'ai avalé que de la fumée; vous ne pouvez
plus m'être bon à rien. Envoyez-moi le médecin des
fous ! Ayez pitié de moi; je suis fou.... — Il devait
partir le surlendemain des folies de son couronnement
à la Comédie Française; mais il reçut une députation
de l'Académie qui le conjurait de l'honorer, avant de
partir, de sa présence. Il s'y rendit, et là, par acclama-
tion, il fut fait directeur de la compagnie. Il accepta
la direction, qui est de trois mois.... De ce moment-là
jusqu'à sa mort, ses jours n'ont plus été qu'un ouragan
de folie. Il en était honteux; quand il me voyait, il
m'en demandait pardon. Il me priait d'avoir pitié de lui,
de ne pas l'abandonner, surtout ayant de nouveaux
efforts à faire pour engager l'Académie à travailler à un

[1] 20 Juin 1778.

dictionnaire à l'instar de celui *della Grusca*. Ce dictionnaire a été sa dernière idée dominante, sa dernière passion. Il s'était chargé de la lettre A, et il avait distribué
les autres à vingt-trois académiens, dont plusieurs, s'en
étant chargés de mauvaise grâce, l'avaient singulièrement irrité. Ce sont des fainéants, disait-il, mais je les
ferai bien marcher ; et c'était pour les faire marcher
que, dans l'intervalle de deux séances, il a pris tant de
drogues et a fait toutes les folies qui l'ont jeté dans l'état
de désespoir et de démence le plus affreux. Je ne me le
rappelle pas sans horreur. Dès qu'il vit que tout ce qu'il
avait fait pour augmenter ses forces avait produit un
effet contraire, la mort fut toujours devant ses yeux.
Dès ce moment, la rage s'est emparée de son âme.
Rappelez-vous les fureurs d'Oreste. *Furiis agitatus
obiit.* »

Voltaire n'est donc mort ni en riant, comme il l'avait
conseillé, ni en s'épouvantant sur ce qu'il allait trouver
au-delà de la tombe. Pourquoi lui supposer ou plus
d'impudence ou plus d'effroi qu'il n'en a montré réellement ? Sa mort, telle que Tronchin nous la peint, n'est-
elle pas assez éloquente contre sa vie ?

Non, il n'a pas précisément tremblé sur l'avenir qui
attendait son âme. Mais quel vide autour de ce lit de
mort ! Quel amer sentiment de solitude et d'abandon !
Pas un ami qui ne soit là bien moins pour adoucir sa
dernière heure, que pour voir quelle figure il fera ; pas
un de ces souvenirs paisibles qui montent pieusement
au cœur du juste, invisibles amis dont le cortége l'accompagne, chastes lueurs qui éclairent ses derniers pas.

L'homme de Ferney va mourir dans le tourbillon qui fut sa vie. Il voudrait s'en arracher un moment, il ne le peut. Il a mené la grande ronde; elle le mène à son tour. Ses écrits, sa gloire, fumée! Soixante et dix ans de travail, fumée! Il le dit, il le sent, mais juste assez pour que cette idée le ronge, sans qu'il arrive à se ménager un jour, une heure, pour agoniser à l'aise. Il aura beau écrire, en apprenant un dernier succès de son zèle : « Je meurs content; » Tronchin est là pour nous le peindre, ce prétendu bonheur.... Et il ne le peint qu'en frémissant.

Mais cette mort n'effraya pas ses amis; tout au plus y virent-ils un martyre à la gloire de la *foi* dont il avait été l'apôtre. Le chapelain du roi de Prusse ne devait-il pas expirer au champ d'honneur? Lui mort, la place ne sera pas vacante. C'est d'Alembert qui entretiendra le roi dans ces consolantes pensées, et, à défaut de d'Alembert, Frédéric n'aurait qu'à choisir parmi tous ceux qui ont marché comme lui avec le siècle.

VII

Tous, en effet, — tous ceux qui ne s'étaient pas d'abord déclarés pour l'athéisme, — nous les voyons ne garder la foi en Dieu, comme leur patriarche, que sous bénéfice d'inventaire, embarrassés, comme lui, de l'univers, et n'éprouvant nulle frayeur à la pensée d'être en-

fin athées tout de bon. Dieu ne veut pas être une idée ;
quand il n'est pas un besoin, il s'en va. Or, on s'était
habitué à se passer de lui ; le triomphe de la science
était d'expliquer sans lui et l'univers, et l'homme, et
tout. Les uns le laissaient ouvertement en dehors ; les
autres le laissaient entrer, mais pour ne lui donner rien
à faire.

Quelle place a-t-il, en effet, chez Montesquieu, chez
Buffon, et même chez celui qui a l'air d'y tenir le plus,
chez Rousseau ?

Chez Montesquieu, pur placage. Il est poli envers
Dieu, a-t-on dit ; et c'est tout ce qu'on peut dire. Dieu,
dans l'*Esprit des Lois*, est comme un de ces personnages que l'on respecte précisément assez pour ne pas
leur dire en face qu'on n'a que faire d'eux.

Chez Buffon, placage encore, affaire d'ornementation
et de style. L'idée de Dieu est pour lui une belle idée,
rien d'autre. Il en a besoin comme auteur, et il la garde ;
comme homme, on sent qu'il y renoncerait sans nulle
peine. Il est, au fond, comme M. de La Place, l'astronome, à qui l'on demandait un jour pourquoi il ne parlait pas de Dieu dans ses traités, et qui répondit naïvement : « Je puis me passer de cette hypothèse. » Un
critique moderne [1] a cru pouvoir admirer, chez Buffon,
« cette manière auguste de reculer le trône intérieur de la
majesté divine, » afin que l'homme ne s'en exagère pas
le voisinage. Il y a respect, en effet, à ne pas se croire à
tout propos sur la trace des desseins de Dieu ; mais était-

---

[1] M. Nisard.

ce bien sa pensée? Il a trop souvent l'air de ne placer
Dieu si haut que pour l'envoyer au plus loin, comme un
roi qu'on exilerait, chargé d'honneurs, à l'extrémité de
son empire. Un homme d'esprit, mais pieux, disait :
« J'aime *Dieu*, mais je n'aime pas l'*Être Suprême*. » Il
avait observé, ce qui est vrai, que le seul emploi de ce
mot vague est généralement l'indice d'une foi affaiblie
et d'une tendance incrédule.

Rousseau, enfin, a bien un certain besoin de Dieu,
mais besoin d'imagination, non de cœur ni d'esprit.
Adorateur de la vertu, il l'a laissée à côté de sa vie; adorateur de Dieu, il le laisse à côté de son système. Entre
Rousseau prêchant la vertu comme il la prêche et Helvétius affirmant que « le remords n'est que la pré-
voyance des peines physiques auxquelles le crime nous
expose [1], » il y a, en fait, beaucoup moins de distance
qu'il ne semble. Dans *l'Émile*, Rousseau a mis de belles
pages sur Dieu. Otez-les : avez-vous un vide? C'est
même un de ses principes qu'on ne doit pas parler de
Dieu aux enfants. Il y tient tant, à ce triste principe,
qu'il l'énonce en dépit d'une des contradictions les plus
palpables dans lesquelles il pût tomber. Cet enfant si
miraculeusement habile à tout voir, à tout sonder, comment se le figurer arrivant à sa quinzième année sans
avoir jamais demandé ce que demandent tant d'enfants
ordinaires, — qui a fait le monde? Où vont les morts?
Il ne faudra donc pas seulement ne pas lui parler de
Dieu, mais éluder toutes ses questions sur ce sujet, dé-

[1] *De l'homme et de son éducation.* Livre II.

21.

tourner toutes les idées qui pourraient l'y conduire. Voilà ce que Rousseau, en réalité, nous prescrit. Dans ses écrits politiques, où est Dieu ? Vous partez de l'état sauvage, où il n'est pas ; vous arrivez à la déification du peuple, où il n'est plus. De tout le côté pratique des théories de Rousseau, qu'est-ce qu'un athée ôterait, en somme, pour s'en accommoder ? — Rien.

CHAPITRE TRENTIÈME

VII. — Ce qu'on cherchait surtout dans le système de Newton. — Divorce entre la religion et la science. — Tout progrès était une victoire pour l'incrédulité.

I

Revenons donc à notre dire : il ne faut pas que des différences de forme nous cachent les identités de fond.

C'était de bonne foi, du reste, que Voltaire se croyait plus spiritualiste que La Mettrie, Rousseau plus spiritualiste que Voltaire ; c'était de bonne foi que Buffon reprochait à Condillac de lui avoir gâté sa statue. A Buffon, en effet, appartenait l'ingénieuse idée d'étudier la sensation dans une statue qui recevrait successivement les cinq sens ; mais lui, toujours grandiose, le premier mouvement qu'il lui fait faire, c'est d'étendre la main pour aller saisir le soleil. Condillac lui donne d'abord l'odorat ; son homme commence par le nez, par être un nez. Et les gens de rire ; et Buffon de s'indigner de ce que sa belle conception a été si grossièrement matérialisée. Mais œil ou nez, qu'importe ? Un sens est un sens, et qui dit sens dit matière. Buffon était sensualiste ; Condillac aussi. Buffon avait de l'élégance et du goût, et Condillac n'en avait pas. Voilà tout.

Il y avait donc émulation à qui ramènerait le mieux

aux sens et à la matière toutes les manifestations de
l'intelligence humaine. Cette tendance était visible encore dans la manière dont on abordait généralement les
questions d'histoire, de législation, de politique. Toujours le côté matériel en avant; les principes venaient
après, s'ils venaient. S'agissait-il de la peine de mort :
Un pendu n'est bon à rien. Au lieu de tuer les malfai-
teurs, faites-les travailler. Parlait-on des couvents, du
célibat : « Le pays qui peuple le plus, fût-il le plus pauvre, est infailliblement le mieux gouverné [1]. » Avait-on
à blâmer la révocation de l'édit de Nantes : elle a fait
perdre à la France beaucoup de sujets industrieux et
riches. S'élevait-on contre la papauté : elle enlève au
royaume, chaque année, de grosses sommes. Toujours
la raison utilitaire, bonne, parfois, mais qui ne devrait
être qu'au second, au troisième rang, et qui s'étale au
premier. S'agissait-il, non de discuter, mais d'expliquer, — l'explication la plus matérielle était réputée la
plus profonde. Quand même on ne pouvait y croire, on
l'admirait encore comme un effort malheureux, mais
beau et grand, qu'on ne pouvait trop encourager. Voyez
ce que disait Grimm, en 1766, d'un livre qui avait indéfiniment reculé les bornes de cette triste science,
l'Antiquité dévoilée, de Boulanger. « L'auteur prétend
que toutes les idées religieuses des peuples répandus sur
ce globe tiennent originairement à des calamités et à
des catastrophes physiques, dont l'effroi et la tradition
se sont perpétués de génération en génération. *Cette*

[1] *Émile.* Livre V.

vue est grande et philosophique. » Grimm ne reproche à Boulanger que de l'avoir un peu trop systématisée ; mais elle lui sourit, au fond, tellement, qu'il voudrait la voir appliquer aussi à l'histoire de la poésie. Il serait facile, selon lui, de montrer « comme quoi la verve poétique a pris, ainsi que les religions, sa source dans les catastrophes physiques arrivées dans notre planète, et comment, en s'en éloignant, elle s'est successivement affaiblie, en sorte que les Grecs ont eu moins de verve que les anciens peuples asiatiques, les Romains moins que les Grecs, et qu'il en reste à peine quelque trace parmi les peuples modernes. » Il est sûr que ce dernier trait, en 1766, ne pouvait guère être contesté.

II

Mais le système avait reçu, dix ans auparavant, une sorte de confirmation, par l'effroyable ébranlement qui s'était fait dans les âmes à la nouvelle des désastres du Portugal.

Au milieu de ces riens sans fin dont se nourrit une société oisive, on apprend tout à coup qu'une grande ville n'est plus, que vingt mille des habitants de Lisbonne ont été écrasés, en un instant, sous les ruines de leurs maisons. L'épouvante est au comble ; les murs semblent déjà trembler. On ne rit plus ; on n'ose pas même parler haut, comme si on craignait que l'ébranlement de l'air ne se communiquât au sol.

Mais que va-t-il sortir de là? Quel flambeau se rallumera à ces feux souterrains qui ont bouleversé Lisbonne, et que toute l'Europe croit sentir sous ses pieds? Celui de la poésie? Non. Celui de la foi? Encore moins.

Cette catastrophe, en effet, sembla plutôt consommer la rupture entre le siècle et la religion. Le peu de confiance qu'on avait encore en Dieu, on la perdit, car on n'était pas de force à trouver encore bon et sage celui qui tuait d'un coup tant de milliers d'êtres humains. Comme si le nombre, devant Dieu, était quelque chose! Comme s'il n'avait pas l'éternité pour dédommager ceux à qui il aura fait tort en les retirant de ce monde! Comme si la mort, en définitive, pouvait logiquement être considérée comme un mal! Voilà ce qu'il eût été, ce semble, bien facile de répondre, et on s'étonne de ne pas trouver ces raisons un peu plus nettes dans la lettre, d'ailleurs fort belle, que Rousseau écrivit à Voltaire sur ce sujet.

Car Voltaire, le grand écho, avait recueilli avec amour ces bruissements incrédules; il en avait fait un poëme où quelques critiques bénévoles ont relevé des morceaux presque pieux, comme s'il n'était pas clair que ces morceaux sont là pour faire passer le reste. Ce poëme ouvre, en quelque sorte, la seconde moitié de la carrière incrédule de Voltaire, celle où nous le voyons se dépouiller peu à peu des instincts nobles qui l'avaient maintenu jusque-là, en dépit de ses principes, à une certaine hauteur. Optimiste avec Pope dans ses *Discours sur l'homme*, imités du poëte anglais, il va décidément arriver à ce pessimisme sarcastique auquel il ne s'était encore abandonné que par boutades.

Si nous pouvions avoir quelques doutes sur le sens réel de ce morceau, nous n'aurions qu'à voir ce que l'auteur en disait tout bas à ses amis. « Si vous aimez les vers honnêtes et décents, écrit-il à Thiriot, voici ceux qui termineront le sermon sur Lisbonne. Lâchez-les pour apaiser les cerbères. » Ailleurs, en le chargeant de distribuer quelques exemplaires : « Nos amis m'entendront assez; ils verront que je n'ai pu m'exprimer autrement. » Dans une lettre à d'Argental : « Mon sermon sur Lisbonne n'a été fait que pour édifier votre troupeau, et je ne jette point le pain de vie aux chiens. » Toujours les chiens, comme on voit.

Au nombre de ces chiens qui persistaient à croire en Dieu malgré le désastre de Lisbonne, et qui sentaient au contraire toujours plus le besoin d'y croire, se trouvait le Genevois Vernes, que Voltaire n'avait pas encore commencé à déchirer. « On dit, lui écrit donc Voltaire, que vous avez prononcé un discours admirable sur le malheur de Lisbonne, et qu'on ne voudrait pas que cette ville eût été sauvée, tant votre discours a paru beau. Vous avez encore Méquinez et quelque cent mille Arabes qui ont été engloutis. Cela peut servir merveilleusement votre éloquence chrétienne, d'autant plus que ces pauvres diables étaient des infidèles. » Il est plus humain, lui; il pousse la sensibilité jusqu'à dire [1] : « Je n'ose plus me plaindre de mes coliques depuis cet acci-

---

[1] Lettre à d'Argental.

dent; » et c'est en effet, de sa part, un effort surnaturel. Mais il n'en est pas moins dans l'erreur lorsqu'il prétend que Vernes sera plus à son aise en peignant les ravages du fléau parmi des mahométans. C'est aux chrétiens surtout que l'éloquence chrétienne aime à parler des fléaux de Dieu, parce que plus Dieu aura frappé ceux qu'il semblerait devoir épargner, plus il sera clair que ni sa justice, ni sa bonté ne disent leur dernier mot dans ce monde.

III

Ces froides exagérations de Boulanger sur le rôle des catastrophes physiques dans la création des religions, c'était encore Montesquieu qui en avait donné l'idée par son système étrange de l'influence des climats.

Montesquieu a été tant critiqué et si complétement abandonné, sur ce point, par la plupart de ses admirateurs mêmes, qu'il ne peut plus être question de le réfuter. « La théorie du climat est pour lui comme une espèce de fausse clef, qui lui sert à crocheter la serrure de tous les problèmes de l'histoire [1]. »

En effet, ce ne sont pas seulement les religions en général qu'il prétend expliquer par les climats; il demande encore aux mêmes causes l'histoire de leurs transformations intérieures, et les faits les plus clairs,

[1] V. Hugo.

s'ils l'embarrassent, sont sacrifiés sans façon à ces né-
buleuses données.

L'histoire de la réformation, par exemple, est tout
entière, à ses yeux, dans la diversité des caractères
que le Midi et le Nord donnent aux peuples. « Quand la
religion chrétienne souffrit, il y a deux siècles, ce malheureux partage qui la divisa en catholique et protestante, les peuples du Nord embrassèrent la protestante,
et ceux du Midi gardèrent la catholique. C'est que les
peuples du Nord ont et auront toujours un esprit d'indépendance et de liberté que n'ont pas les peuples du
Midi; et qu'une religion qui n'a point de chef visible
convient mieux à l'indépendance du climat que celle
qui en a un[1]. »

Voilà qui aurait certes fait ouvrir de bien grands
yeux à Luther, à Calvin, à tous ceux qui s'associèrent
à leur œuvre. Ne vous semble-t-il pas les voir qui se
palpent, qui se disent : « Comment! C'est parce que
nous ne sommes pas Italiens ou Espagnols que nous ne
voyons pas le pape dans l'Évangile! C'est parce que
nous buvons de la bière et non du vin que nous crions
contre les indulgences et contre le culte des saints! » Il
est permis de douter que Montesquieu leur eût soutenu
en face ce qu'il a débité sur leurs tombeaux.

Mais peut-être subissaient-ils, sans la voir, la loi
que le philosophe français allait trouver deux siècles
après eux. — Voyons les faits, et demandons-nous
s'ils la confirment.

[1] *Esprit des Lois.* Livre. XXVI. Ch. IV.

Les faits, c'est qu'il n'y avait pas de pays où le joug du chef unique fût plus impatiemment porté qu'en Italie, et où les idées de liberté, de réforme, eussent plus d'écho dans les cœurs ;

Les faits, c'est que les premières étincelles tombées dans le Midi y produisirent des embrasements partiels plus rapides que ceux qui allaient envahir le Nord ;

Les faits, enfin, c'est que ces embrasements durent être éteints par des flots de sang, et que, si la répression n'eût été prompte, désespérée, le Midi devançait peut-être le Nord.

Quelle inexactitude encore et quel triste sensualisme dans ce que Montesquieu ajoutait, au livre suivant, sur le plus ou moins d'attachement des chrétiens à leurs diverses églises ! « Quand, dit-il, avec l'idée d'un être spirituel suprême qui forme le dogme, nous pouvons joindre encore des idées sensibles qui entrent dans le culte, cela nous donne un grand attachement pour la religion.... Aussi les catholiques, qui ont plus de cette sorte de culte, sont-ils plus invinciblement attachés à leur religion que les protestants à la leur. »

On aurait pu lui demander ce qu'il faisait des protestants français, exposés, dans ce moment même, à tant de maux, et inébranlables cependant ;

On aurait pu lui demander encore comment il expliquait, avec cet attachement invincible des catholiques à leur culte, le fait même de la réformation s'étendant sur plus d'un tiers de l'Europe.

Eût-il historiquement raison, quel encouragement au formalisme ! Quelle grossière absolution de tout ce qu'on a fait et de tout ce qu'on pourra faire, en religion, pour captiver les âmes par les sens! Pas un mot, remarquez-le, sur les abus dont ce moyen est presque infailliblement accompagné. Les peuples aiment les cérémonies ; donnez-leur-en. Vous voulez qu'ils tiennent à la religion? Prenez-les par les yeux. Quel dédain, au fond, là dedans! Quel mépris pour les hommes! Car — nous le savons trop — cette religion qui nous devient chère, dit-il, au moyen des formes, il n'y croit pas, lui, il n'y tient pas. C'est donc comme s'il disait : « Popularisez-la comme vous voudrez. Elle n'en vaudra ni plus ni moins. » C'est une dernière application de son système sur les lois, car tout ce qu'il a enseigné revient à dire qu'une loi conforme à la nature de ceux pour qui on l'a faite est, par cela même, une bonne loi. Ainsi, le christianisme est bon pour ceux qui le trouvent bon. Ceux qui le voudront spirituel, donnez-le-leur spirituel ; ceux qui le voudront matériel, donnez-le-leur matériel.

IV

C'est probablement dans ce sens qu'il faut entendre l'approbation que Voltaire donne aux jésuites dans la question des cérémonies chinoises[1]. On sait qu'ils avaient été condamnés à Rome pour avoir permis à leurs

---

[1] *Siècle de Louis XIV.* Ch. xxxix.

néophytes, en Chine, de conserver certains usages
païens.

Il est vrai que l'amour de Voltaire pour les Chinois,
joint au plaisir de contredire un pape, nous explique
assez ce jugement. Puis, il disait que si les jésuites,
dans ce cas, avaient mal fait comme chrétiens, ils ne
méritaient pas, comme catholiques, un blâme bien sévère, puisque le catholicisme, en Europe, s'était modelé
en tant de choses sur le paganisme romain.

Il savait donc, au besoin, distinguer entre catholicisme et christianisme ; mais il savait encore mieux,
quand sa polémique l'exigeait, les confondre.

« Voici, avait dit l'athée Naigeon dans son *Militaire
Philosophe* [1], le jugement que je porte, après de mûres
réflexions, de la religion chrétienne. Je la trouve absurde, extravagante, injurieuse à Dieu, pernicieuse aux
hommes... Je la vois comme une source intarissable de
meurtres, de crimes et d'atrocités commises en son nom.
Elle me semble un flambeau de discordes, de haines, de
vengeances... J'y vois le bouclier de la tyrannie contre
les peuples qu'elle opprime, et la verge des bons princes
quand ils ne sont pas superstitieux... Outre le droit de
l'abandonner, je suis dans l'obligation la plus étroite
d'y renoncer et de l'avoir en horreur. »

A cette boutade, où l'incrédulité arrive au ton du fanatisme : « Voilà qui est vrai, répond Voltaire, contre
les abus de la religion chrétienne, mais non pas contre
Jésus-Christ, qui a recommandé tout le contraire. Si on

____

[1] 1768.

s'en était tenu à l'esprit de Jésus, le christianisme aurait toujours été en paix. »

Très bien ; mais écoutez ce qu'il écrira lui-même, un
an après, dans son petit traité *De la paix perpétuelle:*
« Il est évident que la religion chrétienne est un filet
dans lequel les fripons ont enveloppé les sots pendant
plus de dix-sept siècles, et un poignard dont les fanati-
ques ont égorgé leurs frères pendant plus de quatorze.»

Il aime beaucoup à revenir, et nous ne pouvons l'en
blâmer, sur les persécutions dont l'Église chrétienne
s'est souillée ; mais jamais il ne dira nettement et con-
sciencieusement où il en voit la source. Tantôt il a l'air
de les mettre sur le compte des chrétiens et d'en absoudre le christianisme; tantôt il les fait remonter, non
seulement au christianisme, mais à Jésus-Christ lui-
même, citant comme *atroces*, par exemple [1], ces innocentes paroles d'une parabole : « Contrains-les d'entrer, » ou bien encore celles-ci, non moins innocentes,
assurément, à l'endroit où elles ont été dites [2] : « Si
quelqu'un n'écoute pas l'Église, qu'il soit regardé comme
un païen. »

Dans le *Dictionnaire Philosophique*, il met une fois
Jésus-Christ au-dessus des sages antiques [3], mais en lui
faisant dire qu'il n'a point prétendu fonder une religion,
et en partant de là pour attaquer tous les dogmes chrétiens.

Il se suppose transporté dans une région mystérieuse,

[1] Dans son vingt-sixième *Entretien.*
[2] Saint Matthieu, XVIII. 17.
[3] Article *Religion.*

où sont entassés les ossements de tous les hommes immolés, depuis le commencement du monde et surtout depuis le christianisme, pour cause de religion. Ces effrayants monceaux sont entremêlés de bocages où se promènent tristement les sages qui avaient prêché l'amour des hommes, Numa, Pythagore, Zoroastre, Socrate. Après avoir conversé quelque temps avec ce dernier : « Je m'avançai, dit Voltaire, dans un bosquet situé au-dessus des bocages où tous ces sages de l'antiquité semblaient goûter un doux repos.

« Je vis un homme d'une figure douce et simple, qui me parut âgé d'environ trente-cinq ans. Il jetait de loin des regards de compassion sur ces amas d'ossements blanchis, à travers lesquels on m'avait fait passer pour arriver à la demeure des sages. Je fus étonné de lui trouver les pieds enflés et sanglants, les mains de même, le flanc percé, les côtes écorchées de coups de fouet. Eh ! bon Dieu, lui dis-je, est-il possible qu'un juste, qu'un sage soit dans cet état? Je viens d'en voir un qui a été traité d'une manière bien odieuse; mais il n'y a pas de comparaison entre son supplice et le vôtre. De mauvais prêtres et de mauvais juges l'ont empoisonné; est-ce aussi par les prêtres et par les juges que vous avez été assassiné si cruellement?

« Il me répondit oui, avec beaucoup de douceur.

« Et qui étaient donc ces monstres?

« C'étaient des hypocrites.

« Ah ! c'est tout dire. Vous leur aviez donc prouvé, comme Socrate, que la lune n'était pas une déesse, et que Mercure n'était pas un dieu?

« Non.

« Vous voulûtes donc leur enseigner une nouvelle religion ?

« Point du tout. Je leur disais simplement : Aimez
Dieu de tout votre cœur, et votre prochain comme vous-
mêmes... »

Puis, Voltaire lui fait condamner les persécutions,
mais toujours dans ce point de vue insoutenable que le
christianisme était une morale et rien de plus. Les excès
du christianisme ne sont condamnés, en définitive, qu'en
abandonnant le christianisme lui-même.

V

Cette importante distinction que les ennemis du christianisme ne savaient ou ne voulaient pas faire, d'autres
ne pouvaient pas la faire, et c'est une des raisons pour
lesquelles la résistance à l'incrédulité était si faible et si
incertaine en France, même de la part des gens pieux.
Un catholique ne peut pas se poser nettement sur le
terrain du christianisme évangélique. Il est obligé de
défendre, avec le christianisme, ce que son Église y
ajoute ; il ne pourrait, du moins, sans la renier elle-
même, renier ces abus que les incrédules exploitaient,
car elle les a tous consacrés en divers temps. Comment
dire à Voltaire que *contrains-les d'entrer* n'est pas une
parole atroce, quand on est obligé de respecter tous ces

décrets de conciles, de papes, qui lui ont donné un sens
atroce, qui en ont fait le mot d'ordre des plus effroyables cruautés? Ne l'appliquait-on pas, alors même, dans
le sens le plus rigoureux, à toute une classe de Français? Que lui répondre, à ce même Voltaire, quand il
voyait un despotisme affreux dans l'autre parole évangélique que nous citions ci-dessus? L'Église ne l'ayait-
elle pas donnée comme un des fondements de son autorité et de son infaillibilité? Pouvait-elle permettre qu'on
ramenât ces mots à leur sens réel et primitif, le seul
auquel Voltaire n'aurait pu trouver à redire? Il est malaisé d'avoir à soutenir à la fois l'existence de Dieu et
l'autorité du pape, l'immortalité de l'âme et la trans-
substantiation[1]. Le catholicisme en présence de l'incrédulité, c'est un soldat surchargé de bagages, et de bagages qu'il ne lui est pas permis de poser en combattant;
c'est une armée qui ne peut abandonner les mauvais
postes pour se concentrer et se fortifier dans les bons.
Voilà pourquoi, comme nous l'avons déjà fait observer
dans un autre point de vue, l'apologétique protestante a
toujours été meilleure que celle des catholiques. Au
temps de Voltaire, on pendait, en France, les successeurs du ministre Abbadie, mais on réimprimait son
livre[2].

[1] Un des adversaires de Voltaire, l'abbé Pluquet, auteur d'une
apologie du supplice de Jean Hus, s'était mis en tête d'expliquer la
présence réelle. Le corps de Jésus-Christ était et restait unique ;
mais il circulait, invisible, avec une rapidité telle, que son existence en plusieurs lieux était, pour nous, simultanée.

[2] Le *Traité de la religion chrétienne.*

Il est vrai que ce livre même, regardé, au dix-septième siècle, comme le meilleur bouclier à opposer aux coups des incrédules, ne suffisait plus au dix-huitième. A une tactique nouvelle il aurait fallu opposer un art nouveau, une foi plus en harmonie, dans ses formes, avec les allures du temps. La religion, en France, était comme une vieille ville qui aurait à se défendre, avec des murailles à créneaux, contre un siége d'artillerie. Il fallut de longs échecs pour que l'on commençât seulement à s'apercevoir qu'on se défendait mal. Ce ne fut qu'en 1771, sept ans avant la mort de Voltaire, que Guénée, instruit à l'école anglaise, publia ses *Lettres de quelques Juifs*, le seul ouvrage apologétique de ce temps par lequel Voltaire se soit senti atteint; encore Voltaire n'y fit-il sérieusement attention qu'en 1776, lorsque parut la seconde partie de l'ouvrage. « Le secrétaire juif, écrivait-il à d'Alembert, n'est pas sans esprit et sans connaissances. Mais il est malin comme un singe ; il mord jusqu'au sang en faisant semblant de baiser la main. Il sera mordu de même. » Guénée ne le fut pourtant pas bien fort. L'embarras de Voltaire, la faiblesse de sa réplique [1], montrent assez ce qu'on aurait gagné en l'attirant vivement sur un terrain où il n'était puissant que grâce à l'ignorance des autres.

[1] *Un chrétien contre six juifs.*

VI

Que d'absurdités n'avait-il pas dites ! Que de faits acquis à la science n'avait-il pas obstinément rejetés, pour peu qu'ils lui parussent d'accord avec les données de la Bible ! Le déluge surtout, voilà son grand cauchemar. Il ne peut pas, il ne veut pas convenir que la terre ait été couverte d'eau, ni depuis l'homme, ni avant. Les coquilles qu'on a trouvées dans les passages des Alpes, ce sont les pèlerins du moyen âge qui les y ont perdues en se rendant à Rome. Longtemps après cette explication lumineuse, nous le voyons s'en moquer lui-même un peu ; mais il revient à tout propos sur ces malheureuses coquilles, et, s'il renonce à les faire apporter par des pèlerins, il en fera des huîtres mangées par les voyageurs. « J'ai vu, dira-t-il[1], quelques écailles d'huîtres pétrifiées à cent lieues de la mer. Mais j'ai vu aussi, sous vingt pieds de terre, des monnaies romaines, des anneaux de chevaliers, à plus de neuf cents milles de Rome, et je n'ai point dit : Ces anneaux, ces espèces d'or et d'argent, ont été fabriqués ici. Je n'ai point dit non plus : Ces huîtres sont nées ici. J'ai dit : Des voyageurs ont apporté ici des anneaux, de l'argent et des huîtres. » Dans le même opuscule : « Ne perdez point de vue, ajoutait-il, cette grande vérité que la nature ne

[1] *La défense de mon oncle.* 1767.

se dément jamais. Toutes les espèces restent toujours les mêmes. Animaux, végétaux, minéraux, métaux, tout est invariable dans cette prodigieuse variété. Tout conserve son essence. L'essence de la terre est d'avoir des montagnes, sans quoi elle serait sans rivières : donc il est impossible que les montagnes ne soient pas aussi anciennes que la terre. Autant vaudrait dire que nos corps ont été longtemps sans têtes. » Ailleurs encore[1] : « Ces prétendus lits de coquilles qui couvrent le continent, le corail formé par des insectes, les montagnes élevées par la mer, tout cela me paraît fait pour être imprimé à la suite des *Mille et une Nuits.* » Et dans son *Essai sur les Mœurs* : « On a osé dire, avait-il dit, que tout le globe a été brûlé. Ces imaginations déshonorent la physique; une telle charlatanerie est indigne de l'histoire. » Il allait donc, même en physique, plus loin que cet apôtre auquel il se comparait quelquefois dans ses plaisanteries. Thomas ne voulait croire que ce qu'il aurait vu; Voltaire refusait de croire à ce qu'on lui montrait écrit sur toute la surface du globe. L'autorité même de Buffon ne pouvait contrebalancer, dans son esprit, la crainte d'être amené à voir une erreur de moins dans la Bible. Peu s'en fallut qu'ils ne se brouillassent tout de bon. Buffon riait des huîtres et des pèlerins de Voltaire; Voltaire tâchait de rire du style de Buffon, et un jour qu'on citait son *Histoire naturelle* : « Pas si naturelle, » dit-il. Mais enfin, Buffon lui ayant envoyé une nouvelle édition de ses ouvrages, Voltaire l'en remercia

[1] *Singularités de la nature.*

par une lettre fort aimable, où il lui parlait de son devancier *Archimède premier*; à quoi Buffon répondit qu'on ne dirait jamais *Voltaire second*. Ces compliments mirent fin à la querelle. « Je ne veux pas, disait Voltaire, rester brouillé avec lui pour des coquilles. » Mais il aima mieux n'en plus parler que de se ranger nettement aux idées de Buffon.

Il s'était fait, par ses efforts pour populariser en France le système de Newton, une réputation de science et d'universalité que beaucoup de gens lui conservent, et que l'examen des faits ramènerait à des proportions bien moindres. Qu'il ait rendu à la France un grand service en lui expliquant Newton en prose claire [1] et en beaux vers [2], c'est évident; mais ce n'est là que le côté littéraire de la question. Quant au côté scientifique, n'oublions pas que Maupertuis, dès 1724, prêchait Newton à l'Académie des sciences, et que ce fut même lui qui le fit goûter à Voltaire; n'oublions pas que son *Discours sur la figure des astres* précéda de six ans les *Éléments de la philosophie de Newton*, publiés par Voltaire en 1738. Voltaire avait d'ailleurs eu, en Angleterre, toutes facilités pour approfondir un système clair en soi, enseigné par tous les savants du pays, compris déjà par tout le monde. Il n'eut donc pas besoin

---

[1] Un mot peu clair contribua cependant à retarder, dans le public, le succès de la théorie anglaise. Voltaire avait dit que la lune *pèse* sur la terre, la terre sur le soleil, etc. Cette expression, quoique juste, heurtait si fort l'idée ordinaire de pesanteur, que beaucoup y voyaient une absurdité.

[2] Épître à madame du Châtelet. 1738.

d'être un savant pour l'enseigner lui-même; d'autant
plus que la première édition des *Eléments* était, de son
propre aveu, pleine d'erreurs [1], et que l'ouvrage dut être
remanié par Maupertuis. Le succès, enfin, était facile.
Fontenelle, sans se déclarer newtonien, avait fort aplani
les voies. L'Europe était depuis longtemps prête à s'in-
cliner devant le génie de Newton, et rien ne prouve que
Voltaire ait hâté de beaucoup le règne définitif de son
système. En même temps qu'il l'exposait en France,
Algarotti publiait à Venise son *Newtonianisme pour
les dames.*

VII

Mais tandis que le philosophe anglais avait été moins
fier de comprendre enfin le monde qu'heureux d'y voir
plus clairement la sagesse et l'action d'un Dieu, — une
des raisons, au contraire, pour lesquelles on s'enthou-
siasmait de son système, c'est qu'on y voyait un moyen
de chasser Dieu du monde, ou, du moins, de ne plus
s'occuper de lui. Comment cela? Ce n'est pas facile a
expliquer; mais le fait n'en est pas moins apparent dans
la marche que nous voyons dès lors suivre à la science.
Parce qu'on était arrivé, grâce à Newton, à la loi qui
expliquait tout dans le monde physique, on se croyait
dispensé, en quelque sorte, de rien chercher, de rien

[1] Voir une curieuse lettre à Maupertuis, du 22 mai 1738.

voir au-delà de cette loi. « Nous la savons, semblait-on se dire, peu nous importe qui l'a faite. Nos devanciers disaient; c'est Dieu qui fait tourner les astres; nous dirons, nous : c'est l'attraction. » Montesquieu n'avait-il pas déjà dit, dès 1721 [1] : « Ce système *qui soulage si fort la Providence !* » Et il parlait du système de Descartes, si compliqué encore. Tant on éprouvait le besoin de *soulager* Dieu, c'est-à-dire de se passer de lui !

Scientifiquement parlant, c'était un bien, on ne peut le nier, que cette séparation entre la religion et la science. Il est sûr que le nom de Dieu avait souvent abrité beaucoup d'ignorance et de paresse. « Dieu l'a ainsi voulu » n'est pas une explication; ce n'est qu'un aveu d'impuissance, aveu très honorable si on a commencé par bien chercher, mais indigne de la science quand elle y a recours pour se dispenser d'étudier.

Mais si cette séparation est un divorce, si la religion et la science ne doivent plus s'unir en aucun cas, — alors la science a perdu son plus noble couronnement. « La religion, disait Bacon, est l'aromate qui empêche la science de se corrompre. » En vain, d'ailleurs, la science demanderait à n'être que séparée; elle devient inévitablement hostile. Reine du monde, à ce que lui dit son orgueil, elle n'est pas contente qu'elle n'en ait détrôné le roi.

Voilà le spectacle qu'elle offrait, au dix-huitième siècle, dans l'ensemble et dans les détails de son œuvre.

Dans l'ensemble, car elle était universellement consi-

---

[1] Discours à l'Académie de Bordeaux.

dérée comme ne pouvant aboutir qu'à la négation de tout ce qui n'était pas elle.

Dans les détails, car il n'était pas de fait si minime qu'elle ne lui donnât une valeur et une importance dans la lutte. Chaque grain de sable était admis à déposer sa plainte contre celui qui a fait et le grain de sable et les mondes. En relisant tout ce que Voltaire a écrit sur Newton et son système, on sent, même dans les meilleurs endroits, un homme infiniment moins touché de la beauté du fond que malignement attentif aux conséquences. Ce qu'il voit, ce qu'il aime dans cette doctrine immortelle, ce n'est pas tant un système vrai en physique qu'une nouveauté en philosophie, un immense embarras en religion.

Le même sentiment nous apparaît dans la faveur que ses leçons rencontrèrent. Peu d'enthousiasme sur le fond, beaucoup de curiosité sur les déductions à tirer. On était moins heureux d'avoir enfin le système de l'univers, que de pouvoir se croire armé à neuf contre le christianisme, contre le spiritualisme en général.

De là, entre autres signes du temps, le retour à l'ancien usage grec d'appeler *philosophes* ceux qui étudiaient les sciences naturelles. Ce n'était plus, comme jadis, par une confusion réelle entre les diverses branches des sciences humaines ; mais la philosophie et les sciences étant réputées concourir inévitablement au même but, la ruine de la religion, — le savant était *philosophe* en tant qu'allié des philosophes. Il l'était, disons-nous, de par Voltaire, persistât-il à se déclarer croyant.

De là encore l'importance qu'avaient, dans le monde

philosophique, des découvertes où la philosophie était bien moins intéressée que dans le système de Newton, mais qui aidaient à entretenir la lutte contre les idées et les choses du passé. L'inoculation, par exemple, à quels débats ne donna-t-elle pas lieu! Quelle ardeur chez les uns! Quelle résistance chez les autres! D'un côté, tous les partisans des idées nouvelles; de l'autre, tous les partisans de l'ancien état de choses, tous les corps qui le représentaient, la faculté de médecine, la Sorbonne, le parlement. Le jour où le duc d'Orléans envoya à l'Opéra ses enfants inoculés par Tronchin, et où le public les accueillit par des applaudissements frénétiques, ce jour-là, croyez-le, ce fut un grand choc à la monarchie, à la religion, à tous les principes. Il n'y avait pas de progrès, même excellent, qui ne fût une victoire pour les démolisseurs.

23.

CHAPITRE TRENTE-ET-UNIEME

l'affaire. — Le clergé s'enferre de plus en plus. — Turgot et les *Trente-sept vérités*.

VI. — L'intolérance. — Le clergé la maintient entière et impitoyable. — Les mœurs s'opposent à l'exécution des lois qu'il a fait faire. — Un édit de 1757.

I

Ainsi grossissait, de jour en jour, l'armée envahissante ; ainsi étaient abandonnés ou forcés tous les postes dont il lui plaisait de s'emparer.

A ce torrent, en effet, qu'opposait-on ? — Des livres qui ne valaient rien ; des mandements dont les meilleurs, toujours parlant au nom de l'Autorité, de l'Église, portaient nécessairement à faux, heureux encore quand on n'y reconnaissait pas une plume payée, celle d'un bel esprit et peut-être d'un incrédule. On sévissait, mais rarement à propos ; on prenait mille précautions, mais illusoires, et qui ne servaient qu'à donner aux poisons qu'on voulait proscrire l'attrait du fruit défendu.

Puis, à côté du despotisme officiel qui se faisait petit et semblait demander grâce, celui de l'opinion allait s'enhardissant et grandissant. Ce n'était plus seulement par des chansons ou par des pamphlets anonymes que le public philosophique se vengeait des tracasseries du pou-

voir ; les représailles s'exerçaient d'autant plus ouvertement que la répression avait été plus timide et plus
molle. Auteur d'un livre impie, vous pouviez être condamné au parlement sans que votre honneur en souffrît
le moins du monde ; magistrat, vous restiez comme noté
d'infamie pour avoir osé condamner ce même livre. En
1770, l'académie de Marseille annonce publiquement
qu'elle n'enverra pas complimenter M. Séguier, l'avocat
général, momentanément en séjour dans cette ville, bien
que ce soit d'usage envers tout membre de l'Académie
française. Il a dénoncé, à Paris, quelques-uns des écrits
du jour ; c'en est assez pour que la province même,
quoique bien moins *philosophisée* que Paris, croie de bon
ton de lui refuser tout hommage. Il n'y a plus d'éloges
que pour ceux qui auront trahi leur devoir en tolérant
ou en favorisant les livres que M. Séguier ose proscrire.
Trois mois après l'affront que lui a fait une académie
de province, une bruyante ovation accueillera, dans une
séance publique de l'Académie française, le magistrat
qui a couvert de son nom vénéré tant de hardiesses anar-
chiques, Malesherbes.

On a vu, de nos jours, des ovations plus scandaleuses,
des représailles plus aveugles ; mais elles ne sauraient,
en aucun cas, nous donner une idée de la portée immense que de semblables faits avaient alors. Dans un
gouvernement absolu, tout se tient ; c'est une voûte où
vous ne pouvez ébranler une pierre sans ébranler toutes
les autres. Le moindre affront à un des représentants
du pouvoir était un coup de marteau contre les fondements du trône.

Aurait-on pu, avec les éléments existants, se mieux défendre? Un roi plus roi que Louis XV aurait-il été plus heureux?

Cette question, que l'on a souvent faite, est inexacte. Elle suppose, en général, que Louis XV trouva les digues debout, et qu'il les laissa emporter. Or, il les trouva emportées ; elles l'avaient été, en fait, sous Louis XIV, et même longtemps avant sa mort. Un nommé Bois-Guillebert, lieutenant au bailliage de Rouen, avait écrit, vers 1695, un livre où il prétendait prouver que tout était déchu depuis 1660. On y vit l'œuvre d'un fou, et on y a trouvé, plus tard, des idées d'une justesse étonnante. Bois-Guillebert avait compris que Louis XIV ne faisait qu'organiser la décadence.

Que restait-il, en 1715, de ce qui fait la force morale d'un pays ? — L'autorité, trop incarnée dans un homme, allait mourir avec lui. La piété, réfugiée dans les formes, allait finir avec les formes. Ninon de l'Enclos, dans sa vieillesse, faisait plus d'incrédules que madame de Maintenon ne pouvait faire de dévots. Beaucoup de faits avaient porté plus loin qu'on ne se l'était figuré dans le moment. *Les Provinciales, le Tartufe,* la protection accordée par Louis XIV à cette pièce, avaient ouvert de loin une large porte à bien des choses que ni le roi, ni Molière, ni Pascal ne pouvaient prévoir. La Rochefoucauld, dans ses *Maximes,* avait posé les bases de *l'Esprit* d'Helvétius. Gassendi avait préparé les voies à Locke, à Condillac, à bien d'autres, car il avait été, sans songer à mal, l'apôtre de la sensation. L'épicuréisme avait eu de brillants adeptes, littérateurs

ou princes, Saint-Évremond, Chaulieu, La Fare, les
Conti, les Vendôme, le grand Condé peut-être, n'en dé-
plaise à Bossuet, le duc de Chartres, enfin, celui qui
allait être le régent. Les mœurs avaient peu à changer
pour devenir ouvertement ce qu'elles n'avaient guère
cessé d'être, mauvaises. Tant de licence avait été tolé-
rée, au théâtre, pour faire diversion aux maux publics,
qu'il fallut ordonner, sous la Régence, une épuration
du répertoire, les honnêtes gens ne pouvant plus affron-
ter de pareilles pièces. La littérature sérieuse avait
épuisé le terrain fécond, mais étroit, qu'elle s'était assigné aux pieds du trône. Quel roi, quel dieu n'eût-il
pas fallu, sur ce trône, pour qu'elle continuât à se tenir
sous son sceptre et à s'inspirer de ses regards !

II

Aussi ne tarda-t-elle pas à se roidir contre les entraves qu'elle avait si longtemps portées sans murmurer,
sans même s'apercevoir que ce fussent des entraves, car
elle obéissait si bien et si naturellement, sous Louis XIV,
à cet esprit général d'ordre et de foi, que la censure
n'avait presque aucune occasion de s'exercer. A peine
la voyons-nous chicaner, de loin en loin, quelque auteur inconnu qui se hâte de se soumettre, qui ne se plaint
même pas ; les bons et les illustres n'ont pas l'air d'y
songer le moins du monde, car ils n'ont nul effort à

faire, nulle contrainte à s'imposer pour ne rien écrire
qui éveille les susceptibilités du pouvoir.

Sous Louis XV, au contraire, il n'y a guère plus que
des auteurs du dernier ordre qui soient en paix avec
l'autorité; ce sont les chefs de la littérature qui ont
perpétuellement maille à partir avec les censeurs royaux.

Ces derniers, gardiens officiels de la morale et des
traditions monarchiques, c'était déjà, pour le gouvernement, un embarras que de savoir où les prendre.
Les littérateurs de renom ne se souciaient pas de remplir des fonctions pareilles, et on ne pouvait d'ailleurs
guère songer, nous venons de voir pourquoi, à les leur
confier. Il fallait prendre les obscurs, tout en sentant
vivement le ridicule de les établir souverains où ils n'é-
taient, par le talent, que d'infimes sujets. Cette souveraineté leur valait d'assez bons appointements, faible
compensation aux épigrammes, aux injures, aux tracasseries de tout genre qu'ils avaient journellement à subir.
Peu, enfin, avaient été assez sages pour que leur passé
ne fût pas plus ou moins un plaidoyer contre leurs fonctions et contre eux. En 1774, un des censeurs du théâtre est Crébillon, le fils, auteur de romans immondes.

Un censeur appartenait-il, par exception, aux premiers rangs de la république des lettres, il avait l'air
d'écraser, par jalousie, ceux qu'il effaçait déjà par le
talent. Souvent, moins libre comme juge qu'il ne l'avait
été comme écrivain, il se croyait obligé de condamner,
chez ses confrères, ce qu'il avait lui-même osé. Crébillon, le père, avait dit dans son *Xercès* :

La crainte fit les dieux, l'audace a fait les rois...

Il allait dire, dans *Cromwell* :

> De ce qu'on doit aux rois le préjugé servile
> N'a jamais entraîné que la foule imbécile.
> Qui peut, au nom des rois, se laisser éblouir,
> Ne mérite en effet que l'affront d'obéir...

et il refuse, en 1750, d'autoriser ce vers de l'*Aménophis* de Saurin :

> Le peuple, qui jadis a choisi vos ancêtres...

Il craint de laisser enseigner que les rois ont été primitivement les élus des peuples, qu'ils ne leur sont pas venus du ciel ou n'ont pas été mystérieusement désignés par la nature, comme les reines des abeilles.

C'était, du reste, un des grands embarras de tous les soutiens de la monarchie, que cette inévitable question des premiers rois. Le peuple l'avait entendu traiter, sous la Régence, avec une hardiesse fort imprudente de la part de ceux qui l'abordaient. La grande affaire des princes légitimés avait fait éclore des mémoires dans lesquels on était allé, de part et d'autre, plus loin qu'on ne l'aurait voulu ; tous concluaient par une espèce d'appel à la nation, reconnue arbitre suprême. L'autorité royale y était représentée comme un dépôt et un mandat, la monarchie comme l'effet d'un contrat entre une famille et le peuple. La querelle apaisée, légitimés et légitimes se retrouvèrent d'accord pour replonger tout cela dans l'ombre qu'ils avaient momentanément écartée ; mais la lumière y revenait malgré eux. Derrière une élection primitive, qu'il fallait bien avouer, il y

avait la souveraineté du peuple, et, cette souveraineté,
comment la réléguer à tout jamais dans les nuages du
passé? On essayait, pourtant, et Montesquieu en avait
donné l'exemple. L'abbé Dubos ayant soutenu [1] qu'il
n'y avait, chez les Francs, qu'un seul ordre de citoyens,
l'auteur de l'*Esprit des Lois* ne craint pas d'appeler
cela « une prétention injurieuse au sang de nos premières familles et de nos trois races royales. » — « L'o-
rigine de leur grandeur, poursuit-il, n'irait donc point
se perdre dans l'oubli, la nuit et le temps! L'histoire
éclairerait des siècles où elles auraient été des familles
communes! » Monsieur de Montesquieu, vous étiez
encore un peu baron quand vous disiez cela. Hélas!
est-ce que Napoléon, qui fit des rois, ne répétait pas
quelquefois avec plaisir qu'il était né gentilhomme?

Mais la question n'en faisait pas moins son chemin.
Au sacre de Louis XV, les hérauts avaient demandé,
selon l'antique usage, si les Français étaient contents
du roi qu'on venait de leur donner. Au sacre de
Louis XVI, on supprima cette formule. Cela commençait à être dangereux.

III

Ce n'était donc pas chose aisée que de composer un
livre un peu profond ou un peu spirituel qui n'ébranlât

---

[1] *Histoire de l'établissement de la monarchie française.*

aucun de ces fragiles fondements. « L'approbation du
censeur, disait Helvétius, c'est presque toujours un cer-
tificat de sottise. » On comprend ce que devait être,
même pour les moins ardents et les mieux intentionnés,
cette perpétuelle appréhension de trop dire ou de mal
dire, d'avoir à batailler sur ses idées, sur ses mots. Ce
vers, que je suis heureux d'avoir trouvé, on me le bif-
fera peut-être. Cette phrase, où j'ai sué sang et eau, on
me la coupera par le milieu. Cette page, dont je suis fier,
on me la fera changer. Cette idée que je sens bonne,
vraie, utile, ce fait que je sais incontestable, il faut que
je me garde bien de l'énoncer, car il suffirait, à lui seul,
pour empêcher mon livre de voir jamais le jour. Comme
le Figaro de Beaumarchais, « pourvu que je ne parle en
mes écrits ni de l'autorité, ni du culte, ni de la politique,
ni de la morale, ni des gens en place, ni des corps en crédit, ni de l'Opéra, ni des autres spectacles, ni de personne
qui tienne à quelque chose, je puis tout imprimer librement, sous l'inspection de deux ou trois censeurs. »

Le livre écrit, que de précautions encore pour que la
censure n'aille pas y voir ce qui n'y est pas, et le condamner peut-être sur un faux air de parenté avec un
ouvrage condamné ! Le cardinal de Richelieu ne voulait,
disait-il, que quatre lignes de l'écriture d'un homme
pour y trouver de quoi le faire pendre. Comment ne
trouverait-on pas toujours, dans quatre pages, de quoi
en faire défendre l'impression ? Quand le gouvernement
avait à se montrer rigoureux envers des auteurs redou-
tables, il ne manquait jamais, pour se le faire pardonner,
d'être encore plus dur envers les autres, y compris ceux

qui le soutenaient. En 1762, comme on reprochait à
Fréron la pâleur de son journal, il répondit qu'on lui
rognait tout à la censure. « Les imprimeurs se plaignent,
écrivait Bachaumont vers le même temps, que les nou-
veautés tarissent; on a mis un embargo sur tous les
manuscrits. La police ne passe rien, ne tolère aucune
plaisanterie. » On ne savait faire de la force qu'en laissant voir de la faiblesse.

Les sévérités de la censure se multipliaient naturellement en proportion de la malice du public, aiguisée
elle-même en proportion de ces sévérités. Il arrivait
souvent qu'un vers, qu'un mot, approuvé comme inof-
fensif, prît une portée inattendue qui ne permettait plus
de le souffrir. Ainsi, dans *Mahomet* :

> ...il faut m'aider à tromper l'univers,

disait le héros de la pièce. Mais voilà qu'à ce mot
tromper, on rit, on bat ironiquement des mains. Ce
n'est plus Mahomet, ce sont les jésuites, les prêtres en
général, qu'on feint d'entendre avouant leur tactique.
Le lendemain, ordre aux comédiens de changer *tromper*
en *dompter*; et le public ne manquera pas de crier, à
chaque fois : *Tromper ! Tromper !*

Souvent aussi les comédiens changeaient d'eux-
mêmes ce qui leur paraissait de nature à provoquer, à
la représentation, quelque orage compromettant. C'était
comme une autre censure qui avait aussi, pour les auteurs, ses ennuis, ses dégoûts. On la retrouvait chez les
libraires, peu désireux, cela se comprend assez, de se

brouiller avec le gouvernement pour des écrits dont ils
n'avaient pas la gloire. C'était, lors de l'*Encyclopédie*
un des grands tourments de Diderot. « Un jour, — c'est
madame de Vandeuil, sa fille, qui parle [1], — en cherchant quelque chose dans un volume qui venait de
paraître et dont il avait lui-même revu toutes les
épreuves, il trouve un article rogné, recousu, défiguré.
Il croit que c'est un malheur d'impression, mais il par-
court le volume, et il voit que beaucoup d'autres articles
ont eu le même sort. C'était le libraire Lebreton qui,
effrayé, avait ôté tout ce qui lui avait paru trop fort.
Mon père pensa en tomber malade. Jamais je ne l'ai
entendu parler froidement de ce malheureux volume.
Il semblait convaincu que tous les lecteurs voyaient
comme lui ce qui manquait à chaque article, et l'impossibilité de réparer ce dommage lui donnait encore
de l'humeur vingt ans après. »

On comprend ce que de pareilles gênes pouvaient
donner d'impatience et d'aigreur, non à Diderot seulement, qui avait toujours un peu la fièvre, mais aux plus
sages même et aux plus calmes.

IV

Tout cela, pourtant, n'empêchait rien.
Ce qui manquait surtout aux édits et aux règlements

[1] *Souvenirs.*

relatifs à la presse, — à la *librairie*, comme on disait, — c'était l'ensemble. Le filet avait des mailles serrées, mais aussi de gros trous qu'on ne savait pas boucher.

A Paris, les libraires avaient la police de leur corps. Leur *chambre syndicale* était chargée de l'exécution des règlements, et, surveillée de très près par le lieutenant général de police, elle ne tolérait aucune infraction ouverte ; mais elle n'avait ni les moyens, ni, le plus souvent, la volonté d'empêcher les infractions indirectes.

La plupart des villes de province n'avaient ni chambre syndicale, ni censeurs. Les livres s'y imprimaient sans contrôle, avec la seule précaution, quand on craignait des poursuites, d'y mettre le nom d'un imprimeur suisse ou hollandais.

Ceux qui venaient de l'étranger ne devaient entrer en France que par quelques villes désignées. La douane les y expédiait sous plomb, et des censeurs spéciaux en prenaient connaissance. Mais ils avaient, ces censeurs, fort peu à faire. La contrebande, encouragée par des bénéfices énormes, se chargeait d'introduire tout ce qu'ils auraient pu arrêter.

Quand un ouvrage n'était ni assez hardi pour que le gouvernement pût l'interdire, ni assez irréprochable pour que les censeurs parussent devoir l'approuver, le ministère accordait quelquefois des autorisations tacites. Bien s'en fallait, d'ailleurs, que l'on arrêtât tous les livres imprimés sans permission ; et comme une loi n'est réellement une loi que lorsqu'elle a son cours en

24.

vers tout le monde, les poursuites avaient toujours une
fâcheuse couleur d'arbitraire et d'injustice. Ce qu'on
défendait dans la capitale, on le tolérait souvent dans
les provinces. En 1766, plusieurs volumes de l'*Encyclopédie* s'impriment publiquement aux portes de Paris,
et le gouvernement ferme les yeux.

Les colporteurs étaient soumis à des règlements sévères, mais qui ne s'exécutaient non plus que par boutades, et avec un arbitraire qui devenait facilement ré-
voltant. En 1768, un nommé Josserand est condamné
au carcan, à la marque et à neuf ans de galères, pour
avoir vendu quelques volumes dont les auteurs bien
connus n'étaient pas même inquiétés.

Souvent, enfin, avec les plus grands efforts pour dé-
couvrir ou l'auteur, ou l'imprimeur, ou les vendeurs,
on n'y réussissait pas. Les ruses se multipliaient en
proportion des recherches. Un journal janséniste, la
Gazette ecclésiastique, s'imprima quelque temps dans
l'intérieur d'une pile de bois à brûler.

Un des moyens les plus généralement employés pour
éluder la censure et se soustraire, en cas de poursuites,
aux peines portées contre les auteurs, c'était de déclarer
qu'on n'avait écrit que pour soi, que le manuscrit avait
été volé. L'excuse était ordinairement admise. Un jour
que Diderot, appelé devant le garde des sceaux, la répétait avec son assurance ordinaire : « Eh bien, monsieur, lui dit le magistrat, je vous défends d'être volé. »
Ce fut à l'occasion de cette entrevue que le prince de
Condé disait : « Le garde des sceaux est bien hardi. Il
a osé comparaître devant Diderot. » Ce mot peint à

quel point l'école philosophique était la maîtresse en France.

V

Quand l'auteur ne voulait pas se lancer dans les impressions clandestines, que de manœuvres alors et que de ruses pour arriver à l'indispensable approbation !

Nous sommes en 1766. Marmontel a fini son *Bélisaire*; il s'agit de le publier. L'auteur, — c'est lui qui nous le dit plaisamment dans ses *Mémoires*, — n'avait guère à redouter que la cour pour les hardiesses politiques, la Sorbonne pour les hardiesses religieuses, et le parlement pour le tout.

Mais, dans le parlement, il y a l'abbé Terray, ami des encyclopédistes, ami aussi d'une madame Gaulard, que Marmontel connaît. Marmontel va le trouver avec elle à la campagne. Il lui lit *Bélisaire*, et l'abbé « quoique naturellement peu sensible, c'est Marmontel qui parle, l'est à cette lecture. » Le voilà pris. Il promet que le parlement, dont il dispose, ne se mêlera pas de cette affaire, quand même la Sorbonne croirait devoir s'en mêler. Premier point de gagné, car la Sorbonne commençait à imposer assez peu par elle-même, et on riait de ses censures quand il n'y avait pas le parlement et la Bastille au bout.

Un second point, c'était le privilége à obtenir; affaire du chancelier. Le privilége était l'autorisation d'imprimer, en cas que les censeurs ne s'y opposassent pas. Mais le chancelier, en ce moment, c'était Maupeou, un rude homme, celui qui allait briser les parlements pour les punir de s'être crus quelque chose dans la constitution politique de l'État. Champion du pouvoir absolu, peut-on lui demander d'autoriser un pareil livre? Le lui demander, non; mais le lui faire demander, c'est autre chose, car il a aussi une amie, et cette amie est madame Merlin, précisément la femme du libraire de Marmontel. Elle demande; elle obtient.

A quoi ne les trouvons-nous pas mêlées, les femmes, dans l'histoire de ce temps! De madame de Pompadour ou de madame Du Barry, qui tient le sceptre, à l'obscure maîtresse du simple conseiller, elles règnent, elles gouvernent, elles sont partout, elles font tout.

Ce désordre, comme bien d'autres, datait de plus loin qu'on ne croit. Louis XIV avait beau dire, dans une lettre à son petit-fils le roi d'Espagne : « Vous ne souffrirez pas que votre femme vous gouverne; vous sentez trop le déshonneur qu'une pareille faiblesse attire... » Cette faiblesse était la sienne, et il s'y livrait d'autant mieux qu'il s'en apercevait moins. Madame de Maintenon, qui le menait, se plaint naïvement, dans une lettre à Villars, que les femmes se mêlent de tout. « Savez-vous, ma tante, lui dit un jour la duchesse de Bourgogne, devant Louis XIV, pourquoi les reines, en Angleterre, gouvernent mieux que les rois? C'est que, sous les reines, ce sont les hommes qui gouvernent, tandis que, sous les rois, ce sont les femmes. » Une autre femme, mais qui ne s'était jamais mêlée de rien, la duchesse d'Orléans, mère du régent, disait dans ses Mémoires : « Ce royaume, pour son malheur, a été trop gouverné par des femmes, vieilles et jeunes. Il est temps qu'on laisse faire les hommes. » Mais ce n'était pas sous un Louis XV que cela pouvait commencer.

Or, à toute époque, le rôle des femmes est un important élément d'appréciation. Si elles ne sont rien, c'est la barbarie ; si elles sont trop, c'est la décadence, surtout quand il n'y a plus aucune honte à leur devoir ce qui est le moins de leur ressort.

En 1746, au premier bruit que madame d'Étioles a plu à Louis XV, un jeune abbé de bonne maison demande à lui présenter ses hommages. Il est admis. On lui fait réciter des vers. Il amuse, il plaît. Sa protectrice, devenue madame de Pompadour, est désormais chargée de sa fortune. Il se fait honneur de lui tout devoir, et il lui devra en effet tout, jusqu'au chapeau de cardinal, car ce petit abbé qui fait des vers, et que Voltaire a baptisé *Babet-la-Bouquetière*, c'est le futur cardinal de Bernis.

En 1766, un prêtre écrit à Voltaire lui-même pour le prier de demander à mademoiselle Clairon, l'actrice, qu'elle lui fasse obtenir par M. de Villepinte, son amant, une cure en Béarn.

Mais revenons à Marmontel.

« Il me restait, dit-il, à prendre mes sûretés du côté de la cour. Je redoutais les allusions, les applications malignes, l'accusation d'avoir pensé à un autre que Justinien dans la peinture d'un roi faible et trompé. Il n'y avait que trop d'analogie d'un règne à l'autre. Le roi de Prusse m'écrivait : Je viens de lire le début de votre *Bélisaire*. Vous êtes bien hardi !... D'autres pouvaient le dire ; et si les ennemis que j'avais encore m'attaquaient de ce côté-là, j'étais perdu. Il n'y avait cependant pas moyen de prendre à cet égard des précautions directes. La moindre inquiétude que j'aurais témoignée aurait donné l'éveil et m'aurait dénoncé. Personne n'aurait pris sur soi ni de me rassurer, ni de me promettre assistance. On m'aurait dit de jeter mon ouvrage au feu, ou d'en effacer tout ce qui pouvait être susceptible d'allusion ; et que n'aurait-il pas fallu en effacer ! »

Sur ce, payant d'audace, il annonce ouvertement l'intention de dédier l'ouvrage... au roi.

La ruse n'était pas de lui, mais de Voltaire, qui en avait donné l'exemple plus de quarante ans auparavant. Tandis que ses amis tremblaient de le voir retourner, pour *la Henriade*, sous ces verroux qui lui en avaient vu tracer les premiers vers, il demandait, lui, l'autorisation de la dédier à Louis XV. On refusa[1] ; mais l'intention n'en resta pas moins constatée, et Voltaire de s'étonner, quand on voulait trouver le poëme peu orthodoxe, qu'on s'avisât de voir des intentions peu monarchiques dans un ouvrage qu'il avait voulu offrir au roi.

---

[1] Sa dédicace, car il l'avait préparée, aurait suffi pour amener ce refus. Il y disait, entre autres hardiesses : « C'est une chose bien honteuse pour les rois que cet étonnement où nous sommes quand ils aiment sincèrement le bien public. » Les éloges pompeux qu'il donnait ensuite à Louis XV avaient trop l'air de n'être là que pour faire passer le reste.

Ainsi avait encore fait, ou à peu près, l'auteur du livre de l'*Esprit*, Helvétius. Avec une bonhomie parfaite, il en avait respectueusement offert les premiers exemplaires au roi, à la reine, au dauphin, à tous les princes; puis, l'orage grondant, il avait l'air de ne pas comprendre pourquoi. Aurait-il offert de sa main à de si pieux personnages un livre qu'il aurait cru impie et immoral?

Ainsi faisait donc Marmontel pour ce pauvre *Bélisaire*, bien anodin, assurément, à côté du livre d'Helvétius, mais dont les hardiesses étaient bien plus patentes. Helvétius, diffus, entortillé, avait été approuvé à la censure; on s'était même égayé, entre amis, de la voir donner dans le panneau, et comme le censeur, Tercier, était employé au ministère des relations extérieures, on n'avait pas manqué de dire que l'*esprit* lui était *affaire étrangère*, comme celles dont il s'occupait journellement. Mais *Bélisaire* était clair, trop clair. Il ne pouvait tromper que ceux qui fermeraient les yeux.

Le comte de Saint-Florentin, ministre de la maison du roi, déclara que Sa Majesté n'accepterait certainement pas la dédicace. L'auteur, qui s'y attendait bien, feignit un grand étonnement et un grand déplaisir; mais, dit-il, « je me retirai content. Que voulais-je, en effet? avoir à la cour un témoin de l'intention où j'avais été de dédier l'ouvrage au roi. »

Armé de toutes pièces, il aborde enfin la censure.

Le censeur laïque, Bret, accorde l'approbation. A la Sorbonne, on désigne pour juge un docteur nommé

Chevrier, homme fort doux, qui garde le manuscrit huit jours, le rend avec de grands éloges, et refuse de l'approuver. Un autre, — car l'auteur avait le droit de choisir parmi tous les docteurs de Sorbonne, — se montre moins scrupuleux. Il approuve, et le livre est aussitôt publié.

Mais voilà toute la Sorbonne en rumeur. Elle se demande avec effroi comment un de ses membres a pu approuver un pareil livre. Ce qui l'épouvante le plus, et elle a l'insigne maladresse de le crier sur les toits, c'est le quinzième chapitre, celui où Marmontel a prêché la tolérance.

L'auteur ne demandait pas mieux. C'était lui désigner une citadelle inexpugnable, car on était, nous l'avons dit, en 1766, et la cause de la tolérance avait fait, depuis les Calas, de grands pas. De plus, à force de crier contre ce quinzième chapitre, on détournait l'attention de tous les autres, ce dont l'auteur était aussi très heureux. « Ce chapitre, dit-il, c'était pour moi comme la queue du chien d'Alcibiade. » La cour et le parlement regardaient faire ; on avait seulement destitué le pauvre censeur laïque, coupable d'avoir cru que les docteurs feraient mieux leur devoir que lui. Trois éditions étaient vendues, que la condamnation officielle n'avait pas encore paru.

La Sorbonne tenait à la donner aussi ample, aussi complète que possible. Cependant, arrivée à trente-sept propositions, elle crut devoir les publier, mais en intitulant cette liste *Indiculus*, petit index, pour que l'on comprît bien que ce n'était pas fini ; et Voltaire d'y

ajouter une épithète qui semblait faite pour le mot :
Ridiculus.

C'était lui, au fond, qui menait l'affaire. « Il est assez
plaisant, écrivait-il à madame du Deffand, d'envoyer,
du pied des Alpes à Paris, des fusées volantes qui
crèvent sur la tête des sots. » Les sots, c'est Riballier,
le pauvre syndic de Sorbonne, dont il a soin de faire
Triballier ; c'est Coger, professeur au collége Mazarin,
dont il fera Cogé, puis *Coge pecus,* car on eût dit qu'une
fatalité bizarre le servait jusque dans les noms de ceux
qu'il avait à écraser. Sabatier, il en faisait *Savatier*;
Patouillet et Nonotte, il n'avait pas même besoin d'estropier leurs noms pour que le rire s'en mêlât. En 1770,
quand l'assemblée du clergé décide de publier un
recueil des meilleurs livres en faveur de la religion, c'est
un docteur *Bonhomme* qu'elle charge de ce travail.

Vengé, plus que vengé, Marmontel n'avait qu'à laisser
faire ; aussi se prêtait-il avec une complaisance édifiante
aux démarches qui le sauvaient de tout danger personnel. Il était allé voir l'archevêque [1]; il avait accepté,
peut-être même demandé, une conférence avec des
docteurs. Là, en cédant sur quelques points, il les avait
amenés à s'enferrer de plus en plus sur celui de la tolérance, ou plutôt de l'intolérance. L'archevêque lui-
même, plus coulant qu'eux sur bien d'autres, s'en réfé-
rait invinciblement à la maxime de Bossuet que « ceux
qui ne veulent pas que le prince use de rigueur en matière de religion, sont dans une erreur impie. »

[1] M. de Beaumont.

Voilà où le clergé de France en était encore, à Paris,
à la fin du règne de Louis XV. Cette thèse désespérée
faisait en ce moment plus de mal à la religion que tous
les pamphlets de Voltaire. Marmontel triomphait. La
question était réduite, dit-il, « aux termes les plus
simples, les plus frappants, les plus tranchants. Ils ont
voulu, pouvais-je dire, me faire reconnaître le droit de
forcer la croyance, d'y employer le glaive, les tortures,
les échafauds et les bûchers ; et j'ai refusé de signer
cette doctrine abominable. Voilà pourquoi je vais être
censuré. » Et ses amis de répandre à la cour, à la ville,
au par ement, partout, ce résumé un peu amplifié, mais
pourtant vrai, des conférences de Conflans.

Un théologien devenu encyclopédiste, Turgot, le
futur ministre de Louis XVI, allait donner le coup de
grâce. Au milieu de l'agitation générale, voici venir un
petit écrit où les propositions condamnées par la Sorbonne sont simplement mises côte à côte avec les assertions contraires, nécessairement vraies, dit l'auteur,
puisque les autres sont fausses ; et la brochure était en
effet intitulée : *Trente-sept vérités opposées aux trente-
sept impiétés de Bélisaire.* Or, ces trente-sept *vérités,*
c'étaient, pour la plupart, des absurdités ou des horreurs. « La vérité, avait dit Marmontel, brille de sa
propre lumière ; on n'éclaire pas les esprits avec la
flamme des bûchers. » Donc, de par la Sorbonne : « La
vérité ne brille pas de sa propre lumière, et c'est avec
des flammes que l'on éclaire les esprits. » Ainsi disait
l'impitoyable brochure. Marmontel, de retour d'un
voyage en Allemagne, trouva la censure affichée à la

porte de l'Académie; « mais, dit-il, les suisses du Louvre semblaient s'être entendus pour essuyer leurs balais à cette pancarte. Ni la cour ni le parlement ne s'étaient mêlés de cette affaire. On me fit dire seulement de garder le silence, et *Bélisaire* continua de s'imprimer et de se vendre avec privilége du roi. »

Cinq ans après, l'auteur était historiographe de France [1].

VI

La magistrature et la cour commençaient donc à né plus vouloir s'associer à toutes les susceptibilités du clergé; elles semblaient même s'amuser à le laisser de temps en temps seul aux prises avec leurs ennemis communs. Ce n'était ni prudent, ni très loyal; mais comment laisser le glaive des lois au service de ces idées d'un autre âge, de cette intolérance qui se glorifiait de ne vouloir et de ne pouvoir rien céder? Le clergé s'obstinait à placer sur la même ligne les principes fondamentaux de la religion, de la morale, de l'ordre social, et ceux de sa propre puissance; comment le suivre encore dans ces campagnes hasardeuses où il fallait, comme nous le disions, défendre en même temps et les mauvais et les bons postes, mais les mauvais surtout? Dans cette

[1] Duclos l'était aussi devenu après son *Histoire de Louis XI,* condamnée par le parlement.

même affaire, il y eut de longs pourparlers entre le gouvernement et l'archevêque au sujet du mandement que ce prélat préparait contre *Bélisaire*, et dans lequel il prétendait établir, avec la dernière crudité, le droit et le devoir d'user du glaive contre les novateurs en religion. Ces débats retardèrent jusqu'en 1768 la publication du mandement ; mais il n'y eut d'adouci que quelques mots, et l'intolérance fut encore une fois prêchée, dans le beau style du dix-huitième siècle, aussi entière, aussi nette qu'elle l'avait jamais été dans le jargon barbare du treizième [1].

Mais le courant était ailleurs. Toutes les lois que l'on avait cru devoir faire en cédant aux inspirations du clergé, il fallait déjà, en pratique, ou les adoucir de beaucoup, ou les laisser dormir. Les protestants, qui avaient tant à souffrir, n'étaient cependant pas traités, à beaucoup près, selon la rigueur de celles que le clergé avait fait porter contre eux, et dont les évêques ne cessaient de solliciter l'exécution. L'incrédulité, plus ménagée, était également sous le coup d'édits terribles, contre lesquels leur sévérité même était le plus sûr rempart. En 1757, dans un de ces soubresauts d'intolérance qui ne faisaient qu'annoncer la faiblesse et hâter la décrépitude, une déclaration du roi, enregistrée au

---

[1] On faisait courir un dialogue burlesque entre Dieu et le père Hayer, rédacteur du *Journal Chrétien*. Dieu lui parlant de tolérance, le père s'écriait : «

« Ciel ! que viens-je d'entendre ? Ah ! ah ! je le vois bien
Que vous-même, Seigneur, vous ne valez plus rien ! »

parlement, prononce peine de mort « contre les auteurs
des écrits tendant à attaquer la religion, à émouvoir les
esprits, à donner des atteintes à l'autorité du roi,... etc. »
Cinquante ou soixante écrivains, Voltaire en tête, étaient
voués d'un coup à l'échafaud; aussi ne voyons-nous pas
que cet édit leur inspirât la moindre crainte, et il ne devait qu'ajouter aux singularités du temps celle de voir
en liberté, plus puissants que jamais, des hommes condamnés à mort.

D'autres fois, c'était le gouvernement qui se montrait
plus sévère que la Sorbonne. En 1775, par exemple,
l'archevêque demande à ce dernier corps de censurer
l'éloge de Fénelon, par La Harpe, couronné à l'Académie. La Sorbonne, qui se souvient de l'affaire de Marmontel, refuse. Alors, arrêt du conseil du roi, lequel
supprime le discours, — c'est-à-dire le condamne à
être vingt fois plus lu.

CHAPITRE TRENTE-DEUXIÈME

I

C'était aussi une singulière position que celle de l'A-
cadémie au milieu des débats de cette époque. Libérale
en majorité, incrédule dans ses principaux meneurs, il
lui fallait fonctionner, tant bien que mal, comme un
des rouages de l'ancienne organisation. Elle proposait
à la fois et des sujets philosophiques, dans le nouveau
sens du mot, et des sujets religieux ; elle couronnait des
discours que Louis XIV eût foudroyés, et elle continuait à élever le monument plus que fini de la gloire de
ce prince. En 1752, elle en était encore à proposer
pour sujet du prix de poésie : *La tendresse de Louis XIV
pour sa famille.*

Un autre roi, dont l'éloge obligé jurait encore davantage avec les sentiments bien connus du docte corps,
c'était saint Louis, le patron de l'Académie dans le ciel,
tandis que l'autre Louis n'avait été que son protecteur
sur la terre. Chaque année, au 25 août, elle assistait à
une messe invariablement suivie du panégyrique du
saint roi.

Un point surtout, dans ce panégyrique, était toujours
impatiemment attendu. Depuis que la mode était ve-
nue, d'après Voltaire, de n'envisager les croisades que
comme le résultat d'un fanatisme absurde et ridicule,
on ne manquait jamais de se demander longtemps d'a-
vance comment le prédicateur se tirerait de cette partie

du sujet. Blâmer ouvertement les croisades, impossible; les louer, impossible encore, à moins de se désigner aux sarcasmes, et d'ôter au sermon, fût-il d'ailleurs un chef-d'œuvre, toute chance de succès. De là d'incroyables tours de force; de là le grand attrait de cette solennité.

Il était même arrivé deux ou trois fois que le prédicateur, achevant de s'affranchir, passât avec armes et bagage dans le camp peu chrétien de la majorité des auditeurs. Dans le sermon *économique* de l'abbé de Besplas, dont nous avons déjà parlé, saint Louis s'appelait Louis tout court, et l'auteur caressa si bien tous les goûts, toutes les idées de l'époque, qu'on battit des mains en pleine église. En 1767, l'abbé de Bassinet débuta par ne pas prendre de texte. Il ne mit pas non plus l'*Ave Maria* après l'exorde, et il passa enfin le Rubicon en parlant des croisades comme Voltaire en eût parlé. L'abbé d'Arty, en 1749, avait été moins tranchant; mais ce qu'il y a de curieux, c'est que son sermon était de Voltaire lui-même. Honnête sermon, du reste, bien correct, bien froid, bien académique, avec un texte en règle, mais dont l'orateur ne se sert pas, avec un *Ave Maria* cousu à une invocation où il n'est pas question de Marie, avec trois points, enfin, et force conseils aux rois. Arrivé aux croisades, voilà Voltaire qui s'appelle lui-même en témoignage, et qui trouve moyen de dire, mais indirectement, tout ce que la chaire interdisait. « Il ne m'appartient pas de traiter de téméraires ceux qui, dans ce siècle éclairé, condamnent les entreprises des croisades, autrefois consacrées.

Je sais qu'*un célèbre et savant auteur* [1] paraît souhaiter que les croisades n'eussent jamais été entreprises. Sa religion ne lui laisse pas penser que les chrétiens d'Occident dussent regarder Jérusalem comme leur héritage. Jérusalem est la ville sainte, consacrée par les mystères de notre rédemption ; mais c'est le ciel, où Dieu réside, qui est le patrimoine des enfants du ciel. La raison semble désapprouver encore que l'Europe se dépeuplât pour ravager inutilement l'Asie ; que des millions d'hommes... etc., etc. »

Ces idées ont incontestablement leur côté vrai. Même dans ceux de ses écrits où il émet plus librement son opinion sur ces guerres, ce ne sont pas les raisons qui vous déplaisent, mais cette obstination à ne tenir aucun compte des temps, des lieux, et à railler un zèle qui se liait aux sentiments les plus nobles.

Dans le sermon, une fois les raisons données, il est plus juste. Sans avouer encore — il ne l'a jamais avoué — que l'enthousiasme religieux puisse être un mobile grand et noble, il y voit au moins une excuse. « Tout homme, dit-il, est conduit par les idées de son siècle. Une croisade était devenue un des devoirs d'un héros. »

Il est fâcheux que nous n'ayons pas une collection de ces discours. On y suivrait, année par année, l'invasion des idées nouvelles dans la chaire ; on n'y verrait que trop combien tout homme est soumis à celles de son temps, et que, si une croisade était, au treizième siècle,

---

[1] Avait-il lui-même écrit ces mots, ou était-ce une addition de l'abbé ?

un des devoirs d'un héros, l'incrédulité était devenue,
au dix-huitième, une des conditions de l'éloquence.

II

C'était aussi une des conditions de l'entrée à l'Académie; mais l'orthodoxie extérieure était, comme jadis,
indispensable. « Pour entrer à l'Académie, disait Dumarsais, il faut être bien avec tout le monde, depuis
Dieu jusqu'au valet de chambre du ministre. » Aussi
n'y avait-il pas de candidat qui n'eût à jouer plusieurs
rôles, et à se faire pardonner ou son orthodoxie par les
meneurs libéraux, ou son libéralisme par les meneurs
orthodoxes. « S'il y avait eu une Académie à Rome,
ajoutait Dumarsais dans une lettre à un ami, et qu'elle
se fût conduite par les mêmes principes que la nôtre,
Cicéron en eût été exclu pour son scepticisme, Virgile
pour son églogue d'Alexis, Horace pour ses vers obs-
cènes, Lucrèce pour son athéisme, Tacite pour sa haine
du despotisme. Qui en aurait donc été? Le grand fla-
men, le grand augure, le valet de chambre de Tibère, le
précepteur de Claude, le maître de harpe de Néron, et
ainsi du reste. » Cette boutade sentait l'homme écon-
duit, car il y avait à l'Académie, en ce moment même,
des hommes sur lesquels on avait eu plus à dire et que
sur Horace et que sur Lucrèce; mais ce n'est pas ce que
répond d'Alembert, et sa réponse est curieuse : « Il est

aisé de répondre, dit-il [1], à cette indécente sortie,... que Lucrèce, pour obtenir les honneurs littéraires, eût employé à peindre et à chanter la nature le talent qu'il profanait en outrageant son auteur ; que Cicéron aurait lui-même effacé sans peine les endroits de ses ouvrages où il tourne en ridicule la religion des Romains ; etc. » Nous ne savons ce que ces deux hommes auraient fait ; mais d'Alembert avait largement usé de la dissimulation à laquelle ils auraient, dit-il, eu recours.

Mais nous avons déjà montré combien, à cette époque, on avait généralement peu de peine et peu de honte à mentir. Il était reçu, en quelque sorte, que tout moyen est bon pour échapper à ce qui gêne. Comment, d'ailleurs, s'en serait-on fait scrupule, quand le pouvoir lui-même autorisait tacitement toutes les fraudes en usage pour le désarmer et l'endormir ? A moins de dissoudre l'Académie, ou de la condamner à ne recevoir que des littérateurs de second et de troisième ordre, il fallait bien y laisser entrer des incrédules. On se contentait donc de la fermer à quelques-uns des plus hardis, à Diderot, par exemple, et, tous les autres, avec un peu de souplesse, ils y entraient.

C'était quelquefois un peu long. Voltaire avait cinquante-deux ans quand la cour lui permit enfin de s'asseoir dans ce bienheureux fauteuil où sa réputation l'appelait depuis si longtemps ; encore avait-il dû, pour lever les derniers obstacles, se mettre aux pieds de madame de Pompadour, du roi, des jésuites même. Rien

[1] Éloge de l'abbé Girard.

de plus curieux que sa lettre à un de leurs chefs, le père
De la Tour[1]. Il commence par un éloge du pape[2]; il
continue en parlant des jésuites commé leurs meilleurs
amis n'auraient osé en parler à cette époque. « A l'égard
du libelle de Hollande, qui me reproche d'être attaché
aux jésuites, je suis bien loin de lui répondre, comme à
l'autre : Vous êtes un calomniateur ; je lui dirai au contraire : Vous dites la vérité. J'ai été élevé pendant sept
ans chez des hommes qui se donnent des peines gra-
tuites et infatigables à former l'esprit et les mœurs de
la jeunesse... Je ne cesse de m'étonner qu'on puisse
les accuser d'enseigner une morale corruptrice... Mettez
en parallèle les *Lettres provinciales* et les *Sermons* du
père Bourdaloue. On apprendra dans les premières l'art
de la raillerie, celui de présenter des choses indifférentes
sous des faces criminelles, celui d'insulter avec éloquence ; on apprendra avec le père Bourdaloue à être
sévère à soi-même et indulgent pour les autres. J'ose
dire qu'il n'y a rien de plus contradictoire, rien de plus
honteux pour l'humanité, que d'accuser de morale relâ-
chée des hommes qui mènent en Europe la vie la plus
dure, et qui vont chercher la mort au bout de l'Asie et
de l'Amérique. » Voilà pour les jésuites[3]. Viennent

[1] 7 février 1746.

[2] Benoît XIV.

[3] Il les avait déjà souvent encensés. En 1750 : « Il y a longtemps
que je suis sous les étendards de votre société, écrivait-il au père
Vionnet. Vous n'avez guère de plus mince soldat, mais aussi il n'y
en a point de plus fidèle. » En 1754, dans une lettre au père Menou, confesseur du roi Stanislas, il appelle leur société « une so-

après les protestations chrétiennes : « Je répondrai à l'auteur du libelle, comme le grand Corneille dans une pareille occasion : *Je soumets mes écrits au jugement de l'Église.* Je lui déclare que si jamais on a imprimé sous mon nom une page qui puisse scandaliser seulement le sacristain de sa paroisse, je suis prêt à la déchirer devant lui ; que je veux vivre et mourir dans le sein de l'Église catholique, apostolique et romaine. »

Les jésuites, le roi, le pape, toute l'Europe, savaient de reste ce qu'était et ce que pensait Voltaire. Mais les dehors étaient sauvés ; il fut élu. Montesquieu n'en avait-il pas été quitte pour présenter au cardinal de Fleury, qui avait paru vouloir s'opposer à son élection, un exemplaire *expurgé* des *Lettres persanes ?* Tous les passages hardis, c'étaient des inconnus, ses ennemis, apparemment, qui les avaient intercalés.

III

Chacune de ces élections était un événement en France, en Europe. Quand nous voyons ce qu'elles sont

ciété respectable, qui ne devrait point avoir d'ennemis. » — « Vous savez, ajoute-t-il, combien j'ai toujours été attaché à votre société *et à votre personne.* » Et Menou était un de ceux qu'il déchirait avec le plus de plaisir.

Quoique le règne du mensonge soit loin d'avoir pris fin, nous devons dire, à l'honneur de notre siècle, qu'une duplicité si patente et si effrontée s'appellerait une infamie.

encore à une époque où il se passe en un an plus de
choses qu'alors en trente, nous pouvons aisément nous
figurer ce qu'elles étaient dans ce grand vide, surtout
quand le nom seul du candidat était un défi aux vieilles
lois, aux vieilles mœurs, au vieux trône.

L'ancienne société avait gardé, au sein de l'Académie,
quelques représentants officiels. Les grands seigneurs et
les prélats y figuraient pour un tiers ou pour un quart
de la quarantaine immortelle.

Les grands seigneurs, on commençait à ne plus les y
recevoir qu'en se moquant ou en s'indignant un peu [1],
mais sans oser secouer l'ancien usage de ne pas les faire
attendre, et de priser officiellement très haut l'honneur
qu'ils voulaient bien faire aux lettres. En 1754, comme
on entre en séance pour donner un successeur à M. de
Boze, le maréchal de Richelieu demande au président
Hénault à qui il va donner sa voix. « A M. Bougainville, » répond l'historien. « Je parie que non, » dit le
maréchal. Hénault croit qu'il veut rire, car Bougainville
était le seul candidat. Mais point. On apporte une lettre du comte de Clermont, prince du sang, qui déclare
accepter l'honneur que l'on va lui faire, dit-il. On se regarde, on vote, et le grand seigneur est nommé; mais,
ce que la cour allait trouver monstrueux, il n'eut pas
l'unanimité. Était-ce Hénault qui tenait la gageure du
maréchal? Peut-être; mais l'Académie, en tout cas,
n'eut guère à se louer du nouveau membre. Il ne voulut

[1] Duclos demanda, par testament, qu'on voulût bien ne pas lui
en donner un pour successeur.

pas même se soumettre à une réception publique. Il vint une fois, mais en séance ordinaire, remercia en quelques mots, resta quelques minutes, et ne reparut jamais.

Les prélats, même les prélats grands seigneurs, faisaient généralement plus de cas du titre d'académiciens, bien qu'il les mît souvent dans des positions assez critiques. C'était déjà un singulier spectacle que de voir des évêques côte à côte avec ceux qu'ils damnaient à chaque nouveau mandement. On s'y était habitué; mais assez d'occasions réveillaient la bizarrerie. En 1763, peu de mois après la grande querelle des obsèques de Crébillon, c'est un prêtre, l'abbé de Radonvilliers, qui prononce à l'Académie l'éloge de Marivaux, et c'est le cardinal de Luynes qui a, comme directeur, à lui répondre, c'est-à-dire à répéter cet éloge en d'autres termes. C'était déjà un archevêque, Languet, qui avait reçu Marivaux, et ce même archevêque avait eu aussi, une autre fois, à recevoir ensemble un auteur dramatique et un évêque, La Chaussée et Boyer. Ajoutons qu'il était l'auteur de la fameuse *Vie de Marie Alacoque*, une des plus tristes rapsodies de la littérature légendaire. En 1762, autre corvée assez bizarre pour un ecclésiastique, évêque ou non : « Madame Saurin, qui réunit les grâces à l'esprit, étant accouchée d'un garçon, l'Académie a nommé une députation pour féliciter la femme de leur confrère. M. l'abbé d'Olivet a été chargé de la harangue, et a parlé avec toute l'éloquence possible [1]. »

[1] Bachaumont.

Quand Voltaire, en 1778, reparut à l'Académie, les prélats en furent quittes pour ne pas s'y rencontrer avec lui ; mais sa mort allait les jeter dans des embarras sans fin.

On lui avait refusé la sépulture ; ses restes n'avaient dû qu'à une fraude de reposer, comme on dit, en terre sainte. Le clergé voulait bien n'en plus parler et laisser son cercueil en paix ; mais il se refusait à célébrer le service funèbre qui avait lieu, dans l'église des Cordeliers, à la mort de chaque académicien. L'Académie, menée par les encyclopédistes, décida qu'il n'y en aurait plus jusqu'à ce que Voltaire eût eu le sien. Le roi de Prusse avait trouvé plaisant d'en faire célébrer un dans l'église catholique de Berlin. A Paris, à la fin de 1779, plus de dix-huit mois après la mort de Voltaire, on en était toujours au même point.

Les prélats s'étaient abstenus. On s'amusait fort de leur angoisse ; on voulait les mettre au pied du mur. Trois d'entre eux assistant à une séance ordinaire, on reprend subitement la question. Le cardinal de Rohan, grand-aumônier, offre de faire faire le service dans la chapelle du Louvre, mais après qu'il y en aura eu un dans l'église de la paroisse où Voltaire est mort. L'archevêque de Lyon, M. de Montazet, fait observer qu'il sera peut-être appelé, comme primat des Gaules, à juger la chose en dernier ressort, et qu'il ne peut, par conséquent, prononcer comme académicien. L'archevêque d'Aix, enfin, propose un biais. Pourquoi ne pas instituer un service annuel à l'intention de tous les académiciens défunts ? M. de Voltaire, de la sorte, aura sa part de ces prières auxquelles on tient tant pour lui. — C'était un peu, comme on voit, une épigramme. L'avis passa; mais le roi n'en voulut pas, et la question n'a jamais été vidée.

Ce n'était pas à l'Académie seulement que les prélats avaient parfois à se repentir d'en être.

Six ou sept ans après cette querelle, tandis que Beaumarchais imprime à Kehl, avec l'autorisation tacite du gouvernement, son édition des œuvres complètes de Voltaire, ce même cardinal de Rohan, évêque de Strasbourg, croit devoir publier un mandement contre cette entreprise. Mais il a peur des encyclopédistes. Il veut ménager tout le monde, et tout le monde, comme il aurait dû le prévoir, est mécontent. Les encyclopédistes, habitués à crier d'autant plus fort qu'on les épargnait davantage, trouvent honteux, infâme, qu'un académicien se soit permis de flétrir les ouvrages d'un collègue; l'autre parti, avec plus de raison, s'indigne des ménagements qu'un évêque a eus pour Voltaire. Ce mandement était, en gros, un acte de courage, et, en détail, un tissu de lâchetés.

IV

A côté de l'Académie, qui se philosophisait de plus en plus, il y avait la vieille université de Paris, immobile, obstinée, celle qui avait été sur le point, sous Louis XIV,

de faire prononcer par le parlement la défense de s'écarter
d'Aristote, celle qui se glorifiait de n'avoir pas changé
depuis saint Louis. Elle boudait la cour, qui la laissait
s'agiter dans sa poudre ; elle boudait le parlement, trop
jeune et trop léger pour elle. De temps en temps, elle se
jetait lourdement dans la mêlée ; puis elle retournait
dans ses ténèbres, se plaindre en syllogismes des coups
qu'elle s'était fait donner.

En 1772, à l'occasion du prix d'éloquence latine, elle
se remet en campagne. « *Non magis Deo quam regibus
infensa est ista quæ vocatur hodiè philosophia.* » Voilà
ce que les concurrents auront à développer. La phrase
veut dire, en bon latin, que la philosophie moderne n'est
pas moins ennemie des rois que de Dieu ; mais, en tra-
duisant mot à mot, vous avez au contraire que ladite
philosophie n'en veut pas plus aux rois qu'à Dieu, n'est
ennemie, en d'autres termes, ni de l'autel, ni du trône.
Sur ce, grande jubilation dans le camp des philosophes.
On rit de l'équivoque ; on rit de l'université. Elle vient
à résipiscence, s'écrie-t-on ; elle se repent d'avoir médit
de ces pauvres philosophes. Ils lui pardonneront en bons
chrétiens, et Voltaire, pour commencer, lui lance une de
ses plus mordantes farces [1].

Arrive, sur ces entrefaites, l'incendie de l'Hôtel-Dieu.
L'archevêque publie un mandement à ce sujet, et, contre
sa coutume, il n'y met rien sur l'incrédulité. Voilà M. de
Beaumont, disent les plaisants, qui se convertit aussi ;
et d'Alembert, comme pour le remercier, fait voter par
l'Académie une somme de douze cents livres, à verser à

[1] *Discours de maître Belleguier, ancien avocat.*

l'archevêché pour la reconstruction de l'Hôtel-Dieu. Le sarcasme voltairien était partout, jusque sous une bonne œuvre.

La même année, enfin, tandis que l'incrédulité arrive à l'apogée de sa force, on va, par une nouvelle maladresse, instituer une fête annuelle qui s'appellera *Le triomphe de la foi*. Au jour fixé, la foule afflue à Saint-Roch, car c'est là qu'officiera l'archevêque. On attend, et il ne vient pas. Les uns le disent indisposé; les autres prétendent qu'il a peur. Peur ou non, il ne parut pas, et une dernière circonstance acheva de mettre les rieurs du côté de ceux que la fête était destinée à terrasser. Comme on avait compté sur l'archevêque, il ne se trouva dans l'église aucun prêtre à jeun pour dire la messe, et il fallut en aller chercher un.

Des livres ridicules, des usages absurdes, venaient encore en aide aux philosophes. « De quoi nous moquerons-nous donc après? » disait Voltaire à quelqu'un qui parlait de la chute de la religion comme d'une chose assurée et très prochaine. L'Alexandre du sarcasme s'inquiétait, comme l'autre, de n'avoir bientôt plus rien à conquérir. Mais les ridicules n'étaient pas si près de s'épuiser.

Quelle bonne fortune, par exemple, pour eux et leurs amis, qu'un livre ayant pour titre : « *La religion chrétienne prouvée par un seul fait, ou dissertation où l'on démontre que des catholiques à qui Huneric, roi des Vandales, avait fait couper la langue, parlèrent miraculeusement le reste de leur vie, et où l'on déduit les conséquences de ce miracle contre les ariens, les sociniens, et les déistes, et en particulier contre Rousseau.* »

A défaut de vieux miracles, on en avait de neufs. Les convulsions allaient leur train, et un nommé Robbé, jadis auteur d'écrits sales, s'en était fait l'historien. Il parlait de remanier, dans le sens convulsionnaire, le poëme de la *Religion*, dont l'auteur était mort soupçonné d'appartenir à la secte. La police, qui défendait les miracles jansénistes, en autorisait d'autres. Une cérémonie merveilleuse se célébrait, à la Sainte-Chapelle, la nuit du vendredi saint. « Elle a eu lieu à l'ordinaire, écrit Bachaumont en 1770, avec une affluence prodigieuse de spectateurs. C'est à minuit que se rendent en cette église tous les possédés qui veulent être guéris. M. l'abbé de Sailly, grand chantre, les touche avec du bois de la vraie croix. Aussitôt leurs hurlements cessent, et leurs contorsions s'arrêtent. » Mais voilà qu'en 1777, un possédé résiste à tous les attouchements. Il vomit d'épouvantables blasphèmes, appelant la foudre, reniant Dieu. La populace est saisie de terreur. On le chasse à grand'-peine, et ses cris arrivent encore longtemps aux oreilles épouvantées. Était-ce un fou? Jouait-il la comédie? On ne l'a jamais su. L'année suivante, tout le beau monde de Paris était à la Sainte-Chapelle; on voulait voir et entendre ce prodigieux blasphémateur. Mais il n'en vint que d'ordinaires, et qui se laissèrent guérir.

CHAPITRE TRENTE-TROISIÈME

I. — Ce qu'on éprouve à la vue de ces luttes. — Les parlements.
Pouvaient-ils sérieusement se croire les représentants de la na-
tion ? — Pourquoi Voltaire et les siens ne les appuyaient pas.
— Leur orgueil et leurs fautes.

II. — Ils les ont payées assez cher. — Malesherbes, précurseur de
Mirabeau. — L'enregistrement des édits. — Historique. — La
popularité par les questions d'argent. — Les parlements hon-
nis dès que la révolution approche.

III. — Voltaire ne veut pas que ceux qui n'ont rien votent l'impôt. — Leur prépondérance est un retour au despotisme féodal.
— Le système contraire peut être absurde en quelques cas, mais
c'est le plus juste dans l'ensemble. — D'où viennent, selon Voltaire, les murmures. — Peu d'hommes ont aimé le peuple.

IV. — Les murmures au dix-huitième siècle. — Mécontents violents et mécontents moroses. — Ceux d'alors et ceux d'aujour-
d'hui.

I

Ainsi achevaient de s'user tous les ressorts de l'ancienne machine ; ainsi se brisait, dans les mains d'une autorité surannée, tout ce qu'elle avait eu d'armes dans des temps plus soumis.

C'est un singulier sentiment que celui qu'on éprouve à la vue de ces luttes. Vous avez beau n'être pas pour les agresseurs ; vous n'êtes pas davantage pour les autres. En vain vous dites-vous que les premiers ébranlaient, avec les abus, toutes les bases ; en vain vous indignez-vous de leurs sarcasmes contre ce qu'il y a, à vos yeux, de plus sacré : vous avez peine à ne pas rire avec eux des mésaventures du pouvoir, et vous ne pourriez cesser de rire sans vous indigner tout autant contre les champions de la foi que contre ses adversaires.

Ce roi, ce Louis XV, au nom de qui on brûle les mauvais livres, son histoire intime serait le plus mauvais de tous, et le plus digne du feu.

Ce gouvernement autour duquel se groupent et se serrent toutes les anciennes idées, une impure maîtresse en est le centre.

Ces prélats qui foudroient l'impiété, c'est encore aux pieds de cette femme que la plupart ont ramassé leur mitre.

Ce parlement, enfin, qui se fait gloire de sévir contre

les ennemis de la monarchie, c'est lui qui en a été et qui en est, au fond, le plus dangereux ennemi.

L'était-il, au moins, sans le savoir? — Il est peu admissible que des hommes versés dans l'histoire de la nation se crussent de bonne foi investis, comme parlement, d'une autorité politique. Créées par les rois, ces cours ne pouvaient avoir d'autre mandat que celui qu'elles avaient reçu d'eux. Elles avaient à rendre la justice, à appliquer les lois, nullement à les contrôler. Le droit de remontrance était un don de l'autorité royale. Il n'existait même aucun acte qui le leur eût positivement conféré. Cet acte existât-il, il était clair que l'autorité royale pouvait n'en pas tenir compte, et remettre à néant ce qui n'existait que par elle. « Qui a chargé les parlements, dit Mercier [1], tantôt de livrer le peuple au roi, tantôt de résister au roi sans le vœu du peuple? » Ce fut un grand cri en France quand Louis XV eut dit [2] : « C'est à moi seul qu'appartient le pouvoir législatif, sans dépendance et sans partage. » Mais, historiquement, il n'y avait rien à répondre.

On essayait pourtant. Beaucoup d'ouvrages parurent. Un des meilleurs, intitulé *Tableau de la Constitution française*, établissait trois périodes :

Dans la première, le parlement est l'assemblée générale de la nation ; il élit les rois et fait les lois.

Dans la seconde, il est encore l'assemblée de la nation. Il n'élit plus les rois, mais il concourt à la formation des lois.

[1] *Tableau de Paris.*
[2] Lit de justice du 3 mai 1766.

Dans la troisième, il n'est plus que cour de justice, mais il a gardé le pouvoir de vérifier les lois.

Ce livre fit grand bruit. Les transitions y sont très habilement ménagées, mais ne pouvaient séduire que des esprits déjà gagnés. Entre le parlement nation et le parlement cour de justice, il y a un abîme sur lequel la ressemblance de nom était un pont singulièrement fragile.

On s'étonne, au premier abord, du peu d'appui que les parlements trouvaient dans le parti philosophique. Voltaire surtout était contre eux. Son *Histoire du Parlement de Paris* semble écrite, à quelques boutades près, par un champion de l'autorité royale.

Mais quoiqu'il ait historiquement raison, l'impartialité est si peu dans ses habitudes que nous sommes assez autorisés à n'en pas plus voir là qu'ailleurs. On sent qu'il pardonnerait de grand cœur aux parlements leurs luttes contre la couronne ; mais ce qu'il ne leur pardonne pas, c'est leur résistance aux idées nouvelles. Le parlement de Paris, à ses yeux, c'est, avant tout, le tribunal qui lui brûle ses livres, et en voilà assez pour qu'il ne lui tienne aucun compte de son libéralisme anti-royal.

Il était évident, en fait, que l'intervention des parlements avait souvent été un frein aux excès de l'autorité absolue ; il était évident, en droit, que lorsque cette intervention allait jusqu'à la résistance, c'était une révolte. Les parlements, nous le répétons, ne pouvaient pas s'y tromper. De quelques grands mots qu'ils se couvrissent, ils manquaient sciemment à leurs serments.

Nous n'avons pas à entrer dans le détail de ces luttes sans fin. Peut-être ne serait-il pas difficile de montrer que la couronne était loin d'avoir toujours tort, et que les parlements, en beaucoup de cas, n'étaient rien moins que les défenseurs des peuples. Nous les verrions souvent accorder de bonne grâce, pour quelques sourires de la cour, l'enregistrement de lois funestes ; nous les verrions garder presque toujours leur courage pour des questions de corps et d'amour-propre. Ce que nous montrerions plus facilement encore, c'est le tort qu'ils faisaient, nous ne dirons pas à l'autorité royale, assez avilie par ses propres fautes, mais à l'autorité en général, au principe d'autorité. Sur ce terrain, les démolisseurs n'avaient pas de meilleurs auxiliaires que ceux qui brûlaient leurs livres. Après avoir lutté contre le pouvoir absolu, les parlements luttèrent contre les idées libérales que ce pouvoir se décidait à admettre. On les vit résister à l'abolition des corvées, à l'établissement de la liberté religieuse ; et l'inoculation n'avait pas eu peu de peine à trouver grâce devant eux. Dans la question des jésuites [1], ils avaient sottement servi les haines de l'incrédulité ; et ils s'étaient remis ensuite, comme par compensation, à servir celles de l'intolérance.

---

[1] Nous avons dit pourquoi nous n'en parlons pas dans ce travail (Voir la préface).

II

. Dira-t-on que les parlements ont payé, dans la révolution, un trop large tribut à l'échafaud, pour que nous nous souvenions tant de leurs peccadilles précédentes ? — Il y eut là de belles et nobles morts, en effet ; mais le nombre même des victimes vient plutôt à l'appui de ce que nous avons dit. Dans une révolution, les premiers dévorés sont toujours ceux qui ont aidé à la faire. Plus étrangers aux premiers ébranlements, les parlements auraient moins souffert dans le dernier. Ce fameux mot de Mirabeau sur la force des baïonnettes, mot qu'il n'est pas même sûr que Mirabeau ait prononcé, on en avait entendu l'équivalent dans la bouche d'un homme que Louis XVI eut pour ministre et que l'échafaud réclama, Malesherbes. « Monsieur, avait-il dit comme président de la cour des aides au prince qui venait, de par le roi, faire enregistrer un édit, le roi a annoncé lui-même sa volonté souveraine ; la plus auguste et la plus redoutable cérémonie [1] nous a déja fait connaître les ordres que vous allez exécuter. Le peuple gémit sous le poids redoublé des impôts ; et quand il les voit renouveler après plusieurs années de paix, il perd jusqu'à l'espérance de voir jamais la fin de ses malheurs.... Pourquoi faut-il que

[1] Un lit de justice.

l'arrivée des princes de votre sang auguste entraîne toujours la suspension des lois et réduise la justice à l'inaction ?..... Il est nécessaire que vous sachiez que ces magistrats qu'on réduit au silence ne voulaient élever leur voix que pour faire parvenir au roi les plaintes de son peuple..... Ce sont, disait Henri le Grand, des voies extraordinaires *qui ne ressentent que la force et la violence.* » — Ces derniers mots, pour être attribués à Henri IV, n'en étaient pas moins un coup terrible à l'autorité royale ; et le prince à qui la cour des aides donnait ce dangereux exemple, c'était le duc d'Orléans, le père du futur Philippe-Égalité.

Ainsi se professaient, en plein parlement, des doctrines qui avaient paru téméraires dans l'*Encyclopédie.* Rousseau y avait dit le premier [1] qu'il n'y a d'impôt légitime que celui qui est consenti par la nation. « Le fondement du pacte social est la propriété..... Il est vrai que, par le même traité, chacun s'oblige, au moins tacitement, à se cotiser dans les besoins publics ; mais cet engagement ne pouvant nuire à la loi fondamentale, et supposant l'évidence du besoin reconnue par les contribuables, on voit que, pour être légitime, cette cotisation doit être volontaire..... au moins d'une volonté générale, à la pluralité des voix. » C'était taxer d'illégitimes tous les impôts actuellement perçus.

Il est vrai que les souverains avaient jusqu'à un certain point reconnu cette doctrine en soumettant leurs édits financiers, ou *bursaux*, comme on disait, à l'exa-

[1] Dans l'article *Économie politique.*

men et à l'enregistrement parlementaire. Le besoin
d'argent, le désir d'apaiser les murmures en donnant
aux lois de finance un simulacre de confirmation populaire, les avaient conduits à se montrer plus coulants
sur ce point, et à laisser enseigner, au moins en fait,
qu'un impôt ne pouvait être perçu avant l'enregistrement de l'édit qui le fixait.

C'était même de là qu'on partait ordinairement pour
établir, en thèse générale, l'autorité des parlements
dans l'État. Remarquez qu'il n'y avait pas, à cette
époque, de questions politiques proprement dites. Les
questions ecclésiastiques étaient les seules qui ne se
présentassent pas liées à la question de l'impôt; encore
y touchaient-elles quand il s'agissait du pape et de ses
droits financiers dans le royaume. La liberté de la
presse était la seule liberté que l'on commençât à réclamer, et, celle-là, les parlements n'en étaient pas plus
partisans que la couronne. Les autres, on ne les avait
pas encore formulées; elles n'étaient l'objet que d'une
vague aspiration, sur laquelle ni les parlements ni le
roi n'avaient à se prononcer. Lorsque Rousseau eut
enseigné la souveraineté du peuple, il se passa bien des
années avant qu'on songeât sérieusement à en réclamer
l'exercice; même aux débuts de la révolution, peu
d'hommes en étaient là. Les parlements n'avaient donc
eu, dans le courant du siècle, aucune occasion d'appliquer leur libéralisme à des questions politiques proprement dites. C'était dans les questions d'impôt qu'ils
avaient cherché et trouvé une popularité facile, mais
de mauvais aloi. L'argent est ce qu'il y a de moins

noble dans le monde ; il rapetisse et avilit plus ou
moins tout ce qui y touche, hommes, choses, questions.
Il est tout aussi immoral, chez un homme d'opposition,
de se populariser en criant contre les impôts, qu'il l'est,
chez celui qui gouverne, de se faire des partisans à
prix d'or.

Bien s'en fallait, du reste, qu'en s'arrogeant le droit de
légitimer les impôts, les parlements allassent jusqu'à le
considérer comme appartenant en principe au corps de la
nation. Ce ne fut qu'en 1787 que, déjà débordé, le parlement de Paris se prononça dans ce sens. « Considé-
rant que la nation, représentée par les états généraux,
est seule en droit d'octroyer au roi les subsides nécessaires ; que la nation seule peut, sans partialité, déli-
bérer sur le choix des moyens de procurer audit seigneur roi les secours dont le besoin sera évidemment
démontré... » On arrête que le roi sera supplié d'assem-
bler les états généraux « préalablement à tout impôt
nouveau. » Le parlement se condamnait donc lui-même,
puisqu'il avait si longtemps sanctionné seul les impôts
décrétés par la couronne. Aussi, à peine le roi eut-il
promis ces états généraux tant demandés, que le parlement en eut peur, et se hâta de décréter qu'on s'as-
semblerait selon les formes suivies en 1614. Il n'en fallut pas davantage pour le faire honnir, et lui ôter tout
ce qu'il s'était acquis de popularité en forçant la main
à Louis XVI.

III

Mais personne, excepté Rousseau, qui même ne s'était
pas expliqué nettement à cet égard, personne, disons-
nous, n'avait encore exprimé la pensée que l'impôt pût
être voté par ceux qui, ne possédant rien, n'auraient
pas à le payer. « Ceux qui n'ont ni terrain ni maison
dans cette société, disait Voltaire en 1765 [1], doivent-
ils y avoir leur voix ? Ils n'en ont pas plus le droit qu'un
commis payé par des marchands n'en aurait à régler
leur commerce ; mais ils peuvent être associés, soit
pour avoir rendu des services, soit pour avoir payé
leur association. »

Voilà qui sonnerait mal, aujourd'hui, à bien des
oreilles, et le nom même de Voltaire serait un faible
rempart contre l'indignation que soulèveraient ces paroles. Sera-ce une raison pour ne pas les répéter ? Nous
ferons plus ; nous ajouterons qu'elles renferment une
vérité incontestable, évidente.

Nous avons déjà vu le suffrage universel aboutissant,
dans un autre ordre de choses, au despotisme ; niera-t-
on qu'il n'y aboutisse encore ici ? Le despotisme en
fait d'impôts, c'est, selon Rousseau lui-même, qu'ils ne
soient pas consentis par ceux qui auront à les payer.
Donc, partout où une majorité de prolétaires se trou-

[1] *Idées républicaines.*

vera voter l'impôt ou nommer ceux qui le votent, vous n'avez plus ce qui, dans ces matières, constitue la liberté, et c'est, au fond, le même état de choses que quand l'impôt dépendait des seigneurs, qui le fixaient et ne le payaient pas. Ajoutez qu'un souverain absolu est toujours plus ou moins tenu en bride par la pensée de la responsabilité qu'il assume et des murmures qu'il provoque, tandis qu'une multitude souveraine n'a le plus souvent aucun scrupule, et ne se croit aucune espèce de responsabilité.

Il est aisé, d'autre part, d'énumérer les absurdités où l'on arrive en ne reconnaissant qu'à ceux qui possèdent, et qui payent, le droit de concourir au gouvernement de l'État. Mais au lieu de s'évertuer à montrer, ce qui est clair de reste, que la fortune n'est pas une garantie de talent et de vertu, peut-être eût-il été plus utile de chercher d'où partaient, dans les États non encore dotés du suffrage universel, les voix qui le réclamaient. En aurait-on trouvé beaucoup qui fussent ou celle du vrai mérite oublié, ou celle de la vertu méconnue? Les gens qui se plaignaient le plus haut de ne peser d'aucun poids dans la balance, étaient-ce généralement ceux qui allaient y peser par le mérite ou par le patriotisme, ceux que l'on pouvait regretter de voir exclus? — Ceux-là, par cela même qu'ils avaient du patriotisme et du mérite, ils ont toujours mieux aimé s'élever lentement par d'autres voies, que d'arriver avec un flot dont ils savaient les fureurs et les caprices.

Voltaire avait admirablement saisi l'esprit des murmures de son temps, et de tous les temps peut-être, lorsqu'il disait : « Quand le seigneur d'un château ou l'habitant d'une ville accusent le pouvoir absolu et plaignent le paysan accablé, ne les croyez pas. On ne plaint guère des maux qu'on ne sent point.... Ce qu'on hait, c'est le pouvoir absolu dans la quatrième ou cinquième main; c'est parce qu'on a reçu dans un palais la rebuffade d'un valet insolent, qu'on gémit sur les campagnes désolées [1]. »

C'est triste à dire, mais c'est vrai : peu, très peu d'hommes ont sincèrement aimé le peuple, et ce ne sont pas ceux qui ont fait des révolutions en son nom. La plupart, il leur faut des blessures personnelles pour leur ouvrir les yeux sur les souffrances publiques. Dès qu'on a un grief au cœur, on en cherche un autre à redresser, et, s'il n'y en a pas, on en invente. De là tant de révolutions dans des pays où il n'y avait plus ni motifs ni même prétextes pour en faire.

IV

Motifs et prétextes, à cette époque, abondaient; mais le pouvoir en avait si bien la conscience, qu'il donnait à peu près toute liberté pour s'en plaindre.

« Tous les avantages de la société, disait Rousseau [2], ne sont-ils pas pour les puissants et les riches? Toutes

[1] *Pensées sur l'admin. publique.* 1753.
[2] *Encyclopédie.* Article déjà cité.

les grâces, toutes les exemptions ne leur sont-elles pas réservées? L'autorité publique n'est-elle pas toute en leur faveur? Qu'un homme de considération vole ses créanciers ou fasse d'autres friponneries, n'est-il pas toujours sûr de l'impunité? Les coups de bâton qu'il distribue, les violences qu'il commet, les meurtres même et les assassinats dont il se rend coupable, ne sont-ce pas des affaires qu'on assoupit?... Que ce même homme soit volé, toute la police est aussitôt en mouvement; et malheur aux innocents qu'il soupçonne! »

A chacune de ces généralités, le public mettait des noms propres. Avec dix lignes de ce genre, il y avait de quoi défrayer un mois tous les mécontents du royaume.

Ne nous les figurons cependant pas, ces mécontents, trop semblables aux nôtres.

Ceux d'aujourd'hui peuvent se ranger en deux classes, les violents et les moroses. Les violents, il n'est pas besoin de les peindre ; on les a assez vus à l'œuvre. Les moroses sont ou des hommes réellement malheureux, ou ces *incompris* qui gémissent sur l'ingratitude d'un siècle pour lequel ils n'ont cependant rien fait.

Les violents, au dix-huitième siècle, il n'y en avait pas. Ceux mêmes dont les théories allaient bientôt se traduire en violences, nous ne pouvons pas dire qu'ils prêchassent sciemment le désordre et la haine. C'était au nom de la raison qu'ils demandaient le redressement des abus ; et le règne de la raison leur paraissait si proche, si assuré, qu'ils se croyaient de bonne foi les prophètes de ce second âge d'or. L'ancienne société leur accordait assez de satisfactions pour les entretenir dans cette idée. Elle maintenait les vieux abus, mais sans oser les défendre. Elle sévissait, de loin en loin, contre ceux qui les avaient attaqués; mais ce courroux officiel n'empêchait pas les égards officieux, et c'était chez les privilégiés, chez les nobles, que les plus hardis trouvaient le meilleur accueil. Il n'y avait donc réellement pas lieu à s'indigner, à crier, et ceux mêmes qui criaient pouvaient rester socialement en bons termes avec ceux que leur plume avait flétris. Les ardentes déclamations de Rousseau ne lui fermèrent pas une maison, ne lui ôtèrent pas un protecteur. C'était lui qui se mettait à les fuir ; ce n'étaient pas ceux qui le chassaient. Il eût été de mauvais goût d'éconduire quelqu'un pour ses opinions sociales, quelque contraires qu'elles fussent à tout ce qui existait.

Les mécontents moroses, il y en avait très peu. Nous pourrions même dire que Rousseau était le seul en qui fermentât réellement cette agitation sourde, si commune aujourd'hui ; encore ne le voyons-nous pas se plaindre personnellement de l'état social qu'il attaquait. Il était réservé à nos rêveurs de prendre à tout propos la société à partie, de mettre sur son compte tous les torts individuels dont ils sont ou dont ils se disent les victimes. On avait généralement encore assez de bon sens pour comprendre qu'il est des inégalités, des injustices, dont aucun état social ne sera jamais exempt. « Quand on nous critiquait, dit quelque part Châteaubriand, que faisions-nous, nous, pauvres prétendants à la renommée ? Pensions-nous que le monde était ébranlé sur sa base ? Nous obstinions-nous fièrement dans nos défauts, déterminés à dompter le siècle, à le faire passer sous les fourches caudines de nos sottises? Hélas! non. Plus humbles, parce que nous ne possédions pas les talents sans pareils qui courent les rues maintenant, nous cherchions d'abord à nous justifier, ensuite à nous corriger. » L'auteur sifflé maudissait le public, mais il n'allait pas se figurer un âge d'or où on ne sifflerait plus. Il pouvait bien gémir, dans sa mansarde, de ce qu'on le laissait mourir de faim; mais il s'en prenait à un protecteur oublieux, à une cabale injuste, et il n'avait pas la pensée de considérer la société, c'est-à-dire tout le monde, comme responsable de la sottise ou de la partialité de quelques-uns. Ces hommes que nous accusons aujourd'hui, et justement, d'en avoir ébranlé les bases, ils avaient tous, à l'exception de Rousseau, la ferme intention de ne s'attaquer qu'à ses abus.

CHAPITRE TRENTE-QUATRIÈME

I. — Pourquoi nous sommes, à quelques égards, moins sages. — Un principe vrai, mal appliqué, est plus dangereux qu'un faux. — *Philosophie ; radicalisme.* — Les révolutions sans but ne peuvent aboutir qu'au despotisme.

II. — L'*Encyclopédie*. — Souvent critiquée, aujourd'hui, pour ce qu'elle avait de meilleur. — Les encyclopédistes ne renversaient pas pour renverser, mais pour bâtir. — Ce qu'on appelle aujourd'hui le progrès. — *Améliorer* n'est pas *s'améliorer*.

III. — On ne faisait que le mal qu'on se croyait en état de réparer. — Point de plan. — Comment naquit l'idée première de l'*Encyclopédie*.

IV. — Son histoire secrète. — Collaboration de Voltaire. — Le septième volume. — Tracasseries et découragement. — Audace et victoire.

V. — Fluctuations du gouvernement et de l'opinion publique. — Voltaire se refroidit. — Palissot.

VI. — Fréron. — A quoi étaient réduits tous les adversaires de

----

I

On était donc plus sage, à quelques égards, que de nos jours. Observons seulement que la frivolité du temps y était pour quelque chose, et que la profondeur des mécontentements actuels n'est pas sans liaison avec un certain progrès. Ce même sérieux qu'on a porté dans la philosophie, dans l'histoire, dans l'art, on l'a mis ou on a cru le mettre dans les questions sociales ; quand on a cessé de rire des vices de la société et que l'on s'est mis à la maudire, ce fut, au fond, la même révolution que celle qui conduisait à ne plus regarder la poésie comme un jeu de l'esprit, mais comme une émanation du cœur. Nous avons eu et nous avons de monstrueux systèmes sociaux, comme nous avions, il y a vingt ans, de monstrueux systèmes poétiques, lesquels reposaient cependant sur une idée plus vraie et plus féconde, en soi, que les théories de jadis. Mais un principe vrai, mal appliqué, est plus dangereux qu'un faux. Le faux frappe de stérilité ce qu'on en tire; le vrai imprime un cachet de vérité à toutes les erreurs qu'on y rattache. C'est ainsi que tant d'attaques ont pu, au dix-huitième siècle, être considérées comme des spéculations sans nul danger, tandis que, de nos jours, les plus minimes questions ébranlent tout. Aussi ne savons-nous si nous devons nous honorer d'être plus sérieux, ou regretter la frivolité d'alors. Voltaire s'effrayait quand il voyait ses contemporains en train de devenir graves. « C'était pour lui une cause de dépit et d'inquiétude. Tout lui paraissait renversé si les Français devenaient sérieux. Ce qu'il avait dit à un peuple enfant ne lui paraissait pas à lui-même sans danger devant un peuple d'hommes [1]. » Il avait régné par le rire; dès qu'on ne riait plus, il se sentait débordé.

Les mots ont leur importance en histoire. Celui de *Philosophie* était une promesse de paix et d'ordre, promesse horriblement mal tenue, à la fin du siècle, par les disciples de ceux qui l'avaient faite, mais sincère chez ces derniers; celui de *Radicalisme* est une déclaration de guerre. *Radical* veut dire celui qui va aux racines, qui extirpe tout ce qui ne lui paraît pas selon les principes du jour. Or, c'est par ses racines qu'un peuple, comme un arbre, est debout; les lui couper, c'est le livrer sans défense au despotisme des orages. En lui ôtant ses anciennes lois, ses anciennes institu-

---

[1] Lacretelle. *Histoire du dix-huitième siècle.*

tions, ses anciennes habitudes, vous lui ôtez, au nom de la liberté, tous les points d'appui qu'il avait pour résister à l'oppression ; ce n'est plus qu'une multitude incohérente, livrée au premier occupant.

Ce résultat est inévitablement celui de toutes les révolutions faites sans but déterminé, par un vague besoin de liberté, de mouvement. Quand vous criez *Vive la liberté !* sans que ce cri ait un sens positif, un but réel, vous ne faites que préparer les voies au despotisme, en renversant tout ce qui pourrait l'arrêter. C'est en vous le faisant pousser, ce cri, que les oppresseurs de toute espèce vous amènent à démolir de vos mains les institutions au sein desquelles la liberté se réfugierait. Ne vous y trompez pas : une institution a beau n'avoir été ni fondée ni régie par le peuple ; par cela seul qu'elle en est une, elle est, quand le despotisme arrive, un rempart pour tous. Qu'importe à quelle époque et par qui une citadelle a été bâtie ? Ceux qui vous la font renverser ne sont pas vos amis.

II

Venons-en maintenant à celle que le dix-huitième siècle se vanta d'ériger en remplacement de toutes les autres, l'*Encyclopédie*.

La mode est aujourd'hui de n'en dire que du mal. A beaucoup d'égards, c'est justice ; mais quand nous la voyons si maltraitée par des gens qui se glorifient, d'autre part, de continuer son œuvre, nous ne pouvons nous empêcher de chercher si leur antipathie ne viendrait pas plutôt du peu de bon qu'elle a eu que du mauvais dont elle était remplie [1].

C'était une insigne folie, assurément, que de se croire en état d'élever le monument définitif ou presque définitif des progrès de l'intelligence humaine. Selon Grimm [2], pour que l'*Encyclopédie* arrive « au degré de perfection que l'humanité peut comporter, » il n'y aura qu'à en faire une seconde édition.

Mais cette folie avait son côté sage. Elle empêchait ces aspirations indéfinies, ces élans convulsifs qu'a amenés l'idée du progrès, sottement ou perfidement érigée en dogme unique. Tout en s'élevant sur les débris des anciennes barrières, l'*Encyclopédie* voulait en être une elle-même. « Tu viendras jusque-là, et tu n'iras pas plus loin. » Ce n'était guère logique ; mais il y avait pourtant là un reste heureux de ce besoin d'autorité, d'ordre, dont l'absence est de plus en plus funeste depuis qu'on a cru devoir, non pas reculer seulement, mais arracher toutes les bornes.

[1] Si l'*Encyclopédie* pouvait être jugée comme un livre ordinaire, il y aurait à l'admirer sous le rapport du travail qu'elle a coûté. Une foule d'articles que l'on trouverait aujourd'hui tout faits, et bien faits, dans vingt ouvrages, étaient à créer de fond en comble ; il y en a de très courts et de très faibles que nous savons avoir été le fruit de laborieuses recherches. Mais comme cette gloire était de beaucoup la moindre aux yeux des chefs de l'entreprise, il n'y a pas lieu à s'y arrêter.

[2] 1754.

Les hommes de l'*Encyclopédie* avaient donc tort de ne pas croire au progrès après eux [1]; mais cette erreur n'empêchait pas les progrès heureux de se faire, et les mauvais en étaient plutôt ralentis. Rousseau avait encore plus tort de ne croire qu'à la décadence; mais il a dit çà et là plus d'une vérité qu'oublient trop nos adorateurs du progrès. Le mal n'est pas d'y croire. Au contraire : l'humanité a besoin de se sentir dans une carrière illimitée. Hors de là, point de grandes choses. Mais la foi au progrès n'est, en soi, qu'un sentiment vague, qu'une force également féconde, selon la direction qu'elle prendra, en bons ou en mauvais effets.

Le progrès, de nos jours, ce sont les améliorations matérielles. Les uns le disent ouvertement, et se refusent à en recommander, à en concevoir même un moins grossier ; les autres, plus spiritualistes en paroles, ne le sont guère plus en réalité. *Améliorer* et *s'améliorer* se prennent généralement pour synonymes.

Dans certaines limites, ils le sont. Nul doute qu'en améliorant sa situation matérielle un peuple ne s'ouvre une des voies qui mènent à l'amélioration morale.

Mais à quoi sert un chemin si on n'y marche ? Pour que l'amélioration matérielle menât à l'amélioration morale, il faudrait se rappeler que celle-ci est le but ; et c'est ce qui n'a jamais été plus oublié qu'aujourd'hui.

[1] En disant qu'ils n'y croyaient pas, nous ne prétendons pas qu'ils affirmassent n'y pas croire, car on nous citerait bien des endroits où ils en ont parlé. Ce que nous voulons dire et ce qui est vrai, c'est qu'ils paraissaient convaincus qu'on aurait très peu à faire après eux.

L'oubli du but moral n'a pas eu seulement pour résultat de rendre inutiles ou funestes beaucoup de progrès bons en soi ; c'est lui qui nous a jetés dans les bouleversements actuels, car c'est lui qui a amené les peuples à appeler progrès toute espèce de changements. Il est clair que si on avait gardé ce nom pour ceux où la moralité a quelque profit à faire, on y aurait regardé à deux fois avant de tant détruire sans savoir comment on rebâtirait.

III

Les grands démolisseurs du dix-huitième siècle avaient donc cela de mieux que les nôtres qu'ils ne détruisaient pas avec la fièvre de détruire, qu'ils ne regardaient pas une destruction comme un progrès par le seul fait d'être une destruction, qu'ils se préoccupaient, enfin, de remplacer ce qu'on aurait abattu. Ce n'était pas, nous l'avons déjà remarqué, qu'ils ne se fissent de prodigieuses illusions. Les événements ont prouvé combien ils se trompaient en prétendant remplacer la religion par la morale, le devoir par la raison, la fraternité chrétienne par la fraternité philosophique ; ils ont vu toutes leurs barrières renversées bien plus facilement qu'ils n'avaient renversé les autres. Mais, nous le répétons, au milieu de leur enivrement, de leurs exagérations, de leurs mensonges, car nous avons aussi vu qu'ils ne s'en faisaient pas faute, il y avait encore une sorte de conscience : on ne faisait que le mal qu'on se croyait en état de réparer.

Cette remarque est importante; on l'a trop négligée dans l'appréciation de cette époque. Dites, et vous aurez raison, que les penseurs du dix-huitième siècle ont émis des idées qui allaient à tout détruire; ne dites pas que ce fût en effet leur plan, ou, pour parler plus exactement encore, ne dites pas qu'il y eût un plan. Il semblerait, à entendre certains historiens, que l'on s'assembla un beau jour sous la présidence de Voltaire, qu'on vota la croisade, qu'on se distribua les rôles, et qu'on se mit à marcher en avant. C'est juger le dix-huitième siècle à la manière de ceux qui, pour juger le seizième, débutent par attribuer à Luther, dès l'origine, l'intention et le plan de toute la Réformation.

L'idée même de l'*Encyclopédie* fut due à des circonstances étrangères et fortuites. Un Anglais, nommé Mills, et un Allemand, Sellius, avaient annoncé une traduction du grand dictionnaire de Chambers, et le libraire Lebreton, chargé par eux des formalités à remplir, se fit donner le privilége en son nom. Là dessus, querelle et rupture. Mills retourne en Angleterre; Sellius meurt. Mais on avait déjà recueilli des souscriptions; le libraire ne voulait pas en perdre le profit. Ce fut alors que l'on songea à donner un ouvrage original[1].

Même à dater de cette époque, enfin, l'*Encyclopédie* ne doit pas être jugée comme une entreprise dont le plan

[1] Le nouveau privilége est de 1746. On en a remarqué plus tard la date. C'était le 21 janvier !

fût rigoureusement dressé. Tout éloge ou tout blâme qui partirait de cette idée serait nécessairement inexact. Ne voyons dans cet immense projet ni l'élan du génie, ni les noirceurs du machiavélisme. Ce n'était que la continuation de l'œuvre qui se faisait depuis trente ans. On s'y mit sans autre intention bien nette que celle d'agrandir le plus possible le cercle dans lequel il était permis de penser. Nous avons vu ailleurs combien ces gênes aidaient à la puissance du livre, et avec quelle ardeur on complétait ce que les auteurs n'avaient pu dire qu'à demi ou au quart.

IV

L'histoire secrète de l'*Encyclopédie*, c'est-à-dire la véritable, est dans les lettres de Voltaire et de ses principaux correspondants. Le vrai chef et l'âme de l'entreprise, au moins pendant les premières années, ce fut lui. La prudence exigeait que son nom, trop compromis, ne parût pas parmi ceux des auteurs; mais le public savait ses affinités avec eux, et c'en était assez pour que ses amis de tout pays fussent acquis à l'*Encyclopédie*. Les articles de sa façon étaient d'ailleurs plus nombreux qu'on ne le croyait. En 1756, nous le voyons en faire jusqu'à onze à la fois. « J'envoie au bureau qui instruit le genre humain, écrit-il à d'Alembert, les articles *Gazette, Généreux, Genre de style, Gens de lettres, Gloire*

et *Glorieux*, *Grandeur* et *Grand*, *Goût*, *Grâce* et
Grave. »

Impossible dans les principaux articles , la hardiesse
se réfugiait dans ceux qui paraissaient devoir attirer
moins l'attention de la censure. En 1757, Voltaire se
plaignant des « petites orthodoxies » dont on s'était cru
obligé de semer ce qui touchait à la théologie et à la
métaphysique : « Sans doute, répond d'Alembert, nous
avons de mauvais articles ; mais, avec des censeurs
théologiens, je vous défie de les faire meilleurs. Il y en
a d'autres moins au jour, où tout est réparé. Le temps
fera distinguer ce que nous avons pensé d'avec ce que
nous avons dit. Vous serez, je crois, content de notre
septième volume. »

Voltaire fut content ; mais ce volume souleva des orages terribles. Les censeurs, il faut le reconnaître, avaient
bien mal fait leur métier , et c'était une singulière comédie qu'un pareil livre paraissant « *avec approbation et
privilége du roi.* » Aussi retira-t-on le privilége ; et
comme les articles dont on se plaignait le plus étaient
ceux qui n'avaient pas dû passer sous les yeux des censeurs ecclésiastiques, on ne le rendit plus tard qu'en
exigeant que tout fût désormais soumis à l'approbation
de ces derniers.

Alors, découragement complet. « Je doute que votre
article *Histoire* puisse passer avec les nouveaux censeurs, écrit d'Alembert à Voltaire en 1758, et je vous
le renverrai quand vous voudrez... Mais rien ne presse ;
je doute que le huitième volume se fasse jamais.
Voyez donc la foule d'articles qu'il est impossible de

faire : *Hérésie, Hiérarchie, Indulgence, Infaillibilité, Immortalité, Immatériel, Hébreux, Jésus-Christ, Jésuite, Inquisition, Jansénistes, Intolérance,* etc. Encore une fois, il faut nous en tenir là. »

Mais Voltaire veut qu'on persiste. Les ménagements n'ont servi de rien ; qu'on y renonce. Quand le prochain volume paraîtra, que ce volume ait une préface où l'on fera rougir « les lâches qui ont permis qu'on insultât à ceux qui, seuls aujourd'hui, travaillent pour la gloire de la nation. »

L'audace avait déjà réussi plus d'une fois. En 1752, lors de l'arrêt qui *supprima* les deux premiers volumes, le gouvernement paraissait prêt, non-seulement à arrêter toute continuation, mais à sévir contre les principaux auteurs. Quelques mois se passent, et tout change. Ceux qui ont demandé ou approuvé la suppression en ont honte, et d'Alembert est autorisé à dire, dans la préface du troisième volume, que « le gouvernement a paru désirer qu'une entreprise de cette nature ne fût pas abandonnée. » Le bon ton était de rire des inquiétudes qu'elle donnait aux jésuites, et de ne voir dans leur acharnement contre l'*Encyclopédie* que le chagrin de laisser éclipser leur encyclopédie à eux, le *Dictionnaire de Trévoux*.

V

Les dispositions du gouvernement variaient aussi selon l'état de ses relations avec le clergé. Unis, c'était toujours plus ou moins aux dépens de la liberté de la presse; divisés, le gouvernement lâchait la bride. Les années où le clergé avait à voter le *don gratuit* étaient toujours fâcheuses pour *l'Encyclopédie*. En 1770, sur les représentations de l'archevêque de Reims, on saisit les volumes réimprimés, on en transporte une masse énorme à la Bastille, et, les libraires réclamant, on ne leur répond qu'en faisant murer la porte du dépôt. Elle resta murée, et les livres eurent le temps de pourrir; mais l'assemblée du clergé était à peine dissoute, qu'on réimprima de nouveau, et que le gouvernement ferma les yeux.

Mais à l'époque où nous avons vu Voltaire s'indigner du découragement de d'Alembert, et conseiller, pour le prochain volume, une préface foudroyante, le vent était bien décidément à la rigueur. D'Alembert lui répond qu'avant de songer à la préface, il faudrait faire le volume, ce qui est précisément l'impossible. Voltaire, alors, se fâche. Il veut, il exige qu'on lui renvoie tout ce qu'il a préparé pour ce volume; il sera « affligé, indigné, » si les auteurs des précédents s'abaissent à quelque compromis avec le gouvernement et continuent « à écrire sous la potence. » — « Attendez seulement un an, poursuit-

il, et il n'y aura qu'un cri pour vous engager à continuer en hommes libres et respectés. »

Mais le public paraissait plutôt se refroidir. Beaucoup
d'amis de *l'Encyclopédie* se retiraient d'elle à petit bruit,
les uns par peur, vu que le gouvernement paraissait disposé à persister, les autres parce que l'ouvrage ne leur
semblait guère atteindre à cette perfection tant promise
et tant prônée. Voltaire lui avait fait plus de tort que
personne, soit par ses éloges publics, qui la compromet-
taient de plus en plus, soit par ses critiques secrètes, que
tout le monde pouvait lire dans des lettres qui couraient
Paris.

Nous voyons, en effet, vers 1760, une baisse notable
dans son zèle. A chaque nouvel ennui que le gouvernement suscitera ou laissera susciter aux philosophes, il
s'indignera juste assez pour n'avoir pas l'air de les tra-
hir. Quand il apprend que la comédie de Palissot,
Les Philosophes, va être jouée : « Est-il possible, écrit-
il ¹, qu'on laisse jouer cette farce impudente dont on
nous menace? C'est ainsi qu'on s'y prit pour perdre
Socrate ; c'est par la comédie des *Nuées* que les prêtres
commencèrent à préparer la ruine des sages. » Cependant, la pièce jouée, tandis que *l'Encyclopédie* est en
chair vive, qu'elle demande à grands cris l'interdiction
de la pièce et la punition de l'auteur, Voltaire est d'un
calme étonnant. Il est vrai que Palissot lui a envoyé sa
pièce, en déclarant qu'il ne le confond pas avec ceux
dont il y a peint les travers. Rousseau, que Palissot a

¹ Avril 1760.

gratifié du même hommage, a répondu qu'il n'acceptait pas « ce présent horrible ; » Voltaire, qui ne se croit pas obligé à ces grands airs de vertu, répond avec une politesse parfaite, et, s'il adresse à l'auteur quelques reproches, il a infiniment moins l'air d'un censeur courroucé que d'un homme transmettant, par manière d'acquit, une mercuriale qu'il tient peu à rendre bien impressive. En vain ses amis de Paris font de leur mieux pour l'exciter. Il en revient toujours à dire que la pièce est bien écrite, et que, si le fond est mauvais, la forme est dans les bonnes méthodes. « Palissot est un brave homme. Il imprime *français, aurais, ferais,* par un *a ;* et les encyclopédistes n'en ont pas tant fait. Ce drôle-là ne manque pas d'esprit, et a même quelque talent. Mais c'est un calomniateur que mon cher Palissot, un misérable, et j'ai eu l'honneur de l'en avertir assez gaiement[1]. » Il venait bien de donner son *Écossaise,* destinée à atténuer l'effet des *Philosophes* ; mais, soit à dessein, soit par impossibilité de riposter en face, il n'avait guère frappé que sur Fréron.

VI

Fréron ! Où le mettrons-nous, cet homme ? Qu'était-

[1] Lettre à d'Argental. Août 1760.

il au fond ? Est-ce à la conviction ou à l'envie que nous devons attribuer ses opiniâtres luttes contre le géant de son époque ?

Jetons plutôt un coup-d'œil sur la position où se trouvait tout adversaire de Voltaire et des encyclopédistes.

Rien de plus malaisé, en général, que d'attaquer des conséquences, lorsqu'on admet, en tout ou en partie, les principes dont elles sortent ; rien de plus malaisé, surtout, que d'en attaquer quelques-unes quand on en accepte d'autres. C'est comme si vous aviez devant vous, dans une bataille, un mélange d'amis et d'ennemis.

De là le perpétuel embarras des écrivains qui s'efforçaient de ne pas céder au torrent. Ils étaient de leur siècle ; ils ne pouvaient pas ne pas en être. Toutes les libertés que demandait la philosophie nouvelle, ils les voulaient, au fond, comme tout le monde ; ils sentaient bien que l'ancien édifice avait besoin d'être reconstruit. Ils jugeaient seulement que l'on s'y prenait fort mal, et de manière à rendre la reconstruction impossible.

Les uns se faisaient un devoir de ne blâmer, dans les écrits du jour, que ce qu'ils trouvaient blâmable, et d'y louer franchement le vrai, le bon. Mais le bon y était tellement mêlé au mauvais, le vrai tellement lié au faux, que cette impartialité ôtait tout nerf aux attaques. Ceux qui avaient pris cette voie s'apercevaient bientôt qu'elle ne les menait à rien, si même ils ne devenaient pas indirectement des aides pour ceux qu'ils avaient cru

.combattre. On se moquait de leurs critiques, et on exploitait leurs éloges.

Les autres avaient donc pris le parti de tout blâmer, et de nier que rien de bon pût sortir de l'école encyclopédique. Ils ne se bornaient pas à montrer, ce qui était vrai, que les meilleurs principes devenaient dangereux entre ses mains ; ils ne voulaient reconnaître à ses chefs aucun mérite réel, aucun véritable talent, même littéraire. C'est ainsi que Fréron, pour en revenir à lui, ne voyait rien de vraiment beau ni rien de vraiment bon dans tout le bagage de Voltaire.

Voltaire, il est vrai, ne contribuait pas peu à pousser et à maintenir ses ennemis dans ce fâcheux extrême. Nous avons déjà vu de quelle manière il les traitait. Les plus grossiers outrages, les plus monstrueuses calomnies s'entremêlaient à ses sarcasmes. Le seul recueil de ce qu'il en a débité contre Fréron serait le plus effrayant amas d'injures qui ait jamais coulé d'aucune plume.

Mais Fréron était moins sensible à ces outrages, réfutés par leur exagération même, qu'indigné de la ridicule indulgence avec laquelle, alors comme aujourd'hui, des gens honorables mais faibles pardonnaient tout à la gloire et au talent. Ces gens sont toujours les premiers à abriter ce qu'un homme a fait de plus mauvais derrière ce qu'il a peut-être fait de bon ; ils ne veulent pas comprendre que lorsqu'un écrivain a successivement prêché l'ordre et le désordre, la foi et l'impiété, la vertu et le vice, il y a là, en réalité, deux intelligences, deux cœurs, deux vies, deux hommes, enfin, dont le mauvais n'a aucun droit à hériter de l'autorité de l'autre.

Pardonnez une offense en considération d'anciens services ; ne pardonnez jamais un mauvais livre en considération d'un bon, car c'est vous en rendre complice.
Parce que nous avons aimé et admiré les *Harmonies*,
nous ne flétririons pas les *Girondins* ? Il faudra ne pas
oser dire un mot contre ces volumes détestables, sans
commencer par se remettre à genoux devant leurs aînés ?
Malgré vous, vous aurez jeté sur les folies du tribun le
manteau trompeur du poëte.

Ainsi faisaient, ou à peu près, beaucoup de gens qui
n'étaient rien moins qu'amis de l'incrédulité voltairienne.
M. de Voltaire a écrit contre le christianisme, mais il a
fait *Zaïre* et de magnifiques vers chrétiens ; il a écrit
Candide, mais il a fait le *Siècle de Louis XIV* ; il a fait
la *Pucelle*, mais il a fait la *Henriade*. L'impartialité,
sous cette forme, c'est sottise, et de la pire espèce. Ne
dites jamais d'un auteur que, s'il a écrit de mauvaises
choses, il en a aussi écrit de bonnes. Rendez justice à
celles-ci, mais jamais de manière à excuser celles-là.

Fréron était capable d'apprécier et d'aimer les bons
ouvrages. S'il a paru ne pas goûter, si même il a souvent
déchiré ce que Voltaire écrivait de plus beau, n'en
accusons pas tant son intelligence ou son cœur que la
nécessité de réagir contre une admiration niaise, qui
n'allait à rien moins qu'à élever triomphalement le mal
sur le piédestal du bien ; prenons-nous-en à ce public
inconséquent et faible, incapable de distinguer entre
l'éloge d'un ouvrage et l'apologie de l'auteur. Avec ce
public-là, dès que vous cessez de blâmer, vous approuvez ; dès que vous donnez un éloge, vous êtes sûr que

cet éloge ira couvrir, à ses yeux, des choses que vous
blâmez. Voilà ce qui amenait Fréron à se faire violence
pour ne jamais louer Voltaire, pour ne lui reconnaître
rien de bon, ni à lui ni aux siens.

VII

Mais l'injustice est toujours l'injustice. Quand cette
tactique aurait eu un plein succès, — et elle n'en eut
aucun, — elle est mauvaise.

Qu'on ne nous accuse donc pas d'en avoir suivi, ici
même, une semblable. Quoique le blâme ait pris, dans
ce travail, plus de place que l'éloge, il n'y a eu là, de
notre part, ni injustice, ni tactique.

On voudra bien remarquer, en premier lieu, que les
éloges sur lesquels nous avons passé vite sont depuis
longtemps en dehors de toute contestation. Il suffisait,
par conséquent, de ne les pas contester, et de laisser
voir, dans l'occasion, que nous y souscrivions pleine-
ment. Si nous savions des gens disposés encore à refuser ou l'esprit et le talent à Voltaire, ou l'éloquence à
Rousseau, alors l'éloge nous eût paru nécessaire.

On se rappellera, en second lieu, que nous avions à
étudier moins les écrits que les tendances, moins les
faits que le résultat des faits. Avec ce plan, le seul qui
ait véritablement de l'intérêt au bout d'un siècle, il eût été
contre notre conscience que le blâme ne l'emportât pas,
et de beaucoup, sur l'éloge.

Les tendances, d'abord, nous avons vu combien il

était rare qu'elles ne fussent pas mauvaises, là même où l'extérieur était bon. L'étude parallèle des faits publics et des détails intimes nous conduisait presque toujours à des découvertes fâcheuses. Aucune des vies de ce temps ne s'est présentée à nous avec cette gravité calme qui arrête et défie la censure. Partout où nous avons cherché des mobiles peu honorables, nous en avons trouvé; et il nous a trop souvent fallu en apercevoir là même où nous aurions été heureux de n'en trouver que d'honorables.

Les résultats, ensuite, nous les avons trouvés écrits sur toute la surface de l'Europe, et menaçant de s'y écrire en traits de plus en plus effrayants. Nous n'avons ni pris la défense des abus contre lesquels on s'éleva, ni attaqué les vérités qui furent enseignées, ni condamné les droits que l'on réclama en conséquence; mais nous avons cherché si ces abus avaient été sagement attaqués, ces vérités sagement enseignées, ces droits sagement réclamés, si le bienfait, enfin, avait été accompagné et suivi de circonstances telles qu'il y eût lieu à en être reconnaissant. Reprocher à un philosophe tout le mal qui a pu sortir, après lui, de sa doctrine, ce serait souvent injuste; l'en absoudre complétement, c'est faiblesse et folie. N'eussiez-vous que des vérités dans la main, — et un vrai sage ne s'en est jamais flatté, — vous êtes coupable encore si vous les jetez en l'air sans vous inquiéter de ce qu'elles deviendront en retombant sur la terre. Accorder au penseur le droit de se reposer sur la bonté absolue de ses thèses, en déclinant toute responsabilité ultérieure, c'est livrer le genre humain, sans défense, à toutes les témérités de la raison, à toutes les aberrations de la sottise, à tous les délires de l'orgueil.

Leibnitz, mort en 1716, s'était déjà aperçu de la profonde altération que subissait le principe moral chez plusieurs des nations modernes. Dans un écrit qui n'a été publié qu'après sa mort, et qu'on peut regarder comme le testament de ce grand homme [1], il prédisait les bouleversements dont ce siècle allait voir les premiers actes.

Quand Pierre le Grand, en 1718, vint en France, « on remarqua, dit un historien [2], l'émotion involontaire dont son âme si ferme était saisie toutes les fois qu'il pressait dans ses bras le jeune roi. Il semblait prévoir les malheurs d'un enfant destiné à porter une couronne qui penchait vers son déclin. » L'enfant les évita, grâce à son indolence même, ces malheurs que Pierre le Grand voyait venir ; mais cette prédiction muette n'en avait pas moins son éloquence.

Tandis que le génie s'effrayait, l'esprit mettait sa gloire à se réjouir des nouveaux temps dont il apercevait l'aurore.

Les uns, avec Rousseau, se réjouissaient gravement ; les autres, avec Voltaire, en riant.

Rousseau, fidèle à son système, ne voyait dans les changements à venir qu'un retour à la nature. « Nous approchons, avait-il dit dans l'*Émile* [3], du siècle des

---

[1] *Nouveaux essais sur l'entendement humain.*
[2] Lemontey. *Histoire de la Régence.*
[3] Livre III.

révolutions. Tout ce qu'ont fait les hommes, les hommes peuvent le détruire. Il n'y a de caractères ineffaçables que ceux qu'imprime la nature, et la nature ne fait ni princes, ni riches, ni grands seigneurs. »

Est-ce bien vrai ? — Défions-nous des vérités trop claires ; elles ont toujours un côté faux. Les hommes naissent égaux, mais non pas tels qu'ils doivent et qu'ils puissent rester égaux. Pourquoi appeler naturel l'état où l'homme est en naissant, c'est-à-dire quand il n'a encore ni volonté, ni intelligence, ni force, plutôt que celui auquel il est toujours et partout arrivé par le développement régulier de ses facultés, de ses instincts? L'état de révolution et d'anarchie, c'est le retour à la nature... des brutes ; la nature de l'homme est-elle là ?

Aussi n'était-ce pas dans ce sens que l'école voltairienne se réjouissait des progrès de la révolution. Elle ne voulait y voir — et cette erreur avait au moins sa noblesse, — que l'intronisation de la raison, de la civilisation bien entendue, sur les ruines dernières des préjugés et de la barbarie. « Tout ce que je vois, écrivait Voltaire en 1767, jette les semences d'une révolution qui arrivera immanquablement, et dont je n'aurai pas le plaisir d'être témoin. Les Français arrivent tard à tout, mais enfin ils arrivent. La lumière s'est tellement répandue de proche en proche, qu'elle éclatera à la première occasion, et alors ce sera un beau tapage. Les jeunes gens sont bien heureux. Ils verront de belles choses. » Ainsi, nulle crainte, nul doute sur les résultats à attendre. Le flot viendra jusqu'où les sages voudront ; il n'ira pas plus loin. L'incendie consumera le

mauvais, et respectera le bon. « Cette révolution, ajoutait Grimm en 1768, aura du moins sur les précédentes
l'avantage de s'effectuer sans qu'il en coûte du sang. »

VIII

Arrêtons-nous. Il serait inutile, il serait presque cruel
d'opposer à ces pacifiques illusions le tableau des réalités terribles qui ne devaient pas tarder à en sortir. Ce
sont des récriminations dont il faut savoir être sobre,
même envers les morts.

Toute l'indignation que nous avons pu éprouver,
chemin faisant, à la vue de leur légèreté, de leurs injustices, de leurs fraudes, gardons-la pour ceux qui ont
repris et amplifié, de nos jours, froidement, méthodi-
quement, sans aucune de ces illusions généreuses, leur
œuvre de nivellement et d'anarchie.

Toute la pitié qu'ils nous inspirent quand nous
voyons à quel point ils s'abusaient, quand nous son-
geons à ce qu'ils auraient souffert s'ils avaient vu leurs
disciples à l'œuvre, sachons en user envers ceux que
tant de leçons n'ont pas instruits, qui ont des yeux
pour ne pas voir, des oreilles pour ne pas entendre, une
raison pour ne pas s'en servir, un cœur pour ne l'ouvrir
jamais qu'aux suggestions de l'envie et de la haine.

Mais que cette pitié, nous le redirons en terminant,
que cette indulgence pour les hommes ne s'étende ja-

mais aux choses. Guerre au mal, où qu'il soit. Que ni les bonnes intentions, s'il en est encore quelques-unes, ni les talents, ni les succès, ni rien de ce qui a pu l'abriter dans le dernier siècle ou dans le nôtre, ne lui soit un rempart contre nos coups. Sachons-le voir, l'attaquer, sous toutes ses formes. Jamais il n'en a eu plus qu'aujourd'hui ; c'est le Protée du monde moderne. Courage donc et patience ! Oui, patience, car Dieu ne se hâte pas. Il peut avoir accordé au mensonge un règne long encore. *Patiens, quia æternus.* Courage, cependant, courage ! Celui qui attaque le mal n'est jamais seul au combat. Est-ce que David était seul devant Goliath ?

C'est ce que nous nous sommes dit en commençant ce livre ; c'est ce que nous nous redisons en l'achevant.

FIN DU DEUXIÈME ET DERNIER VOLUME.